菊花与刀

The Chrysanthemum and Sword Patterns of Japanese Culture

[美] 鲁斯·本尼迪克特 著

黄学益 译

中国社会科学出版社

图书在版编目(CIP)数据

菊花与刀/[美]鲁斯·本尼迪克特著．黄学益译．—北京：中国社会
科学出版社，2008.5（2012.10 重印）
（大国历史·大国性格）
ISBN 978 - 7 - 5004 - 6683 - 3

Ⅰ.①菊…　Ⅱ.①鲁…②黄…　Ⅲ.①民族性—研究—日本
Ⅳ.①K313.03

中国版本图书馆 CIP 数据核字（2008）第 001910 号

出 版 人	赵剑英	
选题策划	纪　宏	
责任编辑	张　林	
责任校对	王应来	
责任印制	戴　宽	

出　　版	中国社会科学出版社	
社　　址	北京鼓楼西大街甲 158 号（邮编100720）	
网　　址	http·//www.csspw.cn	
	中文域名:中国社科网　　010 - 64070619	
发 行 部	010 - 84083685	
门 市 部	010 - 84029450	
经　　销	新华书店及其他书店	

印　　刷	北京君升印刷有限公司	
装　　订	廊坊市广阳区广增装订厂	
版　　次	2008 年 5 月第 1 版	
印　　次	2012 年 10 月第 3 次印刷	

开　　本	710×1000　1/16	
印　　张	16.25	
字　　数	295 千字	
定　　价	35.00 元	

日本武士

日文中"武士"一词其本意是侍者、贴身随从。武士要不畏艰难，忠于职守，精干勇猛。然而这一准则代表的只是理想。武士的忠诚、勇猛是建立在他所效忠的领主能对武士所作出的贡献给予奖赏的主从制度上。

富士山

　　这是江户时代葛饰北斋所作富士山的浮世绘。富士山海拔3776米，是日本第一高峰，是日本民族的象征，被日本人誉为"圣岳"。

皇居前的二重桥

　　二重桥是公认的日本标志，它是通往皇宫的特别通道，在二重桥后面是伏见矢仓，它是原江户堡的一个观望角楼。皇居是天皇和其家庭成员的住处，位于东京的中心地带。

浮世绘

    浮世绘是日本江户时代以描绘市民生活为主的风俗画。浮世在日语中指瞬息即逝的尘世、现实。浮世绘主要描绘现实中的美人、歌舞伎演员、风景及大量的市井风俗。

冬雪

　　从平安时代起就一直备受日本文化界推崇的白居易的诗句"琴诗酒友皆抛我，雪月花时最忆君"中的"雪月花"三个字，最适合用来概括日本文化中人与自然万物交互感念、密切交流的"物哀"传统。

天照大神

　　天照大神是日本神话传说中最核心的女神，也就是太阳女神。被奉为日本皇室的祖先，尊为神道教的主神。这幅19世纪的日本三联图表现的是天照女神从其蛰居的洞中出来，再一次使世界沐浴在阳光之中的情景。

源赖朝

　　源赖朝是源氏家族的首领。1192年，他任命自己为世袭的终生军事首领，这意味着他成为日本的专制"君主"，也标志着幕府时代的开始。

江户的市井生活

　　江户即现在的东京，1603年天皇加封德川家康为大将军，他在江户建都。江户是日本政治、经济、社会、宗教、文化中心之一。此图中江户的市井生活十分繁荣。

大阪之役

　　日本的战国时代，诸侯割据，大名之间争夺政权的斗争十分激烈，实现国家统一是这一时期历史发展的必然趋势。这个任务最终由德川家康完成。在1615年的大阪之战后，德川家康灭掉丰臣秀赖，实现了所谓的"元和偃武"。此画为一折叠屏风的局部，描绘了1615年的大阪之战。

美国佩里舰队在浦贺登陆

美国海军准将佩里统领东印度舰队即著名的黑船率先于1853年撞开了日本紧闭的国门，1854年佩里再度率舰队登陆浦贺港，再次表明美方态度，并成功地达到目的，迫使日本答应开国。

明治天皇

明治天皇名睦仁，1867—1912年在位。1868年依《易经》之"圣人南面而听天下、向明而治"改元明治。他即位初期，即推翻江户幕府统治，宣布王政复古，建立天皇制专制统治政权，并推行维新改革。1889年颁布《帝国宪法》，确立他的权力。他在位期间，日本资本主义迅速发展，并走上了军国主义、帝国主义道路。

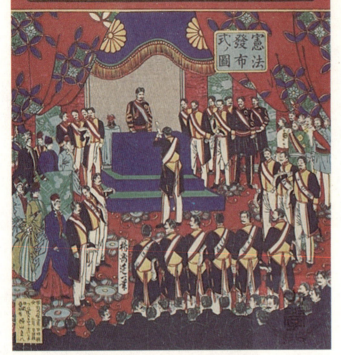

明治廿二年二月十一日
新皇居於正殿
帝国宪法发布式之图

宪法发布式之图

授宪图

　　1889年，《大日本帝国宪法》发布典礼上，天皇授宪法与内阁总理黑田清隆、枢密院议长伊藤博文。该法简称《帝国宪法》或《明治宪法》，其最大特点是明确规定天皇至高无上的地位和集政治、军事、法律、外交大权于一身的无限权力，并使之带有神权色彩。宪法将维新后各项改革成果从法律上肯定下来，标志着君主立宪形式的近代天皇制的最后确立。

日本偷袭珍珠港

　　1941年12月7日，日本偷袭珍珠港，重创美国海军，使2403名士兵与平民死亡。次日，英、美对日宣战，太平洋战争爆发。

花魁

　　江户时代被迫卖身的女子多被称为"女郎"、"游女"，她们中的最高级别被称为"花魁"。她们不像艺伎那样受人尊重，但却是日本市井生活中的一大特色。

平安神宫

　　神宫，作为神道的三要素之一，是进行祭奠、教化等活动的重要场所。而它作为神道的一种载体，更是蕴涵了日本历史、文化、宗教的大量精华。图为日本京都的平安神宫。

清水寺

　　清水寺位于京都府京都市东山区的清水。清水寺建于公元798年，是京都最古老的寺院，也是京都最著名的名胜古迹，四季朝拜者不断，成为佛教在日本传播的见证之一。

日本禅宗僧人

　　禅宗在日本成立较晚，但禅宗在日本佛教史、思想史、文化史以及整个日本的历史上留下了深远的影响。日本禅宗产生于镰仓时代，从它产生那天起，就与幕府政权发生着密切的关系。在长约七百年的幕府政治中，禅宗曾随着几代幕府政权的兴衰而消长。但总的说来，它在以幕府为首的武士支持下，得到相当大的发展。故人们说，日本禅宗是武士的宗教。

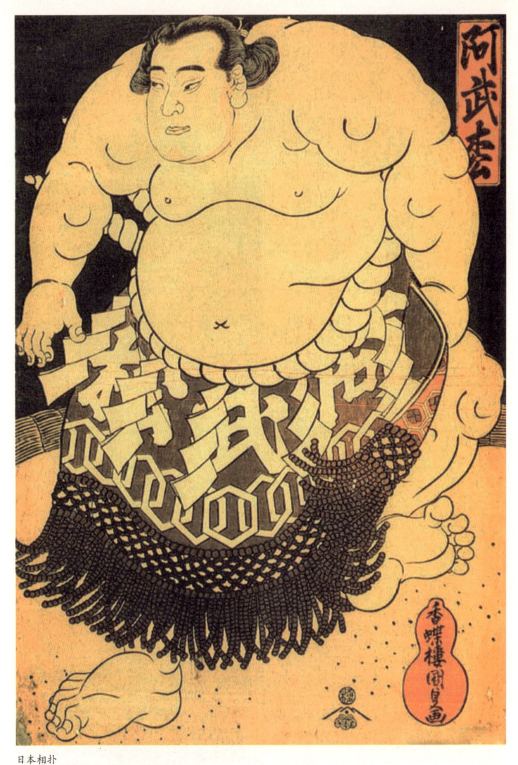

日本相扑

　　相扑被誉为日本国粹，亦称角觚。它源于中国，后传入日本。基本的规则是：选手在对手之前触地或者比对手在轮次中触地次数多为输。

写在前面的话

　　一套煌煌的大师学术名著，当有一篇正大序言，就学术而言，不外乎"辨章学术，考镜源流"。大师们的著作之学术价值无需赘言，编者的文化理想与学术追求虽在丛书编选的过程中得到凸现，而编选者亦有话告于读者。

　　吾国有"天朝上邦，万国求拜"的傲慢，也曾有"九·一八"等幕幕被践踏的历史。美国有被英国殖民统治多年的屈辱，也有莱克星顿枪声响起为独立和自由而战的荣光。日本有地小物乏的天然劣势，亦有以蕞尔小国跻身世界强国之列的自豪。历史的精彩在于其不可复制，各国以其特有的民族特性演绎着自身的兴盛与衰微；历史的残酷在于其不可彩排，各民族用自己的坚忍体验着自身的辉煌与悲怆。

　　史家如一沧桑老人，他们讲述了他们所能陈述的历史，诸如吕思勉《中国史》、坂本太郎《日本史》、屈勒味林《英国史》……这便是我们的"大国历史"，望读者通过大师的作品能了解古今大国之历史，让历史之大智慧，点亮吾人心中的灯塔。然你我更需用一种平静的视野和纯真的姿态去了解过去，国家无论大小，历史无论长短，种族无论优劣，其强有时，其弱亦有时，观今宜鉴古，明其强盛之道，察其衰败之机，方是我们的目的。

　　"大国历史"是历史沧桑的陈述者，"大国性格"则是历史深邃的思考者。这些辉煌文明的思考者，诸如小泉八云的《日本与日本人》、鲁斯·本尼迪克特的《菊花与刀》、桑塔亚那的《美国的民族性格与信念》、爱默生的《英国人的物性》……用他们的智慧和对生命的热情穿破了人与人、民族与民族之间的偏见和隔阂。他们用激情洋溢的智慧文字与各国文明神灵契合，不论是英国人的优雅，或法国人的浪漫，或美国人的自由，或日本人的尚武，或吾国人的仁德。历史均是人在演绎，然而这也不过是自由与民主康庄大道上同工之异曲。

几千年血与泪的浸染，我们渐摸索出共存的规则。几千年来国度之间的交往和各民族智慧的融合，我们的人类有了一幅新的面貌。几千年来在各自道路上的奋力前行，人类已逐渐锻造出一种灵魂的宽容与融洽。你我之间是那么地陌生却熟悉，是那么地遥远却贴近。

　　触感历史的变幻，狭隘的民族主义在这个地球村落中显得那么苍白；感动人类的共融，各国的历史不再被我们误读，各民族的性格不再被我们错解。幸福的生命是我们最为纯洁的心愿，自由与民主是我们永恒的追求，文明的生命是我们最为温暖的灵魂，让我们激情掀开这历史的一页页、一幕幕。

目　录

第一章　课题：日本

在美国竭尽全力攻打过的敌人中，日本人是最令人琢磨不透的。在其他战争中，我们从来没有碰到过这样一个行动和思维与我们截然不同的对手。同 1905 年的沙皇俄国一样，我们面对的敌手是一个不属于西方文化传统，但又全副武装且训练有素的民族。西方民族公认的那些基于人性的战争规则，对日本人来说，显然是不存在的。这使得太平洋战争不仅仅是一系列岛屿登陆战，也不仅仅是艰苦卓绝的后勤问题，从而使得研究敌人的民族特性成为一个主要问题。为了解决这个问题，我们就不得不首先了解他们的行为。

这无疑是一个难题。在日本的闭关锁国被打破的 75 年间，对日本人的描述，最常见的是一大堆稀奇古怪的"但是，又……"之类的东西，这些离奇的措辞从未用在世界任何民族身上。一个严肃的观察家在论及一个非日本的民族时，说他们彬彬有礼，一般不会加上这么一句"但他们又很傲慢、自大"；当他认为这个民族的行为极其刻板时，也不会另外指出"但他们又很能适应激烈的革新"；当他说这个民族性格温顺，但不会再解释说这个民族不易于驾驭；当他说这个民族忠诚慷慨时，也不会宣称"但也有背信弃义和心怀怨恨的时候"；当他说这个民族真诚勇敢，也不会叙述他们的怯懦；当他说这个民族的行动完全是为了面子问题而在乎别人的评价，也不会再说他们有着真诚的良知；当他描述这个民族的军队像机器人一样的军纪训练，也不会再讲在这样的军队中士兵们也有桀骜不驯甚至犯上作乱的另一面；当他描述一个民族如何热衷于向西方学习时，也不会再大肆渲染其顽固的保守主义；当他著书立说论述这个民族如何普遍崇拜唯美主义，因此演员和艺术家具有很高的荣誉并不遗余力地关注菊花的栽培，那他不会再另写一本书来专论这个民族对剑的崇拜以及武士极高的荣誉。

然而，上述所有矛盾却在有关日本的论著中交织着。他们是对的，刀与菊花，都是日本民族画像中的一个部分。在很大程度上，日本人兼备了下列各种性格：侵略好斗而又爱好和平，追求武力而又崇尚美感，倨傲自大而又谦逊有礼，冥顽不化而又与时俱进，温雅驯服而又心怀怨愤，诚实忠诚而又背信弃义，坚强勇敢而又怯懦胆小，墨守成规而又追赶时髦。他们十分关注别人对其行为的感受，但当他人对其错误毫无所知时，又会因自责而不堪承受。他们的士兵受到彻底的训练却又具有反抗性。

此时，了解日本对美国来说已经成为重中之重，对这些矛盾和其他许多纷乱的矛盾已经不能置之不理了。我们面前接二连三地出现各种危机。日本人到底要干什么？能否不进攻其本土而使之投降？我们是否可以轰炸皇宫？从日本战俘身上我们期望能得到什么？在对日本军队和国内民众进行宣传时，我们应该讲些什么，以便能拯救美国人的生命以及削弱日本人战斗至最后一个人的决心？这些问题即使在非常了解日本的人之间都引起激烈的争议。如果和平降临，为了维持秩序，日本人是否需要永久的军事管制？我们的部队是否必须准备在日本群山中的要塞与那些顽抗到底的敌人拼命？在世界和平可能到来之前，日本是否会发生一次法国或俄国式的革命？谁将来领导这次革命？或者，日本民族只有选择灭亡？我们对这些问题的判断分歧很大。

1944 年 6 月，我受命从事研究日本的工作。我被要求使用一个文化人类学家所能使用的一切研究方法，来弄清楚日本民族到底是一个怎样的民族。那年初夏，我国已经开始展开对日本大规模的反攻。在美国，许多人还认为对日战争有可能要持续三年，也许十年，甚至更长时间。在日本，有的人则认为这次战争将会成为百年战争。他们说，美国人虽然取得了局部胜利，但是新几内亚、所罗门群岛离日本本土还有几千英里。日本官方公报根本不承认其海军的失败，日本国民还认定自己是胜利者。

然而，到 6 月份，局势发生了变化。欧洲开辟了第二战场，最高司令部已经没有必要再给予欧洲战场两年半以来一直保持的优先考虑了。对德战争的胜利已经就在眼前。在太平洋战场上，我军已经在塞班岛登陆，这是一次预示着日本人将彻底失败的军事行动。从此以后，我们的士兵便日益接近与日军短兵相接了。而且，在新几内亚的瓜达尔卡纳尔、缅甸的阿图、塔拉瓦和比亚克等战役中，我们已经清楚地知道，我们直接面对的敌人是何等的可怕。

因此，在 1944 年 6 月，解答有关我们的敌人——日本的许多疑问，已成为当务之急。这些问题，无论是军事上的，还是外交上的，也不管是属于高层政策的问题，还是为了投放到日军前沿阵地的传单，洞察日本人的特性都显得非常必要。在日本发动的全面战争中，我们必须了解的，不只是东京当权者们的动机和目的，不只是日本漫长的历史，也不只是经济、军事上的统计资料。我们必须了解，日本政府指望从他们的人民那儿能够得到什么？我

二战中的日本军队

日本的国民性格颇具矛盾性，他们的士兵受到彻底的训练却又具有反抗性。

们试图弄清楚日本人的思维和感情的习惯，以及这些习惯开始的模式。我们还必须弄清这些行动、意志背后的约束力。我们必须把作为美国人采取行动的那些前提暂时扔到一边，并且尽可能不那么轻易地下结论，说什么在某种情况下，我们应该怎么做，而日本人也会那样做。

我所接受的任务有一定的难度。此时，美国与日本正处于交战状态，在战争期间将所有问题都归罪于敌国，这很容易，但试图了解敌人是如何以自己的眼光来看待人生那就要困难多了。然而，我这个任务又必须去做。问题是日本人将怎样去做，而不是我们身临其境时该如何行动。我必须试图将日本人在战争中的行为，作为一种了解他们的有用资料来加以利用，而不是作为一个消极因素来看待。我必须关注他们挑起这次战争的方式，并且暂时不作为一个军事问题，而作为一个文化问题来看待。与和平时期一样，日本人在战时的行为也有其鲜明的特色。他们对待战争的方式表现了哪些生活方式和思维方式的特征？他们的领导人激励士气、消除疑惑以及在战场上排兵布阵的方式——所有这一切都表明了他们自己认为可资利用的力量是什么。我不得不认真研究战争的各处细节，来考察日本人如何一步一步地暴露自己。

然而，我们两个国家处于交战之中，这个情况成为严重的不利条件。这意味着我必须放弃田野调查这一文化人类学者最重要的研究方法。我不能去日本，不能生活在他们的家庭之中，就无法观察他们日常生活的紧张和压力，并用自己的眼睛区分出哪些是关键性的，哪些是非关键性的。我也无法看到他们做出决定的复杂过程，无法了解他们的孩子是如何被培育的。约翰·恩布里写的《须惠村》是唯一一部人类学家实地调查日本村落后写出的研究专著，非常有价值，但我们在1944年所面对的许多有关日本的问题，在那本书里却还没有提及。

尽管存在上述诸多重大难题，但作为一个文化人类学家，我坚信，我还可以利用某些研究方法和假定前提。至少我还不会忘掉文化人类学家最倚重的方法——与被研究者进行面对面的交流。在我们国家，有很多在日本长大的日本人。我可以向他们询问其亲身经历的许多具体事例，了解他们是如何进行判断的，根据他们的描述来填补我们知识上的许多空白。我觉得，对于一个人类学家来说，要了解任何一种文化，这种知识是不可或缺的。

当时，研究日本的其他一些社会科学家，大多利用图书文献资料，分析历史事件或统计数据，几乎就是日本的文字宣传或口头宣传词句的翻版。我则确信，他们所寻求的答案，很多都隐藏在日本文化的规则及其价值之中，因此，通过探究真正生活在这种文化里的人，将会得到更加满意的答案。

当然，这并不意味着我不利用这些文献资料，也不意味着对那些曾在日本生活过的西方人士没有感激之情。有

传说中日本的起源

在日本的神话传说中，"秋天的男人"和他的妹妹及妻子"秋天的女人"将饰有珠宝的矛浸入天堂高原的水域中，而被他们从矛上甩掉的水滴变成了第一块坚实的大陆——日本。

关日本的大量文献以及许多在日本居住过的西方优秀观察家，对我帮助极大，这不是那些研究亚马逊河发源地或新几内亚高原的无文字部落的人类学家们所能比拟的。那些部族没有文字，无法以书面语言来表达自己的感情。西方人的评述也极少，即使有也是肤浅的。没有人了解他们过去的历史。田野调查的学者们必须在没有前人研究的基础上，探索他们的经济生活方式、社会阶层状况以及宗教生活中什么是至高无上的等等。我研究日本却有许多前人的研究可以借鉴。在历史文献中，有很多充满了生活细节的描述。欧美人士记下了他们的生动经历，日本人自己也撰写了许多的确非同寻常的自我分析的记录。跟许多东方民族不同，日本人特别喜欢描写自己，既记录他们的生活琐事，也阐述他们的全球扩张计划，其坦率程度实在令人吃惊。当然，他们并不会全盘托出，世界上也没有一个民族会这样做。日本人讲述日本的时候，由于对自己非常熟悉，就像他所呼吸的空气一样，因此往往会忽略一些重要事情。当然，美国人论述美国时也存在同样的问题。尽管如此，日本人仍然是喜欢做自我剖析的。

阅读这些文献时，我特别留意我无法理解的问题——就如达尔文说他在创建物种起源理论时，采用的就是这种读书方法。对日本议会演说中那些罗列严密的观念，我必须首先要知道些什么？他们为什么对一些无足轻重的行为大加责难，而对一些骇人听闻的暴行却坦然接受，这种态度的背后到底隐藏了什么？我一边阅读，一边在不断问自己："出现这种情形的问题到底在哪里？"为了弄清这些问题，我必须知道些什么？

我还看了不少在日本创作、拍摄的电影——包括宣传片、历史片以及描写东京和农村现代生活的影片，然后再跟一些在日本看过同样影片的日本人一起讨论。他们看待电影中的男女主角以及反面角色的眼光，显然是与我不同的。当我被电影中的一些情节弄得云里雾里时，他们显然没有这种感觉。而且，他们对剧情、动机的理解与我也不一致，他们是从整部电影的结构来理解的。至于阅读小说，我的理解与在日本长大的他们之间的差距就更大了。在这些日本人中，有些人动辄就为日本的风俗习惯辩护，有些人则对日本的一切深恶痛绝。对这两类人，很难说哪一种人使我获益最多。不过，他们在描写他们熟悉的日本生活规范时，无论其是欣然接受，还是痛加排斥，他们所描写的情景是合乎情理的。

为了搜集资料和寻求解释，人类学家往往直接前往其所研究的文化民族生活，就这点来说，那些在日本生活过的最优秀的观察家们就曾这样做过。一个人类学家的贡献如果仅此而已，比起过去外国居留者曾经做过的有关论述日本的论著来，那么就不能指望他做出新的贡献了。但是，由于文化人类学家所接受的训练具有某些特殊能力，虽然在日本研究这一领域已经有许多学者和观察家，人类学家若花费一些精力，在前人的业绩中加上自己的贡献，还是值得尝试的。人类学家了解许许多多有关亚洲和大洋洲的文明。日本的许多社会习俗和习惯，甚至与太平洋岛屿上的原始部落非常相似。这些相似，有的在马来诸岛，有的在新几内亚，有的在波利尼西亚。当然，依据这些相似来判断古代是否存在过移民或交融，是很有意思的。但对我而言，了解这些文明的相似性，其意义却并不在于探索这类可能发生过的历史关联，而在于通过我发现的这些相似或差异，获得理解日本生活方式的启示，因为，我清楚这些风俗习惯在原始文化中是如何起作用的。同时，我对亚洲大陆的暹罗、缅甸和中国也有些了解，因而可以拿日本和其他民族做比较，这些民族都是亚洲伟大文化遗产的一部分。人类学家在关于原始民族的研究中已经屡次证明，这种文化比较是多么的有价值。一个部落的正式习俗也许90%与邻近部落相同，但它也可能改良那些习俗，以适应自己一些迥异于周围任何民族的生活方式和价值观念。在此进程中，它可能不得不排斥某些基本习俗，无论其在整体中所占的比例多么微小，都可能引导该民族的未来向独特的方向发展。对于一个人类学家而言，再也没有比研究这种在整体上具有许多共性的各民族之间的差异更有价值了。

人类学家还必须习惯自身文化与其他文化之间的巨大差异，其研究方法也必须加以磨炼才能解决这一特殊问题。凭借经验，他们知道不同文化的人们遇到的状况以及不同的部落和民族在理解这些状况时所运用的方式是存在巨大差异的。在一些北极村庄或热带沙漠地区，他们碰到的基于血缘责任或财务交换的部落构成，简直超乎最大胆的想象力。他们必须进行调查，不仅包括血缘或交换的细节，而且涉及这些习俗在部落行为中的影响以及每代人如何从孩童时代就习惯于传承这些习俗，一如其先辈所做的那样。

在对日本的研究中，这种差异、调查及其结果可以得到很充分的利用。现在，无人不晓美国和日本在文化上具有根深蒂固的差异。我们甚至有个关于日本民族的说法：无论我们做什么，他们都要对着干。如果一个研究者相信这种差异，仅仅通过一个简单的说法就觉得由于差异太离奇而不可能理解这个民族，这是危险的。人类学家可以用他的经验证明，即使匪夷所思的行为也不能阻碍人们对它的理解。他比其他所有社会科学家能够更专业地把差异视为一种积极条件，而不是负面因素。制度和民族间的差异能激发他最强烈的关注。在部落生活方式的研究中，他不认为任何东西是理应如此，这使他的视野不局限于少数选定的事例，而能够放眼一切。在对西方各民族的研究中，一个未受过比较文化学训练的人会忽视整个行为领域。他总是把事物视为理所当然，以至不再去探究日常生活中的琐碎习惯和家庭事务中众所接受的定论。然而，正是这类习惯或定论大面积地占据在该民族的屏幕上，对国家的影响远远超过外交家们签订的种种条约。

人类学家必须完善研究普通事物的方式，因为他所研究的部落中的那些普通事物与他自己国家相对应的事物是完全不同的。当他试图理解某一部落的极端恶毒或另一部落中的极端怯懦时，当他试图明白在特定情形下他们怎样行动和感知时，他发现必须大力填充一些在研究文明民族时并不经常在意的观察和细节。他有充分的理由相信它们是至关重要的，而且知道发掘它们的途径。

这种方法值得在日本推行。因为，只有一个人高度关注所有民族生活中平凡的人性，他才能正确评估人类学家这一前提的重要性，即使在任何原始部落或居于文明之河最上游的民族中，人类的行为都是从日常生活中学来的。不论其行为或观点如何离奇，一个人的感觉和思维的方式总是与他的经验存在着联系。我越是对日本人的某种行为感到困惑，就越认定在日本人生活中的某个地方必定存在着形成这种奇特行为的普遍因素。这种探索带我进入日常交往的细节越深，就越有意义。日常生活是人们的学习之源。

作为一个文化人类学家，我也从这一前提出发，即最孤立的细微行为彼此间也有某些系统的联系。我非常重视数百项单独行为汇成一个总体模式的方法。人类社会必须为它自身的生活做出某种设计。它认同了某种事态的处理方式和评价方式，那个社会的人们就把这些方式视为世界的基石。无论困难多大，他们都把这些融为一个

绳纹时代的陶器

绳纹时代是日本的新石器时代。因当时使用的绳纹式陶器而得名。其年代上限不超过公元前 8000 年，这时的日本已经出现了有自己鲜明特征的文化。

整体。人们接受了某种价值体系并立身于此，但不可能不接触到混乱的生活，而把自己长期禁锢在私人的生活圈里，在那里他们的思想和行为却遵循着一套相反的价值观念。他们努力实现更多的和谐一致。他们为自己设定了种种共同的理论和共同的动机。一定程度的一致性是必要的，否则整个体系就将分崩离析。

这样，经济行为、家庭结构、宗教仪式和政治目标就环环相扣了。一个领域发生的变化可能比其他领域更急剧，这将给其他部门造成巨大的压力，而这种压力本身则产生于实现一致性的需要。在文字未出现之前的追逐统治权的社会里，权力意志在宗教活动中的体现重于其在经济交往及与其他部落关系中的体现。在拥有古老文字记载的文明民族中，教会必然保存了数世纪以来的格言语录。这与没有书面文字的部落不同。但是，教会也会放弃一些领域的权力，因为这些领域与逐渐强大的经济和政治权力相抵触。词章虽存，但含义已变。宗教信条、经济活动和政治并未老老实实地待在被堤坝分割开来的小池里，而是漫溢过假想的堤坝，交织融合得难解难分。因为这是永恒的真理，研究者越是将其调查扩展到经济、性、宗教和婴儿护理等事实层面，就越能抓住他所研究的社会中正在发生的事情。他就能有效地在生活的任何领域设立假说并搜集资料。他就能学会把任何民族提出的需求，不论它们是用政治的、经济的，还是用道德术语来表达的，都看作是他们从其社会经验中总结出的习惯和思维方式的表现。因此，本书并不是一部专讲日本的宗教、经济生活、政治或家庭的论著，而是在考究日本人关于生活方式的主观认定。它描述这些主观认定的自我表露而不论其当时的活动。它是一本关于日本为什么能成为日本民族的书。

20世纪的障碍之一就是我们仍然有着模糊乃至十分偏颇的观念，不仅对日本何以成为日本民族，而且对美国何以成为美利坚民族，法国何以成为法兰西民族，俄国何以成为俄罗斯民族也是如此。由于缺乏这种认识，各国之间互相误解。当二者之间的纠纷只是微乎其微的差别时，我们却担忧那是无法调和的矛盾。而当一个民族基于其整个经验和价值体系，在思想上已形成一套与我们的设想极其不同的行动策略时，我们却又大谈共同的目标，而不去探索他们的习惯和价值究竟怎样。如果我们去做了，就可能发现那样的行动策略不一定就是恶劣的，因为它不是我们所了解的那一种。

每个民族讲述他们自己的思想和行动习惯的说法是不完全可靠的。每个民族的作家都试图评价他们自己的民族，但这谈何容易。任何民族观察生活的镜片和其他民族使用的都不一样。人们透视事物的眼光也很难被察觉。任何民族都把这视为当然，任何民族聚焦和透视事物的技巧都使他们拥有一个具有民族特色的生活观，这仿佛是上帝布置的风景。我们从不指望戴眼镜的人弄清楚镜片的构造，同样我们也不能指望各民族去分析他们自己对世界的看法。当我们想了解眼

普贤菩萨

图为日本平安时代的佛教绢画。佛教从中国传入日本已经1400余年了，它被视为保护日本的宗教，佛教徒也以护教者自居，因此佛教成为与日本皇室有密切关系的国家宗教。

镜时，我们就培养一位眼科大夫，相信他能写出我们带给他的所有镜片的结构。无可置疑，终有一天我们会认识到，社会科学家的工作就是为当代世界各个民族做眼科大夫。

这项工作既要求有一颗坚韧的心，又要求具备宽容的精神。它要求有善良之人可能会去谴责的坚忍精神。这些"世界大同"的倡导者们把他们的信念撒向全世界每个角落的人们，即东方和西方、黑人和白人、基督教徒和伊斯兰教徒，这些差异都只是表面现象，实际上整个人类都是情理相通的。这种观点有时被称为"四海之内皆兄弟"。但是，我却不明白为什么信奉了"四海之内皆兄弟"，就意味着不能说日本人有日本人的生活方式，美国人有美国人的生活方式。这有时好像世界上所有民族都来源于同一张底片，否则国际慈善主义就无从建立。但是，把接受这种单一性作为尊重其他民族的条件，就如同要求一个人的妻儿与他完全整齐划一，太神经质了。坚韧之人赞成差异存在。他们尊重差异。他们的目标是建立一个存在差异但安全的世界。美国可以是本色十足的美利坚而不威胁世界和平；在相同情形下，法国也可以是法国，日本也可以是日本。通过外部压力来抑制这种人生态度的成长，对任何研究者来说都是荒唐的，他自己也不相信差异就是一把悬在人类世界上空的达摩克利斯剑。他也无需担心采取这种立场就会使世界止步不前。鼓励文化上的差异，并不意味使世界凝固。英国并未因为在伊丽莎白时代之后有安妮女王时代和维多利亚时代，就沦丧了其英国特性。正因为英国人始终是他们自己，在不同的时代里，他们以不同的标准和不同的民族气质来维系自身。

对民族差异进行系统的研究，既需要坚强，也需要宽容。只有充分保证人们的觉悟非常豁达宽容，才能使宗教的比较研究发展繁荣起来。他们或是耶稣教徒，或是阿拉伯学者，或是不信教者，但绝不可能是偏执狂。当人们执意固守自己的生活方式，并认为自己的生活方式是世界上唯一的生存之道时，文化的比较研究将不会得到发展。这种人哪里会懂得，增加对其他生活方式的了解会促进对自己文化的热爱。他们把自己置身于愉快和丰富多彩的体验之外。他们如此保守，以致只能是他们要求其他民族采纳他们的特殊方式，除此再无其他选择。如果他们是美国人，就会强求所有民族奉行我们所偏爱的原则。但其他民族不会轻易接受我们所要求的生活方式，就如我们不会学着用十二进位制代替十进位制来进行计算，或者像某些东非土著人单腿站立着休息一样。

所以，这是一本讲述日本备受期待且被公众认可的习惯的书。它论及的是日本人在什么情况下被奉承，而在什么情况下不能；什么时候他感到羞愧，什么时候感到困窘，在这些情况下他又是怎样面对自己的。这本书里所描述的权威人士可能会是街头的芸芸众生，可能是任何人。这并不意味着这些人都曾亲历过每一个特殊的境况，而是说这些人都会承认在那种境况下就会怎样怎样。这种研究的目的在于，去深入描摹已经完全确立的思想和行为的偏向。即使未能如愿，但这仍是本书的理想。

在这项研究中，人们很快就会发现，大量额外的被调查人提供的数据并不能带来更多的准确性。比如，谁该在何时向何人鞠躬，就无需面向整个日本做统计。这种公认的、惯例性的情形，可以被几乎所有的日本人证实，在得到几个确证之后，就不需要为获得相同的报告而去调查一百万日本人了。

研究者试图揭示日本的生活方式所赖以建立的假设前提，其工作远比统计证实要艰苦得多。急切要求他报告的是，这些公认的习惯和判断是如何变成日本人体察生活的镜片的。他必须阐述日本人的假设前提以什么方式影响他们观察人生的焦距和观点。他还必须使以截然不同的焦距来观察人生的美国人也能理解。在这种分析工作中，权威的法庭不一定非是"田中先生"——即任何一个日本人。因为"田中先生"并不清楚其假定前提。并且，对他来说，为美国人写出解释无疑是多余的劳动。

美国的社会研究，不经常研究文明的文化赖以建立的前提。大多数研究都假定这些前提是不证自明的。社会学家和心理学家把全部精力都用在观点

日本早期的耶稣会教士

耶稣会士圣方经各·沙勿略作为传教士被约翰王三世派往葡萄牙的东方殖民地。他于1549年到达日本，在那里广游四方，并建立了后来兴盛达100年的布道团。上图描绘的是两位日本早期的耶稣会教士。

和行为的"分布"上，常采取的方法是统计法。他们进行大量的资料调研、问卷调查、人物访谈、心理测试等，并统计、分析，试图从中推导出某些因素的独立性或依赖性。在公共舆论领域，通过科学的人口抽样对全国进行民意测试的有效方法在美国已经高度完善了。这就可能知道会有多少人支持或反对某一公职候选人或某项政策。支持者和反对者还可以按乡村或城市、低收入或高收入、共和党或民主党来进行分类。

在一个实行普选、法律由公民代表起草和颁布的国家里，这种测验结果具有现实的重要意义。

美国人可以用投票方式对国民进行调查并了解投票的结果。但他们能这样做是因为有一个显而易见但无人提及的前提：他们熟悉美国的生活方式并认为那是顺理成章的。民意调查的结果让我们对已知的了解更多。要了解另一个国家，根本上是要对该国人民的习惯和假定条件进行系统的定性的研究，此后民意调查的优势才能发挥得更大些。通过仔细的抽样，民意调查能弄清到底有多少人支持或反对政府。但是，如果我们不知道他们对国家的观念，那民意调查又能告诉我们什么呢？只有这样我们才能明白各派在街头或议会中争论的到底是些什么。一个民族对政府所持的假设前提的重要性，远比象征各党势力的数字更普遍、更持久。在美国，无论是对共和党还是民主党，政府都几乎是必然的祸患，限制了个人的自由。除非在战时，在政府中当雇员也不会让人的地位比在私企中从事相应工作的地位高。这种国家观和日本人的观念相差千里，甚至相异于欧洲的许多国家。我们首先必须了解的就是他们的国家观念。他们的观点具体体现在他们的社会风俗、对成功者的评价、关于民族史的神话、民族节日的言语中。通过这些间接的表现也可以对其进行研究，但要求是系统的研究。

如同我们统计出一次选举中投赞成票和反对票的人数各占的百分比一样，我们也可以对任何民族关于生活的基本设想和他们所认同的解决方式，进行认真详尽的研究。日本就是这样的一个国家，它的基本观念很值得我们去探究。我的确发现，一旦我看清了我们西方人的观念与他们的人生观的不相符合之处，对他们运用的范畴和符号有一些了解，那么，西方人通常在日本人的行动中挑出的许多矛盾就不再是矛盾了。我开始明白，为什么日本人把某些剧烈的动荡视为是协调一致的体系内部的完整部分。我可以试着道出缘由了。在我和日本人一起工作时，他们当初使用的那些陌生的语句和想法，转而呈现出重要的含义，充满了意味深长的感情。这同西方人所了解的道德观、罪恶观有着巨大的差异。西方国家对日本的美德和恶习的看法发生了翻天覆地的变化。它的体系是独特的，既非佛教，也非儒教，而是日本式的——兼容了日本的长处和缺点。

第二章　战争中的日本人

　　在每种文化传统中都有其关于战争的正统信条，有些是为西方国家所共有，尽管存在着具体的差异。像号召全力作战的鼓动方式，局部失利时重树信心的形式，牺牲和投降者所占比例的规律性，管束战俘的某些行为规则，这些在西方国家的战争中都是可以预知的，因为它们拥有一个伟大的文化传统，它甚至适用于战争。

　　日本人违背西方战争惯例的所有方式，都是他们的人生观和对人的全部责任的看法的体现。为了对日本的文化和行为进行系统的研究，已经不必理会他们背离我们的正统信条在军事上是否重要。关于他们的一切都可能很重要，因为它们提出了需要我们回答的有关日本人性格的种种问题。

　　日本对其战争的正义性进行辩解的真实前提与美国的正好相反。日本人定义国际形势的观点与我们也不同。美国把战争的原因归咎为轴心国的侵略。日本、意大利、德国三国以非法的征服行动破坏了国际和平。被轴心国夺取政权的地方，不论满洲国、埃塞俄比亚还是波兰，都证明他们推行的是压迫弱小民族的邪恶方针。他们践踏了"共存共荣"的国际准则，至少是违背了对自由企业"开放门户"的国际原则。日本认为战争另有其因。日本人认为，只要各个国家拥有绝对的主权，世界就会处于无政府的状态。日本必然要为建立等级秩序而战。当然，这一秩序必须处于日本的领导之下，因为只有日本是唯一的建立起自上而下的等级制的国家，并最了解"各得其所"的必要性。日本国内实现了统一和和平，平定了匪乱，创建了公路、电力、钢铁产业。根据官方公布的数字，99.5%的日本青少年受到公立学校的教育。因此，按照日本的等级秩序原则，它就应该帮助落后的兄弟之邦——中国。"大东亚"各国是同一人种，所以日本应当将美国，接着是英国、俄国从世界的这一区域驱逐出去，使之"各得其所"。世界各国都应该确定其在国际等级秩序中的位置。下一章节中，我们将探讨在日本文化中这种受到高度评价的等级秩序所具有的意义。这是日本民族创造的最能被接受的幻想。但对日本而言，最大的不幸就在于被日本占领的国家并没有用同样的眼光来看待这种幻想。但即使日本战败后，日本人也不能从道德上排斥"大东亚"这一幻想。甚至在日本战俘中，连好战情绪最少的人也很少指责日本对大陆和西南太平洋地区的目的。在很长一段时间里，日本必定保持它某些固有的态度，而其中最重要的一项就是对等级制度的忠实和信心。这种态度与热爱平等的美国人是

日本二战期间宣传"大东亚共荣圈"的海报

　　"大东亚共荣圈"是第二次世界大战期间，日本军国主义政府妄图在亚洲、澳洲和西南太平洋地区建立殖民大帝国的侵略计划。但随着日本在太平洋战争中的惨败，"大东亚共荣圈"也随之烟消云散。

水火不相容的。但我们仍然有必要去了解等级制度在日本意味着什么以及与之相关的好处。

日本将胜利的希望建立在与美国所认同的观点大不相同的基础之上，它叫嚷日本必将赢得精神对抗物质的胜利。他们认为：美国是个大国，它的军备确实优越，但这算不了什么！这些是早就在预见之内的。日本人在他们的一家主要报纸——《每日新闻》上读到了这样一段话："如果害怕数字我们就不会开战。敌人的巨大资源并不是这场战争创造的。"

即使在日本打胜仗的时候，日本的政治家、大本营和军人们都反复强调说这场战争并非军备上的较量，而是日本人所信赖的精神与美国人所信赖的物质之间的战争。在我们打胜仗的时候，他们还是一遍遍反复地讲在这场战争中，物质力量必将失败。这种信念在塞班、硫磺岛溃败时毫无疑问成为很方便的托词，但这并不是专门为失败制造的托词。在日军胜利的几个月中，它一直充当进军号角的角色，而早在偷袭珍珠港以前，它就已成为一个深入人心的战争口号。在三十年代，前陆军大臣、狂热的军国主义者荒木大将在一本名叫《告日本国民书》的宣传册子中写道：日本的"真正使命"在于"弘扬皇道于四海，力量悬殊不足忧，吾等何惧于物质!"

当然，同其他积极备战的国家一样，日本实际上也在担忧。在整个三十年代中，日本用于军备上的国民收入的比例在惊人地攀升。在日本偷袭珍珠港的那年，将近一半的国民收入被用于陆海军的军备上，而有关民用的行政支出只占政府总支出额的 17%。日本与西方各国的区别并不在于日本对物质军备毫不关心。但是，军舰和大炮只是永恒的日本精神的外在象征，犹如武士的佩刀是他道德品质的象征一样。

日本十分强调非物质资源，就像美国信奉强者一样。日本也像美国那样开展全民增产运动，但日本增产运动的出发点却基于其独特的前提。日本人说，精神就是一切，是不朽的。物质当然也是必需的，但却是次要的，会消失的。日本的广播电台经常宣传说："物质资源是有限的，没有千年不灭的

神风特攻队

　　全名"神风特别攻击队"。由海军中将大西泷治郎首倡，是第二次世界大战末期日本在中途岛失败后，为了抵御美国空军强大的优势，挽救其战败的局面，利用日本人的武士道精神，按照"一人、一机、一弹换一舰"的要求，对美国舰艇编队、登陆部队及固定的集群目标实施自杀式袭击的特别攻击队。

物质，这是永恒的真理。"这种对精神的信仕被完全地应用在战争的日常事务中。在他们的战争手册中有这样一句口号："以我之训练对抗敌军数量上之优势，以我之血肉对抗敌军之钢铁。"这是日本的传统口号，而并非是为这次战争而刻意制定的，他们的战争手册开头上就用粗体字印着"必读必胜"四个字。他们的飞行员驾驶着小型飞机以自杀方式进攻我们的军舰，就是精神战胜物质的数不尽的范本之一。他们把这样的飞行队命名为"神风特攻队"。所说的"神风"，就是指神圣之风，在公元13世纪成吉思汗东征日本时，神风覆灭了其船队，从而拯救了日本。

　　甚至在民众生活中，日本当局也照本宣科地贯彻精神胜于物质条件的理念。人们不是在工厂里工作了12小时，又被彻夜的轰炸折腾得筋疲力尽了吗？他们就说，"我们的身体越累，我们的意志和精神就越昂扬"，"我们越疲倦，训练就越有成效"。冬季人们在防空洞不是很冷吗？大日本体育文化协会就在广播中要求做暖身体操，说它不仅能代替取暖设备和被褥，而且更妙的是，它可以代替维持人们正常体力的食物。他们说："当然，有人会说在目前食物匮乏的条件下，我们不应该考虑做什么体操。不！食物越是匮乏，我们就越要用其他方式来增强我们的体力。"这就是说，我们必须用更多的耗费体力的方法来增强体力。美国人对体力的看法，总是看昨夜是否有八小时或五小时的睡眠，饮食是否规律，是否感到寒冷，进而确定体力支出的多少。这与日本人恰恰相反，他们不以能量储存来计算体力，如果那样就是物质主义。

在战争中，日本的广播更为极端，甚至说在战斗中，精神可以战胜死亡这种生理上的现实。有一家广播电台曾播报过一个英雄飞行员战胜死亡的神话：

空战结束后，日军飞机以三四架为编制飞回基地。一个大尉从最先返回的一批飞机上下来后，站在地面上用双筒望远镜注视着天空。他的部下归来时，他一架架地数着，他的脸色看上去有些苍白但却十分的镇定。当看到最后一架飞机已经返回后，他写了报告并朝司令部走去。在司令部他向司令官作了汇报。然而，汇报刚一结束，他就倒在了地上。在场的军官们连忙跑上前去抢救，但是，他已经死了。检查时发现他的身体已经是冰凉的，在他的胸口上有弹伤，经检查是致命的弹伤。但一个刚刚死去的人的身体不可能是冰冷的，而大尉的身体却像冰块一样凉。大尉一定是早就已经死了，是他的精神支撑他完成了这次汇报。已逝的大尉用他所持有的强烈责任感创造了这样的奇迹。

这在美国人眼里必然是一段日本人编造的荒诞奇谈。但是受过教育的日本人并不嘲笑这段广播。他们相信日本听众绝对不会把这当成一个荒诞夸大的传说。首先，他们会指出一点，这个广播早已真实地突出这位大尉的壮举是"一个奇迹般的事实"。为什么不可能有这种奇迹呢？灵魂是可以锻炼的。

显然这位大尉是一位自我训练的大师。要是日本人都知道，"镇定的精神可以千年不灭"，那精神怎么就不能在一位以"责任"为其全部生命的中心准则的大尉身上持续几个小时呢？日本人深信，可以通过特殊的修炼使一个人的精神达到最至高无上的境界。大尉学会了这种修炼，并且收到了效果。

身为美国人，我们完全可以对日本人的这些极端行为半信半疑，视其为贫穷民族的托词或是受蛊惑国家的幼稚举措。但如果我们这样，那么，无论在战时还是平时，我们就更难对付日本人。他们的信条是通过某些禁忌、拒斥、训练牢固根植于日本人心中，并且这些信条不仅仅是孤立的怪异理念。只有当美国人认识到这些，我们才能明白，日本人在战败时承认只有精神是不够的和依靠"竹枪"来坚守阵地是幻想这些话的实际意思。更为重要的是，我们能够鉴定他们所承认的，即日本人的精神力量在战场上、在工厂中是不能与美国人的精神相较量的。正如战败之后他们说，在战争期间他们"陷于一味的主观性之中"。

日本人在战争期间对各种事情的说法，不只关于等级制的必要性，还有精神至高无上的原则，都对比较文化的研究者有启示作用。他们坚持不懈地谈及安全、士气，只是一种思想上的事先暗示。无论发生什么灾难，不管是平民遇到轰炸，塞班岛溃败，菲律宾失守，日本都对他们的国民说这都在预料之中，所以没有什么可担心的。电台继续在夸大其词，告诉日本人民他们一直处在一个局势十分明朗的世界里，这显然想让他们放下心来。"美国对吉斯卡岛的占领使日本处于美军轰炸的半径之内，但我们清楚地预料到了这种事故的发生，并作了必要的准备。""敌人肯定会在陆、海、空向我们发动联合进攻。这早在我们的计划中被考虑到了。"日本战俘，就连那些希望日本在这场没有希望的战争中早些失败的战俘也确信，轰炸并不能削弱本土前线的战斗力，"因为他们事先已被告知了"。当美军开始轰炸日本城市时，航空制造业协会副会长在广播中说："敌机终于飞到我们头顶上来了。然而，我们从事飞机制造业的人早预料到了，并做了充分的准备。所以，没有什么可担忧的。"只有认为一切都在预料之中，准备十分充足，日本人才能继续坚持对自己来说是非常必要的断言，即一切都是我们主动期求的，没有被任何人强加什么东西。"我们不应认为自己被动地受到了打击，而应该认为我们主动地把敌人牵制过来了。""敌人，你想来就来吧。与其说'要来的事终于来了'，不如说'我们等待的终于来了，我们向往它的到来'。"海军大臣在议会上引用了1870年代伟大武士西乡隆盛的遗训说："有两种机运，一种是我们偶然碰上的，另一种是我们创造的。处于危急艰难时刻时，一个人必须去创造他自己的机会。"还有山下将军在电台里说，当美军涌入马尼拉市时，他"微笑着说，敌人已落入我怀……""敌人在仁牙固湾登陆不久，马尼拉市即迅速陷落，唯一的可能就是这是山下将军的策略，这与将军的筹划相吻合。山下将军的军事计划正在继续推进。"换句话说，没有什么比溃败更成功了。

美国人和日本人一样，也走了极端，但是是和日本人相反的方向。美国人竭尽全力投入了这场别人强加到他们头上的战争。我们受到了攻击，因此要给敌人一些苦头吃。任何企图使美国大众恢复信心的发言人在谈到珍珠港和巴丹岛的战事时绝对不会说："这些都是在我们的计划之内的。"相反，我们的代言人会说："敌人找我们的麻烦，我们就让他们知道我们的厉害。"美国人把他们一切的生活都调节到经常对付挑战的节奏上，并随时准备接受挑战。日本人则愿意接受所有的事先都有准备的生活方式，他们的最大危险是那些未曾预料到的事情。日本人在战争中经常宣扬的另一个主题也反映了日本人的生活方式。日本人经常说全世界的眼睛在怎样地注视着他们，因此他们必然宣扬其日本精神。美军在登陆瓜达尔卡纳尔岛时，日本军人给他们的部队所下达的命令是这样的：日本现在已经处于"全世界"的注视之下，一定要显示出日本人的本色。日本海军官兵被告诫说，当他们遭到鱼雷攻击，被命令放弃战舰时，他们一定要以最出色的方式登上救生艇，不然的话"会被全世界的人所耻笑，美国人会把你们的行为拍摄成电影，再拿到纽约去放

遭到日本偷袭的珍珠港

　　1941 年 12 月 7 日，日本对美国的太平洋海军基地珍珠港实施了突然进攻，给美国海军以毁火性重创。自此，英美对日宣战。

映"。这影响到日本人在世界上的形象。对于这一观点的重视，也深深扎根在日本文化中。

　　涉及日本人的态度，最有影响的是他们对其天皇陛下的态度。天皇拥有对他的子民什么样的控制力呢？美国的一些权威人士指出：在日本七个世纪的封建时代里，天皇一直都是没有实际权力的傀儡。每个日本人直接效忠的对象是他们的领主——大名，以及大名之上的军事统帅——将军，没有人关注对天皇是否忠诚。天皇被幽禁在与世隔绝的宫廷中，他的行为和仪式都在将军制定制度的严格限制之中。如果一位大的封建领主表示了对天皇的尊敬，那将被视为一种背叛。对日本老百姓而言，天皇几乎是不存在的。一些美国科学家强调，理解日本人只能通过他的历史才行。在老百姓的记忆中形象模糊、沉默无言的天皇是怎么样成为活着的人拥护的对象的，并还成为这个保守民族的精神核心呢？他们说，那些不断重复天皇对他的人民有永久的统治权的日本评论家是太夸大其词了，他们的坚持仅仅证明了其论据的不堪一击。所以，美国在战时政策里没有理由要对天皇过分地礼让，与其相反的是，我们有充足的理由强烈地攻击这种近来编造的邪恶的元首理论。天皇是现代日本国家神道教的中心，假如我们彻底挑战并摧毁天皇的神圣性，那么敌国日本的整个国家结构就会崩溃。

许多了解日本，看过来自前线的报道或者日本信息的有才能的美国人，则持相反的看法。在日本生活过的人都非常清楚，没有什么比任何的蔑视天皇或者公开攻击天皇的行为更能刺痛日本人的心灵，鞭策起日本人的士气了。他们不相信，我们攻击天皇在日本人眼里就是攻击军国主义。他们曾看到，在第一次世界大战之后，"德谟克拉西"成为最响亮的口号，军国主义声名扫地，使得军人外出到东京的大街时都要谨慎地换上便装。但就是在那些年里，日本人仍对天皇充满狂热的尊崇。这些日本的老居民强调说，日本人对天皇的崇敬与"希特勒万岁"的崇拜是不一样的，后者仅仅是纳粹党兴盛衰灭的晴雨表，是与法西斯阴谋的种种罪恶捆绑在一起的。

确实，日本战俘的供词印证了他们的看法。与西方军人不同的是，日本战俘以前没有受过被俘后那些可以说、那些要沉默的教育，所以，他们对各种问题的回答显然是未演练过的。缺乏这种灌输当然应归因于日本的不投降主义。这种状况直到战争的最后几个月也没有改变，即使只在个别军团或地方部队。战俘的供词之所以值得注意，是因为它们体现了日军观点的一个横断面。他们不是因士气低落而导致投降的士兵，否则就没有了代表性。除少数外，他们都是在受伤或失去知觉后无力抵抗而被俘的。

日本战俘中那些彻底的顽强分子，将他们的极端军国主义归因于天皇，认为自己是在"执行他的意愿"，是为了"让他安心"，"奉天皇之命而献身"，"天皇引导人民参战，服从是我的天职"。但是，那些反对目前这场战争及日本未来征服计划的人，也同样把他们的和平主义归因于天皇。对所有人来说，天皇就是一切。厌战者称他为"爱好和平的陛下"，他们强调他"始终是一位自由主义者，一直反对战争"，"他被东条欺骗了"。"在满洲事变时，他表示他是反对军部的。""战争是在天皇不知情或未经批准的情况下发动的。天皇不喜欢战争，也不允许他的子民陷入战争。天皇也不知道他的士兵的待遇是多么的糟糕。"这些陈述和德国战俘的不一样，德国战俘尽管也指责希特勒的将军们或最高司令部背叛希特勒，但仍然将战争和备战的责任归咎于最大的煽动者——希特勒。日本战俘十分直接地表示，对皇室的崇敬和军国主义及侵略性的战争政策是分离开来的。

但是，对他们而言，天皇和日本是不可分割的。"日本没有天皇就不是日本"，"没有天皇的日本是不可想象的"。日本天皇是日本人的象征，是日

日本投降仪式

　1945 年 8 月 15 日，美日双方在密苏里号战舰上举行了投降仪式。图为登上战舰的日本投降代表。

本人宗教生活的核心，是超宗教的信仰对象。即使日本在这场战争中失败，天皇也不会因此而受到谴责。"日本人不认为天皇应该为战争负有责任。""假如在战争中失败了，那么责任也应该由内阁和军部的领导人承担，而不是天皇。""纵然日本失败了，日本人百分之百还是会崇敬天皇。"

所有一切认为天皇高于评判的言论，在美国人看来简直是无稽之谈，因为美国人认为所有人都不能避免被怀疑和评判。但即使是在战败之后，这个观点却仍然是日本的声音。审讯战俘最有经验的人认为，没有任何必要在每一个战俘的审讯记录上记下"拒绝诽谤天皇"的文字。因为任何一个战俘都拒绝说天皇的坏话，这也包括那些与盟军合作向日本做广播宣传的人。在所有汇集到一起的战俘审讯口供里，只有三份是比较温和地表示反对天皇。其中的一份竟然说："保留天皇在位将是一个错误。"另一份说天皇"是一个意

日本裕仁天皇宣读《终战诏书》

志薄弱的傀儡"。第三份也仅仅是猜测天皇很可能会让位给他的儿子，并认为如果日本废除君主制度的话，那么年轻的日本女人就有可能获得被她们羡慕已久的美国妇女的自由。

因此，日本的军事将领利用所有日本人这种几乎一致的崇拜，他们发给部下"御赐"的香烟，带领部下在天皇寿辰向着东方行三个礼，并高呼"万岁"。"在军队不分日夜遭受轰炸"的时候，将领们和部下一起早晚诵读天皇亲自在"军人敕谕"中给军队颁赐的"御旨"，"诵读的声音回荡在森林里"。军国主义者积极利用日本人对天皇的忠诚。他们命令属下要"认真谨慎地完成天皇的旨意"，"消除天皇的忧虑"，要"用崇敬回报天皇陛下的仁慈"，要"为天皇而献身!"但是这种对天皇意愿的无条件服从是利弊共存的。就像很多日本战俘所说的那样，"只要是天皇的命令，即使手里只有一根竹竿，我们也会毫不犹豫地去战斗。以此类推，只要是天皇下旨，日本人就会马上停止战斗"。"即使是最强大而好战的满洲关东军，也会立刻放下手中的武器。""只有天皇的话才能使日本人接受战争的失败，而又心甘情愿地为重建家园而活下去。"

对天皇绝对的、无限制的忠诚，和对天皇以外的所有人和团体的批判，形成了鲜明的对比。无论是在日本的报纸、杂志还是战俘的供词中，都有对政府和军队领导人的批判。战俘直接谴责他们本部的指挥官，尤其是那些不能与自己的战士同甘共苦的人。他们尤其痛恨那些坐飞机撤走，而撇下作战的部下的指挥官。他们常常赞扬某些军官而对另一些则严加谴责，并不缺乏分辨日本事物好与坏的能力。甚至日本国内的报纸、杂志也在批评"当局"。他们要求更强大的领导力和更充分的协调能力，并指出他们没有从政府那里得到必需的东西。他们甚至抨击政府对言论自由的限制。1944年7月，一篇刊登在东京一家报纸上的由新闻记者、前国会议员、日本极权主义政党大政翼赞会领导人物参加的座谈记录就是绝佳的例子。其中一位发言者说："我认为重振日本精神的方式很多，但最重要的一条就是言论自由。最近几年来，日本百姓不敢直接地说出自己内心的想法，他们担心会因为某些内容而受到谴责。他们充满了顾虑，只注重表面文章，变得胆小异常。如果像这样的话，日本绝对不可能发挥所有国民的力量。"另一位发言者对这个话题更深入的理解是："我几乎每晚都和选区的人座谈，就很多事情征求他们的意见。但他们却因害怕而不肯发言。言论自由被否定了。这的确不是一个能唤醒人们斗志的正确方法。处于战时特别刑法和治安维持法下的国民深受限制，他们像封建时期的百姓那样胆小如鼠。所以，日本能够发挥的战斗力并没有发挥出来。"

所以，即使在战争时期，日本人对政府、最高司令部和他们的直接上司也进行了批判。他们没有无条件地承认整个等级制度的优越。但是，天皇免于批判。天皇的无上权力在近代才得以确立，为什么会这般不可动摇？日本人性格中的什么怪癖使天皇能确保其神圣不可侵犯的地位？只要天皇下达了命令，日本人就会用"竹枪"誓死作战，而同样只要是天皇的命令，日本人也会顺服地接受战败和被占领？这是日本战俘在用假话误导我们吗？或者它可能就是事实。

所有关于日本在战争中的行为的重要问题，从反物质主义的偏见到他们对天皇的态度，不仅关系到前线，也关系到日本的本土，还有一些与日本军队特别有关的态度。其中之一涉及他们战斗力的消耗。当美国把海军勋章授给台湾海峡机动部队指挥官乔治·爱斯·麦肯因将军时，日本的广播电台以难以置信的震惊报道了此事，但其态度与美国完全相反。广播中说：

"授予司令官约翰·爱斯·麦肯因勋章的官方理由并不是他击退了日本人。我们不知道为什么不是这样，因为尼米兹的公报已宣布他击退了日军。……麦肯因授勋的理由是，他成功地救助了两艘损坏的美国战舰，并把它们安全地护送到基地。这条小消息的重要性在于它并非虚构，而是事实。……因此，我们并不质疑麦肯因将军救了两艘军舰的真实性，但是我们想让你们关注的要点是，在美国营救了两艘破船就能得到勋章。"

尼米兹
    美国海军上将，第二次世界大战中曾任太平洋舰队司令和太平洋战区总司令。图为1942年9月，尼米兹观察瓜岛日军阵地。

    美国人对一切救援行动，对所有帮助陷入困境者的行为都激动不已。一个勇敢的举动如实能解救被困者，那就是英雄的义举。日本人的英雄举动则不包括这种救助。甚至称我们在B29轰炸机和战斗机上配备救生器具是一种"胆怯"的行为。日本人的报纸和广播不断重复这个话题，在他们看来，只有拿生命去冒险才是最值得称道的，而谨慎小心则是没有价值的。这种态度反映在他们对待伤员和疟疾患者的时候最明显。这些士兵在日本人的眼中毫无用处，为他们提供的医疗服务甚至不足以维持正常的战斗力。长时间补给上的困难导致了医疗设备的匮乏，更加难以维持正常需要。然而这还不是真实情况的全部内容，日本人对物质主义的不屑一顾也起了巨大作用。日军士兵被告知说死亡本身就是精神的胜利，而像我们如此的照顾病患者却是在干扰英雄主义，就如轰炸机上的安全装置一样。日本人也不像美国人那样习惯在日常生活中依靠内外科医生。在美国，对病人的怜悯和关注超过其他福利设施，这一点即使是和平时期来美国旅游的欧洲人也经常议论，而这一点日本人是肯定不能接受的。总之，日本军队在战争中没有经过学习的、可以把伤员从战火中抢救下来的救护人员，也没有由前线救护所、后方野战医院，以及远离前线的康复医院组成的系统的医疗设施，更令人悲痛的是他们对医疗品补给的关注程度。在某些紧急情况下，伤病人员竟然被不负责任地杀死了，尤其是在新几内亚和菲律宾，日本人经常被迫从有医院的地点撤退，但他们却根本没有在可能的时候提前转移伤病人员的习惯。只有在军队真正执行所谓"有计划撤退"，或者是敌人出现在眼前时，他们才会采取措施。在那个时刻，当值军医经常在临走之前将伤病员全部枪杀，或是让他们用手榴弹自杀。

这种对待伤病员的态度如果是日本人对待自己同胞的根本原则，那么在处理美国战俘的问题上也就同样重要了。以美国人的标准看来，日本人对待他们的同胞和对待我们的战俘一样，都犯有虐待罪。前菲律宾上校军医哈罗鲁得·格拉特里作为战俘在台湾被囚禁了三年之后说："美国战俘得到了超过日本士兵的医疗护理。战俘营里的盟军军医能照顾盟军俘虏，而日本人却没有任何医生。在一段时间里，给日本人治疗的唯一的医务人员是一个下士，后来升到了中士。"这位上校在一年的时间里只看到了一两次日本军医。

日本的兵员消耗理论的最极端表现就是他们的不投降政策。任何西方的军队在尽了最大努力却仍然面临寡不敌众、毫无希望的局面时就会向敌人投降。他们依旧自认为是光荣的军人，而且根据国际协议，会通知他们的国家，让他的家属知道他们还活着。无论是作为军人还是平民，或者是在他们的家庭中，他们都不会因此而受到耻辱。但日本人对此却有不同的观点，他们认为战斗到死才是光荣的。在没有任何希望的情况下，日本军人应该用最后一颗手榴弹自杀，或者赤手空拳对敌人进行集体自杀式的攻击，但绝对不应该投降。即使是因为在受伤后失去知觉成了俘虏，日本军人也会觉得"在日本再也抬不起头来了"。他失去了名誉，对于以前的生活而言，他已经"死去了"。

当然，上述内容的命令在日本军队中能达到这样的效果，就显然没有必要在前线对此进行专门教育的必要。日本军队彻底地贯彻这一准则，以至在北缅会战中日军被俘与战死者的比例为142：17166，也就是1：120。而在这142名被俘者中，除少数是在被俘时已受伤或失去了知觉外，只有极少数是单独或两三人一组前来投降的。在西方国家的军队中，如果阵亡者的比例达到全军兵力的四分之一或三分之一时，这支部队就没有不停止抵抗的。投降和战亡者的比例大概为4：1是一个能够接受的常识。然而，日军的第一次大规模投降发生在霍兰迪亚，其比例为1：5，相对于北缅的1：120已经是巨大的进步了。

所以，对日本人来说，那些沦为战俘的美国人，只是投降这件事就够丢脸了。他们已然是"废品"，即使没有受伤或感染上疟疾、赤痢等，也要把他们排除在"完好的人"的范围之外了。许多美国人都曾经谈论到，在战俘营里美国人如果发笑该是一件多么危险的事，这又如何刺激了看守。在日本人的眼里，沦为战俘就已是莫大的耻辱，但美国人居然感受不到，这让他们简直难以忍受。美国战俘必须服从的命令中，有许多是日本军官要求俘虏营的看守们也必须服从的。急行军或是乘坐像沙丁鱼罐头一样拥挤的运输船转移

瓜岛争夺战中死亡的日军士兵

1942年8月开始，历时半年的瓜岛争夺战是太平洋战争中一场空前残酷而激烈的大搏杀。此役美、日海军各损失航空母舰2艘；参战的6万美陆军和海军陆战队官兵有1600人阵亡，4200人受伤。岛上的3.6万日军，阵亡及失踪1.4万人，病死9000人，被俘1000人。可见因伤病死亡的日军比例相当大。

对日本兵而言已是家常便饭。一些美国人还说，日本哨兵多次严厉要求战俘掩饰自己的违章行为，而最大的犯罪就是公开违章。在战俘营，禁止战俘白天外出筑路或上工厂做工时从外边带食物回来，但这个规定形同虚设。因为水果和蔬菜被包起来的话就是可以的，但如果被发现了，那就是不可饶恕的罪行，因为那样的话就意味着美国人忽视哨兵的权威。公开向权威挑战会被严厉地惩罚，即使只是一句"顶嘴的话"。即使在日常生活中，日本人也是不允许顶嘴的，在军队中顶嘴等是要重重地加以惩罚的。把这些确实存在于俘虏营中的诸多暴行和残酷行为与文化习惯结果的行为加以区别，并不是要为他们的暴行开脱。

特别是在战争初期，由于日军士兵深信敌军会虐待并杀掉所有战俘，因此更强化了以投降为耻的观念。有一个在日本各地流传甚广的谣言说美军用坦克碾死了瓜岛上的俘虏。有一些日本军人有过投降的打算，但因对我军深有疑虑，处于谨慎而将我们的人杀死，而这种怀疑通常是有一定道理的。一个除了死亡以外别无选择的日军士兵经常将与敌人同归于尽看作自己的骄傲，甚至在他们被俘后也经常这么干。正如某个日军战俘所说："既然已经下定决心要拿自己点燃胜利的祭坛，如果不实现这种英雄壮举那是一种耻辱。"这种可能性使我军提高了警惕，也减少了日军投降者的人数。

"投降是可耻的"这一观点已经深深地烙在日本人的脑海深处。他们认为这是理所应当的，但这与我们的战争惯例大不相同。我们的行为在他们认为同样是不可理喻的。有些美军战俘要求把自己的姓名告知本国政府以使家人知道自己还活着，他们会非常吃惊，并非常鄙视。一般的日本士兵想象不到巴丹半岛的美军会向他们投降，他们认为美军会像日本人那样战斗到底。他们不能理解美国人为什么会毫不以成为战俘为耻辱。

西方士兵和日本士兵之间最富戏剧性的差别莫过于日军被俘后与盟军的合作。他们的思想里完全没有适应这种新环境的准则。他们丧失了名声，也就丧失了他们作为日本人的生命。直至战争即将结束的几个月前，才有极少数人要求回国，不论战争以什么样的方式结束。有些人要求处决自己时说："如果你们的管理不允许这么做的话，那么我就会做一个模范战俘。"他们比模范战俘还要好。一些老兵和长期的极端国家主义者给我们标示出弹药库的位置，详细说明日军兵力的配置，为我军写宣传品，同我军的轰炸机飞行员一起去指示出他们的军事目标。他们的生命好像揭开了新的一页，内容与原来那一页的完全不同，但他们却表现出同样的忠诚。

当然，这样的描述并不适用于所有的战俘，有少数人是顽固不化的。而且不管怎么样，必须创造一些有利条件才可能有上述的行为产生。一些警惕点的美军指挥官不敢接受日本人表面上的帮助，甚至一些战俘营根本没有利用日军战俘提供服务的打算。但在已经接受日军战俘帮助的战俘营中，最初的怀疑必须消除，慢慢取而代之的是对日本战俘的信任。

战俘有如此 180 度的大转变是超乎美国人的预料的，这也与我们的信条迥然不同。但是日本人的行为准则好像是选定一条道路就全力以赴，如果失败，他们就很自然的选择另一条道路。我们在战后能否利用他们这种行为方式呢？或者这仅仅是个别俘虏的特殊行为？正像日本人在战争期间的其他行为的特殊性迫使我们思索那样，它提出了日本人的整个生活方式，他们的各项制度的作用方式以及他们所接受的思维和行动习惯等诸多问题。

被羁押的日军战俘

此幅照片报于 1942 年 11 月 5 日。

第三章　各得其所

　　一切试图去理解日本人的努力，必须从弄清他们对"各得其所"的含义的认识开始。他们对秩序、等级的信赖，和我们对自由、平等的信仰犹如事物的两极。对我们来说，赋予等级制以正当性，视其为一种可能的社会机制是十分困难的。日本人对等级制的信仰建立在人与其同伴以及人与其国家之间关系的整个观念之上，只有对他们的一些民族体制，如家庭、国家、宗教和经济生活等进行一些描述，我们才可能明白他们的生活观点。

　　正如以相同的眼光看待国内问题一样，日本人也是用等级制的观念来看待整个国际关系问题的。在刚刚逝去的十年里，他们把自己描述为处于金字塔顶端的国度，虽然现在这种地位已被西方国家所代替，但等级观念仍然是他们接受现状的基础。他们的外交文件持续不断地体现出他们对此的重视。1940 年日本与德国、意大利签订的三国同盟条约的导言中说："日本政府、德国政府和意大利政府认为，世界上所有国家都处于其适当的地位是持久和平的先决条件……"天皇签署该条约的诏书再次提到此点：

　　　　弘扬正义于天下，统合世界为一体，实我皇祖之大训，朕亦昼夜眷念
　　于心。今世局激荡，战火欲弥，混乱不休，人类将灾祸纷飞。朕所诚望者，
　　乃即日平定动乱，恢复和平……故缔结三国之盟约，朕心甚悦。

　　　　万邦各得其所，百姓安居乐业，此乃史无前例，世之伟业，然
　　征途尚远……

在偷袭珍珠港的当天，日本特使向美国国务卿代尔·赫尔递交了一份国书，里面也非常明确地提到这一点：

使每个国家在世界上找到自己正确的位置……是日本政府永不改变的国策……日本政府不能容忍目前的状况，因为它违背了日本使世界上所有国家各得其所的基本国策。

20世纪初东京繁忙的街景

日本向西方敞开门户近半个世纪后，东京街头随处可见西装革履的男性，女性依然着传统和服。

这份日本备忘录是对几天前的赫尔备忘录的答复，赫尔在备忘录中引用了美国人最尊重的，也是最根本的原则，就如同等级制度在日本的地位那样。赫尔国务卿列举的四条原则是：各主权国家的主权及领土完整不可侵犯；互不干涉他国内政；信任国际合作及和解；相互

平等的原则。这些都是美国人信奉平等和权利不可侵犯的重点，也是我们认为在国际关系和日常生活中都必须遵循的标准。平等是美国人向往一个更完美世界的最高尚和最道德的基石。对我们来说，它意味着可以享受脱离专制压迫、不受干涉、不受强迫的自由；意味着人人在法律面前平等以及和每个人都有提高自身生活条件的权利。这是当代世界有组织地实现的基本人权的基础。即使我们在打乱这个原则的时候我们也维护平等的正确性，我们以正义的愤怒向等级制宣战。

这个观点自美国建国就一直如此，杰佛逊把这个原则写进《独立宣言》，包括宪法中的《权利法案》也是以这个原则为基础的。被写在一个新国家的公开文件上的这些正式言辞之所以重要，是因为它们反映了这个大陆的人民形成于日常生活中的生活方式，一种与欧洲人不同的生活方式。有一份重要的国际报道文献，是由年轻的法国人阿列克斯·托克维在19世纪30年代早期造访美国以后写的以平等为主题的书。他是一位聪明而又机敏的观察家，能发现美国这个陌生世界的很多优势。对他来说，美洲大陆完全是一个陌生的世界。年轻的托克维是在法国贵族社会中长大的，在当时十分活跃而有影响的人士的记忆中，这个贵族社会开始是受到法国大革命的洗礼和动摇，接着受到新的强大的《拿破仑法典》的冲击。他以宽容的态度对崭新的美国式生活方式给予了很高的评价。他以一个法国贵族的视角观察美国，并对旧的世界报告了即将来到的新事物。他相信，美国是世界前进的先锋，这种进步在将来也会发生在欧洲，即便会有一些不同之处。

因此，他对这个新世界作了详细的报道。认为只有在这里，人们才真正认为彼此平等。他们的社会交往建立在一个新的、和谐的基础之上。人们都以平等身份交谈。美国人从不拘泥于等级礼节等细枝末节，既不要求别人有这些礼节，也不对别人施予这些礼节。他们喜欢说的是，自己没有受任何人的恩惠。那里没有古老贵族式的或是罗马式的家族。在旧世界占统治地位的社会等级制消失了。他说，这些美国人信奉的就是平等，除此以外几乎别无他信，甚至对自由，有时也会在无意中忽视，而平等却是生命所系。

通过这个外国人的眼睛来看自己的生活，描述一个多世纪以前我们的生活方式，对美国人来说是深受鼓舞的。我们国家已经有了很多变化，但主要轮廓没有改变。读这部作品使我们觉得，1830 年的美国已经是我们所了解的美国。在这个国家里，过去和现在都仍然有像杰佛逊时代的亚历山大·汉密尔顿那样偏爱贵族式社会秩序的人。但即使汉密尔顿也知道，在这个国家中，我们的生活方式并不是贵族式的。

因此，在珍珠港事件之前，我们向日本宣示作为美国太平洋政策基础的最高道德时，也表明了我们最信奉的原则。遵照我们的信念，在我们所指的

穿着和服弹钢琴的日本女人

19 世纪末，日本的改革已经取得了巨大的成就，变成了资本主义强国。同样，受到西方世界的影响，日本人的生活方式也发生了很大的变化。

方向上每前进一步都将改善这个仍不完美的世界。而日本人信仰的"各得其所"的理念，也是从其社会经验中提炼出来的，进而变成他们的生活准则。不平等在几个世纪以来一直是他们有组织的生活准则，在有组织的生活中，它是最常见和最被广泛接受的。承认等级制的行为对他们来说就像呼吸一样自然。不过，这并不是一种简单的西方式独裁主义。统治者和被统治者都遵从一种传统，这种传统和我们的传统是不一样的。现在，日本这个国家已经承认美国的权威，处于等级制的最高点，那么对我们来说就更有必要对他们的习惯有最清晰的了解。只有这样，我们才能为我们自己勾画出他们在目前状况下可能采取的行动方式。

尽管日本近年来西方化了，但它依然是个贵族社会。每一个问候、每一次接触都必须明确两者之间社会距离的性质和程度。每当一个人向另一个人说"吃"或"坐"的时候，都必须按对方与自己亲疏的程度，或对方的辈分，使用不同的词汇。"你"这个词就有好几个，用在不同的场合；动词也有好几个不同的词根。换句话说，日本有"敬语"，这和太平洋上的许多其他民族一样，并且在使用敬语时还伴有适当的鞠躬和跪拜。所有这些行为都受详细的规则和惯例支配；不仅得知道向谁鞠躬，还得清楚鞠躬的程度。对一位主人而言是十分正确、合适的鞠躬，若用在另一位和鞠躬者的关系稍有区别的主人身上，可能就显得很无礼了。鞠躬的方式，从前额贴到平放地上的双手的跪拜，到只是简单地向前倾头和肩，可以列举出很多。一个人必须学习，而且很早就要学习在哪种场合该行哪种礼。

等级差别必须经常以适当的行为加以确认，虽然这些是重要的，而性别和年龄，家庭关系和两人以前的交往等都必须考虑进去。甚至在相同的两个人之间，不同情况也要求有不同程度的尊敬：一个平民不需要向他的一位亲密朋友鞠躬，但如果他穿上军服，那他的身穿平民服装的朋友就必须向他鞠躬。遵守等级制是一种艺术，它要求平衡各种各样的因素，在特定情况下有些因素可以相互抵消，有些则会相互增强。

当然，有些人相互之间的礼节要简单些。在美国，这些人就是自己家庭里的成员。当我们回到家庭的怀抱中时，就会抛开任何形式的礼节。在日本，家庭恰恰是学习礼仪并小心翼翼地遵守它的地方。当母亲用皮带束着婴儿背在背上时就要用手摁下孩儿的头以示行礼，小孩刚开始学走路时，上的第一课就是学习尊敬父兄。妻子向丈夫鞠躬，孩子向父亲鞠躬，弟弟向哥哥鞠躬；姐妹们则不论年龄大小都要向兄弟们鞠躬。鞠躬不只是形式。它意味着：鞠躬的人承认了对方有权干预自己原本更乐意去做的事；接受鞠躬的一方也承认要承担与其地位相应的某种责任。以性别、辈分和长子继承权为基础的等级制是家庭生活的重要部分。

很显然，子女孝顺是日本和中国所共有的一个崇高的道德规范。中国人对孝道的明确论述，早在公元六七世纪就随中国的佛教、儒教伦理学和中国的世俗文化一起传入日本了。但是，孝道的特性难免被改头换面，以适应日本家庭的不同结构。在中国，甚至目前，一个人还必须对其庞大的宗族尽忠。这个庞大的宗族可能有成千上万个成员，宗族对其成员拥有裁决权，并受到这些成员的拥护。中国幅员辽阔，各地的情况有所不同，但在大部分地区，任何一个村庄里的人都同属一个宗族。中国有四亿五千万人口，但只有470个姓氏。拥有同一姓氏的人在某种程度上都认为彼此同属一个宗族。一个区域内的居民可能都属于一个宗族。而且，生活在遥远城市里的家庭也可能是他们的同宗成员。像广东这种人口稠密的地区，宗族成员全部联合在一起，维持着巨大的氏族宗祠，并在祭祀的日子里，向同祖的累计成千的宗族成员的牌位致祭。每个宗族都拥有自己的财产、土地和庙堂，并设有宗族资金以帮助有前途的宗族子弟接受教育。它与散居各地的宗族成员保持联系，每十年左右刊印一次经过认真修订的族谱，公布有权分享祖宗恩惠者的姓名。每个宗族有代代相传的家规，宗族与当局意见相左时，甚至可以拒绝把本族犯罪者交给当局。在封建帝制时期，这种半自治性质的庞大宗族统一体，只是在名义上受中央政府管理，那些由政府指派、定期调任的官员懒散、逍遥，

卧冰求鲤

"孝"是儒家伦理思想的核心，是千百年来中国社会维系家庭关系的道德准则，是中华民族的传统美德。元代郭居敬辑录古代24个孝子的故事，编成《二十四孝》。图为二十四孝之一的王祥，生母早丧，继母朱氏多次在他父亲面前说他的坏话，使他失去父爱。父母患病，他衣不解带侍候，继母想吃活鲤鱼，适值天寒地冻，他解开衣服卧在冰上，冰忽然自行融化，跃出两条鲤鱼。继母食后，果然病愈。故被视为孝之典范。

在当地只能算是外人。

所有这些在日本就不一样了。直到19世纪中叶，只有贵族家族和武士家族才被准许使用姓氏。姓氏是中国宗族制度的基石，没有它或类似的载体，就不能发展宗族组织。在一些宗族中，流传下来的族谱就是姓氏的类似物之一。但在日本，只有上层阶级才持有族谱，而且这些族谱是像"美国革命妇女会"那样，记录的是从现在在世的人往前追溯，而不是由古至今地列举始祖所传的后裔。这是一种完全不同的方法。此外，日本是个封建国家，并不向宗族实体尽忠，而是向封建领主，封建领主就是当地的主宰。这和中国任期短暂的官员恰恰相反，后者在该地区始终是外部人，不可能壮大起来。在日本，关键在于这个人是属于萨摩藩，还是属于肥前藩，和一个人联结的纽带就是他的藩。

宗族制度化的另一种方法是在神社或圣地祭拜远祖或是氏族神。甚至日本那些没有姓氏和族谱的"庶民"也可以参与这类活动。但日本没有祭祀远祖的仪式。村民聚集在"庶民"可以祭祀的神社里时，不用证明他们有共同的祖先。他们被称为是这个神社所祭祀的神的"孩子"，之所以这样称呼是因为他们居住在这位神的领地上。这些祭祀者同世界其他地方的人一样，由于世世代代居住在一起，彼此之间肯定存在着亲戚关系，但是他们并非出自同一个祖先的亲近的氏族团体。

对祖先的祭拜是在家庭生活空间的神龛里举行的，这与神社大不相同，他们只敬奉六七位最近死去的亲戚牌位在神龛里。日本所有社会阶层的人每天都是在这种佛坛前祭拜，为一直不能忘怀的父母、祖父母以及近亲献上食物，神龛里敬奉着类似墓碑的灵牌。即使曾祖父母墓碑上的字迹已经难以辨认，也不会重新刻写，三代之前的墓地甚至会被很快遗忘。日本的家族关系弱化得差不多与西方接近，法国的家族关系似乎与它最接近。

因此，"孝道"在日本仅仅是一个局限在面对面式的家庭内部的问题。它的范围包括父亲、祖父、伯父、伯祖父以及他们的后裔，它的含义就是每个人在这个集团中应该确定与自己的辈分、性别、年龄相对应的地位。即使那些包括很大团体的名门望族，它的家族也会分成独立的支系，次子以下的男人需要建立"分支"。在这种狭小的面对面式的团体之内，强调"各得其所"的要求是十分细致周到的。在长者正式隐退（隐居）之前必须严格服从于他。甚至在今日，一个已经有几个成年儿子的父亲，如果他自己的父亲尚未隐退，无论干什么事情都必须请示年老的祖父并取得他的允许才可以去做。就是孩子已经三四十岁了，他的婚姻还是由他的父母一手操办。父亲身为一家的男性主人，吃饭时要由他先举起筷子，洗澡时也要他先进入浴室，别人只能排在他的后面。对于家人向他毕恭毕敬地行礼，他只需要点头示意就可以。在日本有一个人尽皆知的谜语，用我国的解谜方式来翻译就是："为什么儿子向他的父母提意见就像和尚要求头上长出长发一样？"（佛教僧侣必须剃发）答复为："无论怎么想，绝对办不到。"

"各得其所"不仅意味着辈分差别，还意味着年龄的差别。日本人想描述很混乱的秩序时，经常说"非兄非弟"，相当于我们所说的"既非鱼又非鸟"一样。在日本人眼中长子就应该如鱼得水似的保持他长子的特性。长子是继承人，旅游者们说："在日本，长子很小就学会一副重任在肩的样子。"长子享有与父亲相差不多的特权，在过去，弟弟肯定不久就会成为依赖长子的人。如今，特别是在农村和乡镇，长子会按照古老的规矩留在家中，他年轻的弟弟们却有可能不断向前，接受更多的教育，获得更高的收入，但旧的等级制度依然是十分牢固的。

甚至在今天的政治论坛上，兄长的传统特权在谈及大东亚政策时也表现得很明显。1942年的春天，陆军省一个中佐军衔的发言人针对"大东亚共荣圈"的问题作了以下的发言："日本是他们的兄长，他们是日本的弟弟。必须要让占领区的居民都知道这个事实。过分地给予当地居民关怀，会促使他

明治神社

　　神社的发展史与神道的发展是同步的，在神道还仅仅是一种原始祭祀时，神社也以其原始的姿态——祭场出现在这个世界上。明治神社是日本的著名神社，建于1915年，供奉着明治天皇与昭宪皇太后。

们产生一种在心理上滥用日本善意的倾向，甚至会对日本的统治造成不好的影响。"换句话说就是，什么事情对弟弟有好处，这要由哥哥来决定，并且在执行过程中不能表现出"过分的关怀"。

不管年龄如何，等级社会中人的地位取决于性别。日本妇女走路时要位于丈夫之后，地位要低一等。即使她们穿上西方服装后和丈夫并肩而行，甚至进门时走在丈夫前面，但她们换上和服后，就又得走在后面了。在日本家庭中，当礼物、关怀和教育费全都给了兄弟们时，女孩们也只能竭力表现得很坦然，能够接受。即使在几所专为青年女性建立的高等学校里，重点教授的也是礼仪和举止规范，智力培养远不能与男性学校抗衡。这类学校中的一位女校校长，提倡对学校里的中上流家庭出身的学生教一些欧洲语言，其理由是希望以后她们掸去丈夫藏书上的灰尘后，能够不出差错地将它们放回原处。

奈良东大寺

　　公元753年，唐鉴真和尚历尽艰辛东渡日本，在奈良东大寺大佛殿前临时建造的戒坛向圣武太上皇等僧俗授戒。大佛殿西侧的戒坛院即是鉴真和尚平时传授戒律的场所。

　　然而，与亚洲其他大部分国家相比，日本女性拥有的自由要更多一些，而且这也不仅仅是一种西方化的体现。日本女性从没有像中国上层妇女那样的缠足。她们随意地出入商铺，行走于大街之上，从不封闭自己，这让印度女性惊羡不已。在日本是由妻子购买全家的所需之物，掌管钱财。经济拮据时，必须由她从家里挑选东西，拿到当铺里去当。妇女指派佣人做事，对儿子的婚姻有很大的发言权，并且当她做了婆婆之后就全盘掌管家务，作风强硬，与她前半生的唯唯诺诺迥然不同。

　　在日本，辈分、性别和年龄的特权是很大的。但行使这一特权的人与其说是独断专制者，不如说是受托付的人。父亲或兄长要对整个家庭负责，包括活着的、去世的以及即将诞生的家庭成员。他必须做出重大的决定，并监督保证它的实行。但他拥有的权力并不是无条件的，他的行动必须对全家的荣誉负责。他要让儿子和弟兄们必须守住这个家族的遗产，包括精神和物质两方面的遗产，并督促他们不愧对家族的遗产。即使是一个农民，他也要向祖先祈求保佑他的高尚责任。他所处的阶级地位越高，对家族所负的责任就越重。家族的要求高于个人的要求。

　　不管门第怎么样，家长在碰到重要事件的时候都会召开家族会议。比如家族成员可能会从很远的地方赶回来参加一个关于订婚的会议。并不因为人在家族中的地位而影响决定的产生。一位妻子或一个弟弟的意见也许会具有决定性意义。家长如果不注重大家的意见，一意孤行，那么就会使自己落入一个很被动的局面。当然，被决定命运的人可能很难服从会议的决定，但那些一直遵从家族会议决定的长辈会毫不犹豫地要求晚辈像自己当年那样服从决定。他们的这种要求所预示的约束力，不管是在法律上还是习惯上，都与普鲁士父亲对妻子儿女的专制权力是一样的。它的强制性并不会因此而稍弱于普鲁士的专制，它们的效果是不一样的。在家庭生活中，日本人并不学习如何尊重专制权力，也不要求养成对专制权力屈从的习惯。不管这种要求有多么不通情理，家族的意志是以全体家族成员都关注的最高利益为名义来要求服从的，也是以共同忠诚的名义来要求人们服从家族意志的。

　　每个日本人起初都是在家庭中养成等级制度的习惯，然后再将其所学到的这种习惯运用到经济和政治等广阔的领域。他认识到，一个人要充分地尊敬那些在特殊的"正当位置"上的人，却不论他们是否在这个团体真正行使权力。即使丈夫受到妻子的支配，哥哥受到弟弟的支配，但在形式上照样得到妻子或弟弟的尊敬。种种特权在形式上的界限不会因为有人在幕后操纵而被破坏；外在形式也不会为了适应实际的支配关系而发生变动。外在形式是不容侵犯的。这甚至对没有形式上的身份而操纵实权的人形成一些策略上的便利。因为，一个人在这种情况下不容易受到攻击。日本人从家庭生活的实践中认识到，要让一个决定获得最有力的拥护，最重要的是让整个家族相信这个决定能够维护家族的声誉。这种决定不是正处于家长地位的专制者随意做出和强制执行的命令。日本的家长更像一位物质和精神财产的托管人，这些财产对家庭的所有成员都十分重要，促使他们的个人意愿去服从于它的要求。日本人反对运用武力，但他们并不因此而减弱对家族要求的服从，也不会因此降低对有身份的人的尊敬。就算家族中的长者不能成为强大有力的独裁者，家族中的等级制依然可以一直维持下去。

　　上述是关于日本人家族等级制度的粗略介绍，对在人际关系方面有着不同准则的美国人而言，这些还不能让他们了解日本家庭内部那种被公认的强有力的感情纽带。日本家族中有一种相当牢固的连带性，这种连带性如何获得，是本书研究的课题之一。要想了解他们在政治、经济生活等广泛领域中等级制的要求，首先要认识他们如何在家庭中透彻地学习这种习惯。

　　在日本的阶级关系方面，日常生活中的等级制度和家庭中的一样严格。在日本历史上，这个民族一直是等级制度严格的阶级社会。这样一个有着几个世纪等级制习惯的民族，自然就有它因此而产生的重要的优势和劣势。在日本，等级制一直贯穿于整个日本有文字记载的历史，这是日本人的生活准则。甚至可以追溯到公元七世纪，那时日本就从没有等级制的中国借鉴生活方式，并让其适应日本本国的这种等级制文化。在七世纪至八世纪时期，中国的高度文明及其生活习俗令日本的使节眼花缭乱，于是日本的天皇及其宫廷开始借鉴这种文明来充实日本，而在此之前日本甚至没有文字。七世纪时，日本采用了中国的表意文字来记录自己与中国完全迥异的语言。在那个时期之前日本曾经有一种宗教，相信有四万个神灵主宰着山岳和村庄，赐福给人们。这种民间宗教经历无数变迁，延续到今天，成了现代的神道。七世纪，日本大规模地从中国引进佛教，作为一种"能最好地保护国家"的宗教。在此之前，不论官方还是私人，日本都没有庞大的永久性建筑。于是，日本天皇仿照中国的都城修建了新的奈良城，并仿照中国的样式在日本各地建造了很多壮丽的佛教伽兰 (寺院) 和僧院。天皇还采用了使节们从中国借鉴来的官阶品位和律令。在世界文明史上，在任何地方都很难找到一个独立的国家能如此出色地、有计划地汲取外国文明的事例。

然而，从一开始日本就没有完全模仿中国建立那种无等级的社会组织。日本实行的官位制，在中国是授予那些通过科举考试而及第的行政官员的，在日本却授予世袭贵族和封建领主。这些官职就成了日本等级制的一部分。日本不断被分裂成许多半独立的藩，领主们经常互相嫉妒对方的势力，重要的社会机制都和领主及其家臣、侍从的特权有关。不管日本如何源源不断地汲取中国文化，所采用的中国生活方式却一直没有代替其等级制度，比如中国的官僚行政制度和将各种身份、职业的人融合于庞大宗族之中的中国式宗族制度。日本也没有采纳中国的那种世俗皇帝的观念。日语将皇室中的人称呼为"云上之人"，只有皇家的人才能登上皇位。中国的皇位更迭频繁，日本却一次也没发生过。天皇是不容侵犯的，其本人是神圣的。将中国文化引进日本的天皇及其宫廷大臣们，一定无法想象中国的制度在这些方面是如何运作的，也猜想不出他们正在做着哪些革新。

因此，尽管日本从中国输入了各种文化，但这些新的文明仅仅为以后几个世纪的世袭领主与家臣之间的冲突——争夺政权开拓了道路。八世纪末期，贵族藤原氏掌握了政治大权，把天皇赶到后台。在此后的一段时间里，整个日本陷入了封建领主们为反对藤原氏的统治而引发的战争。在这些封建领主中，颇有名气的源赖朝征服了所有的竞争者，以"将军"这个古老的军事头衔成为日本实际的统治者。"将军"的全称是"征夷大将军"，就像日本早已形成的通例那样，源赖朝的子孙只要可以控制其他封建领主，源氏家族就可以世袭这个称号。天皇已徒有虚名，他的重要性仅仅体现在将军必须接受他象征性的封赐。他没有任何实际权力，真正权力被幕府掌握在手中，幕府用武力讨伐那些不听从命令的藩国，以保证自己的统治。每个封建领主，即"大名"，都有自己的武装家臣，即"武士"。这些武士完全服从大名，在动荡不安的年代，"武士"随时准备着向敌对的大名或处于最高统治地位的将军挑战。

16世纪，内乱在日本国内四处蔓延。经过几十年的战乱，伟大的武士——德川家康打败了所有的对手，在1603年成为德川家族的第一代将军。在此后的260年中，德川家族一直占领着将军的职位，直到1868年，天皇与将军的"双重统治"被废除，德川家族的统治才宣告结束，从此拉开了日本近代史的序幕。漫长的德川时代在许多方面都是日本历史上最为引人注目的时期之一。它维持了日本国内的武装和平，有效地施行了以为德川家族的政治目的服务为目的的中央集权制，直到德川时代的最后终结。

德川家康曾经面临一个十分棘手的难题，却一直没有找到一个简便的解决办法。一些曾在内战中反对他的强藩的藩主一直到惨败后才归顺他，这就是所谓的"外样大名"。德川家康允许这些大名继续控制自己的领地和家臣。在日本所有的封建领主中，这些大名在他们的领地上确实继续享有最高的自治权。但是，家康却没有让这些大名享有德川家臣的荣誉，不允许他们在幕府中担任一切重要的职务。重要的职务全都给那些在内战中拥护德川家族的"谱系大名"。为了维持这种艰难的政治格局，德川家族的政策是防止大名囤积力量，预防所有可能威胁将军统治的大名的联合。为了维持日本的和平和

源赖朝像

　　源赖朝（公元 1147—1199）是镰仓幕府的创始人。他在乱世中崛起，仅在十几年间，就从一名流放犯，一跃成为威名显赫的统帅全日本武士阶级的将军。

　　德川家族的统治，德川家族不但未废除封建制度，反而积极强化这一体制，使之更加巩固。

　　日本的封建社会被划分成复杂的等级社会，每个人的身份都是世袭固定的。德川家族巩固了这一制度，并对每个阶级成员的日常行为做出了详细的规定。每一户的家长必须在其家门口贴上有关自己阶级地位和世袭身份的标志物。他的衣着、食物以及能够合法居住的房屋都要按照世袭身份的规定来实行。在皇室和宫廷贵族（公卿）之下，日本有四个世袭等级，它们的顺序是士（武士）、农、工、商，再往下就是贱民。"秽多"是贱民中人数最多，也是名气最大的人，他们是从事各种不干净职业的人。他们是清道夫、埋葬死囚者、剥取死兽皮以及制造皮革的人，等等。他们是日本的"不可接触者"，或者更准确地说，他们根本不被算入日本的国家人数，甚至通过他们所居住部落的道路也不被计入里程，就像这块土地和生活在这里的居民根本就不存在一样。这些人的生活极为贫困，虽然他们获许从事已被批准的职业，但却被正式的社会组织排除在外。

商人的阶级地位仅仅被列在贱民之上。无论美国人感到多么的惊诧，但这却是封建社会中一个无可置疑的事实。商人阶级总是封建制度的破坏者。一旦商人受到社会的尊敬并发展起来，封建制度就会紧跟着衰落。17 世纪，德川家族颁布了世界上所有国家都没有过的严格的锁国令，这从根本上铲除了商人赖以生存的基础。日本曾经在中国和朝鲜的整个沿海区域进行过海洋贸易，商人阶层也就随着这种贸易发达了起来。于是德川家族规定，对那些建造或驾驶超过某一规定大小船只的人都要处以极刑，用这种方法来遏止商业发展的趋势。那些被准许建造或驾驶的小船，既不能渡海到大陆，也不能运输商品。日本国内的交易也受到了严格的限制，在各藩的藩界都设置有关卡，严格禁止商品流通。另外，还有一些法律被用来规定商人社会地位的低下。《取缔奢侈令》中规定了商人的穿戴、雨伞以及在婚丧嫁娶时所能花费

武士

武士的形成是与以天皇为首的中央集权制的瓦解和庄园制的发展相关联的。由于大化革新以后日本各地的庄园兴起，庄园主为了领土和安全成立了武士团体。这些慢慢演变成了武士道，武士的社会地位也越来越高。

的限额。商人不能与武士居住在同一个范围内。法律不保证他们可以免受特权阶层——武士之刀的凌辱。那时的日本却正是依靠货币经济进行运转的，德川家族希望把商人永远放置在卑微低下的地位，这种政策在货币经济中肯定是要失败的。

武士和农民两大阶级维持了封建社会的安定，他们被德川幕府严格地划分、禁锢起来。在德川家康结束内战之前，大军阀首领丰臣秀吉已经用著名的《缴刀令》，使这两个阶级完全分离。他禁止农民使用武器，只授予武士佩刀的特权。武士绝不能再做农民、工匠或商人。法律规定，即使身份最低的武士也不能从事生产了，他每年从农民上缴的租米中取得俸禄，变成了寄生阶级中的一员。大名把自己掌管的谷米按一定比例分给每个武士家臣。武士用不着再去考虑生活来源，他完全依附于他的领主。在日本历史的早些时期，各个藩之间持续不断的战争使封建领主和他的武士之间形成了牢固的纽带关系。在安定的德川时代，这种纽带变成经济性的了。日本的武士与中世纪欧洲的骑士不同，既不是拥有自己领地和农奴的小领主，也不是富裕的士兵。他们是依靠固定的俸禄生存的人，俸禄的多少早在德川初年就以家庭的规格高低为标准确定了。武士的俸禄并不高，根据日本学者的估计，所有武士的平均俸禄相当于农民的收入，仅够维持最基本的生活。对武士家族来说，这点俸禄如果由几个继承人来分享将非常困难。于是，武士不得不控制自己的家族规模。武士完全无奈地面对威望取决于财富和声望的现实，所以，他们宣扬节俭是最高尚的美德。

武士和农、工、商这三个阶级之间存在着一条鸿沟。后三个阶级是"庶民"，而武士却不是。武士的佩刀不只是装饰，而且是其特权和阶级的一个象征。他们有权对庶民使用佩刀。这个传统在德川时代以前就已经形成了。德川家康在颁布的法令中规定："庶民若对武士无礼，对上级不敬，可立刻被斩首。"这也只不过是赋予旧有的习惯以法律效力。他根本不希望在庶民和武士阶层之间建立相互依存的关系，其政策以严格的等级规定为基础。庶民阶级和武士阶级都由大名统领，而且直接受命于他。这两个阶级各处于不同的架构之上，每个架构从上到下又各有自己的法令、规则、统治和相互义务。两个架构之间的距离不可逾越。有时出于形势所迫，两个阶级之间会突破隔离状态，架起桥梁进行沟通，但这并不是体系上的固定构成。

德川时代的武士已不仅仅是舞刀弄剑的人，他们慢慢变为其藩主的财产管理人以及精通古典音乐、茶道等各种艺术的专家。他们处理全部议案，巧妙推行藩主的谋略。两百年的和平是一段悠长的岁月，一个人舞刀弄剑的机会非常有限。比如商人，他们抛开严格的等级规定，成为举止优雅，追求舒适高雅的城市生活的人。武士也一样，虽然也时刻准备以刀作战，但也拓展了一些和平、风雅的技艺。

对于农民，法律上虽未明文规定要保护他们不受武士的欺凌，且要上缴沉重的年贡，受到各种限制，但仍获得了一些安全保障。农民拥有田地的权力得到了保护，而在日本，拥有土地就意味着享有威望。在德川幕府统治的时期，土地是被禁止永久转让的。这条法律与欧洲封建主义不同，它不是用来维护封建领主，而是为了保障每个耕作者的利益。农民拥有一种自视为宝贵而永恒的权利，就不辞辛苦地耕作土地，就像他们的后代今天在稻田里耕作一样。虽然这样，但农民仍然是整个日本寄生阶级的阿特拉斯。这个寄生阶级包括将军的政府机关、大名的各种机构和武士等，大概有二百万人左右。他们要以实物税的形式将一定份额的收获上缴给大名。同为以水稻为主要的农作物的农业国家，暹罗的传统税收比例是10%，而日本在德川时代却是40%，并且实际交纳的比例还要高。甚至在一些藩中税收比例竟然高达80%。此外还经常有强迫农民服徭役和提供无偿的服务，消耗农民的精力和时间。农民也像武士那样限制自己的家庭人数。所以在整个德川时代，日本的全国总人数差不多没有改变。在日本这样一个长期保持和平的亚洲国家，停滞的人口统计数字完全能够证明那一时期的政治统治情况。不管是依靠年贡谋生的武士还是从事生产的阶级，这个政权对他们都实行了斯巴达式的严格限制，但每个属下和他们的上级之间都存在一定程度的信赖。每个人都明白自己的义务、特权及地位，如果这些受到破坏，即使最贫困的人也会提出抗议。

由于极度贫困，农民也进行过反抗，不仅针对封建领主，而且也针对幕府当局。在德川幕府统治的 250 多年里，这种农民反抗行动发生了 1000 起以上。这类抗议的起因并不是"四公六民"（40% 归领主，60% 归耕作者）的传统赋税，而是不断增加的横征暴敛。在忍无可忍的时候，农民成群结队涌向藩主进行抗议，但请愿和裁决的程序却是有秩序的。农民们写好请求匡正苛政的请愿书，呈交给藩主的内臣。如果请愿书被扣压，或者藩主不予理睬，他们就派出代表前往江户把请愿书递交给幕府的将军。在一些著名的起义中可以看到农民使用的办法。他们在江户的大街上拦住幕府高官的轿子直接呈

浮世绘中的日本农民
　　在整个日本封建社会，农民是社会的支撑。他们养活着封建统治阶级，承担着繁重的赋税。虽然他们的社会地位比商人、贱民等高，但依旧是受人压迫盘剥的阶级。

递诉状，以确保诉状的送达。尽管农民在递交请愿书时冒了很大的风险，但幕府当局收到诉状后会对事件进行审查，约有一半的判决对农民有利。

虽然幕府当局对农民的请求作出了判决，但日本的法律和秩序是禁止农民的所作所为的。农民的抗议或许是正当的，国家也应该尊重他们的请求。但是，农民起义领袖却已侵犯了严格的等级制度的法律。尽管判决对农民有利，可是无法宽恕的是，农民起义者已经破坏了必须忠于君主的基本法律。所以，不管他们的动机如何，他们都被判处死刑。甚至连农民们也接受了这种难以逃脱的命运。被处以死刑者是他们的英雄，人们涌向刑场，在那儿起义领袖或被投入油锅，或被斩首，或被钉上木架，农民群众目睹行刑，但决不发生暴乱，这就是法令和秩序。他们可以在事后为死者建立祠堂，尊奉其为殉难者。但对于处刑，他们认为是自己赖以生存的等级制度的法律组成部分。

总之，德川幕府的历代将军都竭力巩固各藩的等级结构，使每个阶级都依赖封建领主。大名在每个藩中居于等级制度的最顶端，并被允许对下属行使特权。将军最主要的行政任务就是控制大名。他使用一切手段以防止大名

德川家康

德川家康（1541—1616），日本战国时代末期杰出的政治家和军事家，江户幕府的第一代将军。

之间结成联盟或实施侵犯计划。藩与藩之间设立了关卡，严密查禁"女出炮入"，来防止大名私运妇女出境或偷运武器入境。没有得到将军的许可，大名之间不能联姻，以防止产生任何危险的政治联盟。各藩之间的商贸交易也被阻隔，甚至有桥不能通行。此外，将军还指使许多密探去详细地了解大名的财政收支，如果某位大名财政充足，将军就会指派他承担一项十分耗费资金的巨大工程，使得他的财政状况回落到一个合适的经济水平。各种规定中最为有名的一项就是，大名在全年中必须确保有一半的时间住在江户，即使当他返回自己领地时，也必须把自己的妻子留在江户东京，用来作将军手中的人质。幕府就是以这些方式精心地保护自己的权势，并加强它在等级制中的统治地位。

当然，将军并不是这一等级制拱桥中的拱心石，因为他是奉天皇之命来掌握朝政的。天皇和他的世袭贵族（公卿）组成的宫廷，在京都与世隔绝，没有实际的权力。天皇的财力甚至比较小的大名还低，宫廷中的所有仪式也受到幕府严格的约束。虽然这样，但权重势大的德川将军也从未废弃这种天皇和实际掌权者的双重统治。在日本，双重统治并不是新鲜事情，自12世纪以来，大将军就剥夺了天皇的实权，并以天皇的名义统治这个国家。曾经的一个时期里，徒有虚名的天皇把实权转托给了一位世袭首领，而后者的权力又由其世袭顾问来行使。职权的分化竟如此的严重。这种权力的转托和再转托就经常出现。德川幕府统治的最后时期里，培里将军也没料想到将军的背后还有天皇的存在。美国的第一任驻日使节汤欣德·哈里斯，在1858年与日本谈判签订了第一个通商条约，他自己也是在后来才发现有天皇的。

事实上，日本人关于天皇的概念在太平洋诸岛上一再地被发现和验证。天皇是神圣的首领，既可以参与政治，也可以不参与。他在一些太平洋岛屿上亲自行使权力，而在另一些岛屿上，则将权力委托给别人行使。但其人身永远是神圣的。在新西兰的各个部落中，首领是神圣不可侵犯的，这使得他不能自己用餐而由专人喂食，连汤匙都决不能接触到他那神圣的牙齿。他外出时必须由人抬着，因为他神圣的双脚踏过的土地都将自动地变成圣地，从而只能归神圣首领所有。他的头部最为神圣，不许任何人触摸。他的话可以传到部落神的耳朵里。在某些太平洋岛上，如萨摩亚岛和汤加岛，神圣首领完全脱离于世俗生活。一切政务是由世俗的首领掌管的。18世纪末去过东太平洋汤加岛的詹姆斯·威尔逊曾经写道，汤加的政治体制"和日本的政治最为相似，那里的神圣首领是军事将领的一种政治犯"。汤加岛的神圣首领被孤立于政务之外，但却执掌宗教仪式。必须由他接受在果园中采下的第一颗果实，并领导举行仪式，之前任何人不能吃这些果实。神圣首领去世时，公布他死亡要用"天堂空虚了"这样的词句。他在庄严的仪式中被葬入巨大的王墓。但实际上他从未参与政治。

即使天皇在政治上毫无权力，只可以称作"受军事将领控制的某种政治犯"，但按照日本人的定义方式，天皇仍处在等级制度中一个"恰当位置"。对日本人而言，天皇是否积极参与世俗的事务，并不是衡量天皇身份的尺度。在征夷大将军统治的漫长的几个世纪里，日本人把大皇和京都的宫廷保留了下来，并一直加以重视。但以西方的观点看来，天皇并不起什么作用。这与什么都习惯接受严格等级角色的日本人是很不同的。

日本封建时期这种极为明确的上自天皇，下至贱民的等级制给近代日本留下了深刻的痕迹，从法律上终结封建制度只不过才75年的时间，这种根深蒂固的国民习惯是不会在一个人的一生之间消失的。就像我们将在下一章中看到的那样，尽管国家的目标发生了根本性的变化，但近代日本的政治家们还是在谨慎周密地做计划，以期待最大限度的保全日本的等级制度。在这个世界上，个人的行为细节和所处的社会地位被规定得就像一张精密的地图，而日本人与其他主权国家相比则更受这种规定的制约。这个世界在两个多世纪里，法律和秩序一直是靠铁腕来维持的。在这一段时间里，日本人学会了把这种繁冗紧密的等级制与安全稳定画上了等号。他们认为只要自己安分守己，只要自己履行已知的义务，他们的世界就能够信赖。盗贼的行为得到了控制，大名之间的内战也被制止了。臣民如果能够证明别人侵犯了他们的权利，他们也可以像农民遭到剥削那样提起诉讼。虽然这样做个人会有风险，但这种做法却是被大家公认的。历代德川将军中的一位最开明者甚至设置了"诉愿箱"（控诉箱），任何一个公民都可以把自己的抗议书投进箱中。只有将军本人持有打开这个箱子的钥匙。在日本，只要一种行为是现存行为规范所不允许的，就有足够的把握可以纠正这种侵犯性的行为。人们十分信赖这种规范，并认为只要遵守就会获得一定的安全。一个人如果执行这些规范而不是企图去反抗或修改它，那么在日本这个人就是勇气和正直的。在这些规范规定的范围之内，这个世界在日本人眼中是一个可知的，可信赖的。这种规定并不像摩西十诫中的伦理道德那样的抽象，而是十分具体详细的规定：规定了在这种场合该怎么做，在那种场合又该怎么做；武士应该怎么做，平民又应该怎么做；兄长应该怎么做，弟弟又该怎么做；等等。

在这种制度之中，日本人并没有像那些处在高压等级制度统治下的民族那样，变成温顺的一味迁就的人。承认保障日本各个阶级的某种权利是很重要的，甚至对贱民阶级也要保证他们垄断某一特种职业的权力，当局要认可贱民的自治团体。虽然日本各个阶级所受到的限制十分多，但也因此保证了秩序和安全。

日本的这种等级限制还具有某种灵活性，这在印度等国则就没有。日本的习惯提供一些明智灵巧的方法对等级制度进行调节，使它不至于对公认的惯例有所破坏。一个人可以使用多种方法去改变他的等级身份。在日本现行的货币经济情况下，高利贷者和商人肯定会变得富有起来。这些富起来的人就会使用各种传统的方法跻身上流阶层。他们通过典押和地租而成为"地主"。的确，农民的田地是不允许转让的，但是日本的地租十分高，因此让农民继续留在他们的土地上对地主是有利的。高利贷者则住在那块土地上收取地租。这种土地的"所有"权在日本既可以带来利益，又可以带来权势名望。他们的子女与武士阶层通婚，这样他们自己也就成了绅士。

日本战国形势图

　　日本战国时期一般是指从应仁之乱（1467）到德川幕府建立（1603）这一百三十余年的断代史。在这百余年中，日本全国各地被封建军阀割据，大名为了利益而相互征伐不休，天下大乱。

　　另一个操纵等级制的传统方法就是收养。这为"购买"武士身份提供了一条途径。尽管受德川幕府的各种限制，但商人们还是渐渐地富裕了起来。然后，他们就想尽一切办法把自己的儿子过继给武士当养子。日本大多数人会为女人招赘，却很少收养子。招赘的女婿被称为"婿养子"，他们会成为岳父的继承人。他们付出很大的代价。他们的姓名将会从亲生父母家的户籍上注销，转到妻子家的户籍上，改用妻子家的姓，并和岳父母生活在一起。代价虽高，但获益亦不浅。富有商人家的后裔成为武士，穷困的武士家庭则通过这种结合获得了财富。等级制依然如故，并没有受到任何破坏，但通过巧妙地利用这种变通手段，富裕的人最终拥有了上层社会的身份。

　　因此，日本的等级制度并不要求各个阶层只可以在同一等级内通婚。不同等级之间相互通婚也有多种被公众认可的手段。这样做的结果就是富裕的商人渐渐渗透到了下层武士阶层之中，这样就在很大程度上加深了西欧与日本原本就有的差异。欧洲各国逐渐发展强大的中产阶级所产生的压力是其封建制度崩溃的动力，这一阶层控制了近代的工业。但日本却没有产生如此强大的中产阶级。通过公众认可的方法，商人和高利贷者"购买"到了上流社会的身份。商人和下级武士阶层成为同盟。令人吃惊的是，当欧洲与日本的封建制度都即将处于灭亡之际，日本竟然准许比欧洲大陆更大程度的阶级之间的流动性。这种情况最令人信服的证据就是日本的贵族阶层和平民阶层之间几乎没有任何阶级战争的迹象。

说日本这两个阶级所进行的联盟是对双方都有利的是很容易理解的。但是这种联盟在法国也可能对双方都有好处。在西欧也发生过二三个相似的例子，但阶级的固定性在欧洲是十分顽强的。在法国，阶级斗争竟然导致剥夺了贵族的财产。在日本，他们却彼此紧密地靠拢起来。最终就是由商人、金融阶层和下级武士组成的联盟推翻了腐朽的幕府统治。到了近代，日本仍然保留着贵族制度，如果各阶层之间的这种流动没有被认可，那么这种情况是很难出现的。

日本人有理由信赖并喜欢他们那套详细冗繁的行为规范。这种规范保证了遵守者的安全，它允许对非法的侵犯进行抗议，并可加以调节来适应个人的利益。它要求相互之间履行义务。19 世纪后期，当德川幕府崩溃时，日本的任何团体也没有主张废弃这些规范。那里没有发生"法国大革命"，甚至连"1848 年的革命"也没有发生。然而形势已不可挽回。从庶民至幕府将军，每个阶层都欠商人和高利贷者的债。人数众多的非生产阶级和巨额的财政支出已经难以维持。财政危机使大名没有能力向他的武士侍从支付定额的俸禄，整个封建纽带的网络也只能被人嘲笑。他们试图通过对农民征收本来就很沉重的年贡来避免沦亡，但由于提前征收好几年的年贡，使得农民已经贫困到了极点，幕府也濒临破产，难以维持现状。1858 年，当培里司令率领的舰队到来时，日本国内的经济危机已经达到了顶点，处于无力抵抗的境地，所以被强行闯入并签订了《日美通商条约》。

当时，在日本最响亮的口号是"一新"，即"恢弘往昔"，"王政复古"。这与革命是对立的，甚至也不是进步的。和"尊王"这个口号联系在一起并同样深得人心的口号是"攘夷"。国民支持回到锁国政策黄金时代所执行的政治纲领。只有极少数的领导人明白这条道路是无论如何也走不通的，他们为此而努力奋斗，但却被暗杀了。似乎没有任何迹象可以证明日本这个不喜欢革命的国家会改弦易辙，去顺应西方的模式，更不能想象它在五十年后竟会与西方国家进行竞争。但这一切还是发生了。日本发挥了与西欧各国完全不同的固有优势，实现了无论是高层人士和一般民众舆论都没有要求过的目标。即使19世纪60年代的西方人能够从水晶球中看到日本的未来，他们也绝对不会相信的。因为当时的地平线上似乎并没有巴掌大的乌云可以预示二十年后将有一场风暴会横扫日本列岛。但是，不可能的事情竟然发生了。日本那些受落后等级制束缚的民众快速地转向一条崭新的道路，并一直坚持走了下去。

第四章 明治维新

宣告日本近代时期到来的战斗口号是"尊王攘夷",即"王政复古,驱逐夷狄"。提出这个口号的目的是避免日本遭受外国的侮辱,并重新回到天皇和将军"双重统治"之前 10 世纪的黄金时代中去。京都天皇朝廷是最为反动的。在天皇支持者的心中,他们的胜利,就是要羞辱外国人并驱逐他们,就是要重新恢复日本传统的生活方式,就是要剥夺"改革派"在国家事务上的发言权。日本最强大的"外样大名"组成了倒幕运动的先锋,他们想通过"王政复古"的道路来代替德川家族的统治,仅仅要求变换一下当权者。农民们只是期盼能更多地保留一些自己收获的稻米,却很讨厌"改革"。武士阶层则希望保持他们的俸禄,并能利用手中的刀剑去建功立业,获得更大的荣誉。对王政复古派在财力上进行支持的商人,则希望能推行重商主义政策,却从来没有对封建制度有过任何的指责。

1868 年,反对德川的势力取得了胜利,宣告王政复古,"双重统治"从此结束。以西方的标准来看,胜利者推行的只是一种极其保守的孤立主义政策,但新政府从掌权开始就采取了相反的政策。新政权建立不到一年,就废除了大名在各藩的征税权。它收回了土地的登记簿,把以前农民按"四公六民"政策要分给大名的"四成"收归政府。但这种废除不是完全无偿的,政府发给每个大名相当其正常收入一半左右的俸禄,并免去他们养活武士以及参加公共建设的费用。武士也和大名一样,从政府领取俸禄。在随后的五年中,政府又在法律上废除了阶级的不平等以及代表阶级和等级差别的标志、服饰，甚至下令"散发"；贱民被解放了；禁止土地转让的法令被废除了；各藩之间的关卡被撤销了。佛教的国教地位也被取消了。到1876年，政府又将大名及武士的俸禄折成一笔偿还期为五至十五年的秩禄公债，并一次发给他们，他们可以拿这笔钱来创办新式的非封建性质的企业。发放数额的多寡是根据他们每个人在德川时代所领取的固定俸禄来确定的。"这是商业寡头与封建土地贵族进行结合的最后步骤，其迹象早在德川时代就很明显了。"

尚处稚嫩阶段的明治政府实行的这些重大改革并不得人心。当时人们对1871—1873年"征韩论"的狂热胜过任何一项改革措施。但明治政府不仅坚定不移地实行其彻底改革的方针，而且还否决了侵略朝鲜的计划。明治政府的执政方针与绝大多数为建立明治政府而奋斗的人们的愿望背道而驰，以致在1877年爆发了由他们的最高领导人西乡隆盛组织的大规模的反政府叛乱。他的军队代表了尊王派维系封建制度的所有愿望，但明治政府则在实现"王政复古"后的头一年就背叛了他们的愿望。政府招募了一支并不是由武士组

田原阪之战

　　明治维新后，社会动荡，矛盾激化。发生了西乡隆盛领导的农民起义。图为西乡军队与明治军队在田原阪的战役。这场战役给农民起义军以重创，再也无力与明治政府对抗。

成的义勇军，战胜了西乡隆盛的武士军队。尽管如此，但这次叛乱也完全能够证明当时的政府在国内激起了多么强烈的不满。

农民们也同样充满了强烈的不满。1868—1878 年，即明治政府的最初十年间，至少爆发了 190 起农民起义。直到 1877 年，明治政府才通过一些措施逐步减轻农民承担的沉重租税，所以也难怪农民们感到新政府牺牲了他们。农民们还反对办学校、征兵制、丈量土地、散发令、给贱民以平等待遇、当局对佛教的极端限制、历法改革以及其他许多改变他们固有生活方式的措施。

那么，在这个政府里是什么人推行了如此激烈的、不得人心的改革呢？是在封建时代的日本特殊体制中孕育出来的下级武士和商人阶层之间的"联盟"。武士们作为大名的心腹家臣，不仅学会了使用政治手段，而且还经营和管理着各藩的垄断企业，如采矿、纺织、造纸等行业；而商人们则购买到了武士的身份，并在武士阶层中推广了他们的生产技术知识。这种武士和商人的联盟迅速将那些自信、能干的人推到前台，为明治政府出谋划策并组织实施。不过，问题的关键并不在于他们出生于哪个阶级，而在于他们为什么能如此精明能干并且敢于实践。19 世纪后半叶，日本刚刚走出中世纪，其国力就像现在的泰国一样衰弱，却能涌现出一批目光深远的领导人，成功地设计并完成了一个伟大的事业，超越了任何民族曾经做过的尝试。这些领导人的优点和缺点都来源于传统的日本民族性，本书的主题就在于探讨这种民族性过去是怎样的，现在又是怎样的。在这里，我们只能先来了解一下明治政治家是如何完成这一事业的。

他们根本没有把自己的任务看作是意识形态的革命，而是视之为一项事业。他们心中的目标就是要把日本变成世界上一个举足轻重的强国。他们并不是偶像的破坏者，既没有一味地批判封建阶级，也没有没收其财产，而是用丰厚的俸禄诱惑他们，使其转向长久地支持政府。他们终于改善了农民的处境。这之所以推迟了十年，与其说是因为阶级原因而拒绝了农民对政府的诉求，不如说是由于明治政府初期国库匮乏的缘故。

不过，明治政权中那些精明敏锐、实力强大的掌权者，是不同意完全废除等级制度思想的。王政复古把天皇置于阶级社会的最高位置，废除了将军，简化了等级制。政治家们又废除了藩，解除了既要忠于藩主又要忠于国家这两者之间的矛盾。这些改动并没有从根本上抵制等级制的习惯，只是给这些习惯换了一个位置。那些被称为"阁下"的新领导人为了把他们精妙的政策纲领推广到民众中去，甚至加强了中央集权的统治。他们轮番采取加压和施恩的方式，可谓恩威并施。而且，在公共舆论不同意改革历法，不赞成建立公共学校，不希望废除对贱民的歧视政策等时，他们一点也没有考虑去迎合公众。

来自上层的恩惠之一就是 1889 年天皇赐给民众的《大日本帝国宪法》。它赋予了人民在国家中的地位，并设立了国会。这部宪法是"阁下"们在对西方各国的宪法进行了研究、批判之后，精心拟定的。不过，宪法起草者"采取了一切的预防措施，以防止人民的干涉和舆论的侵扰"，负责起草宪法的机构是隶属于宫内省的 个局，因此是神圣不可侵犯的。

明治的政治家们十分明白自己的目的。19 世纪 80 年代，宪法的拟订者伊藤博文公爵派遣木户侯爵前往英国，就日本当时面临的问题，询问斯宾塞的意见。经过长时间的详谈，斯宾塞将自己的意见写成书面材料寄给了伊藤博文。对于等级制问题，斯宾塞写道，日本的传统习俗中有一个绝对优越的、惠泽国民的基础，应当加以保护和培育。他说，对长辈的传统义务，尤其是对天皇的传统义务，是日本的一大优点。日本将在长辈的领导下稳步前进，并可战胜在许多盛行个人主义国家中难以避免的各种困难。此信肯定了他们的信念，明治大政治家们对此非常满意。他们努力把在现代世界遵照"恰当位置"而获得的好处保持下来。他们不打算破坏等级制的种种习惯。

不论是政治领域、宗教领域还是经济领域，明治政治家们在各个领域中都明确规定国家和人民"各守其位"的义务。他们的整个体制结构和美国的、英国的都完全不同，使得我们常常认识不到其体制的基本点。当然，日本建

明治颁宪

　　日本政体属英国式的君主立宪制，1889年《大日本帝国宪法》的颁布，使日本成为西方认同的先进国家。

立了自上而下的强权统治，无须被公众舆论所左右。政府被等级制的最高层掌管，由选举产生的人物绝不可能进入这一阶层。在这一阶层中，人民毫无发言权可言。在1940年，政府最高层的成员都是一些可以随时"谒见"天皇的要臣、直接向天皇进言的顾问以及由天皇御玺任命的官员，后者包括内阁官僚、府县知事、法官、各局长官及其他高官。由选举产生的任何一位官员都无法达到等级制中这样高的地位，比如说，由选举产生的议员在选拔、任命内阁成员或者大藏省或运输省局长时根本就没有丝毫的发言权。众议院是由普选产生的，代表国民的心声，虽然享有一定的特权以质询和评判政府的高级官员，但在任命、决策或预算等方面却没有任何实质性的发言权，也没有法律的制定权。众议院还受到不经选举就产生的贵族院的制约，贵族占贵族院议员的一半，另外有 1/4 是由天皇敕选的。贵族院拥有对法律的批准权，其权力几乎与众议院的相等，这就又多了一道等级性的关卡。

这样就确保了日本政府中的高级职位都掌握在"阁下"们手中。但是，这决不意味着日本在"各守其位"的体制下不存在自治制度。在全部亚洲国家中，无论在何种政治体制下，上层的权力在往下延伸，而往往中途会碰到从下往上发展的地方自治力量。各个国家之间的区别则在于民主的范围达到什么程度，职权的多和少，地方的领导能否对整个地方的所有居民负责，抑或被地方的豪强势力所垄断，从而不利于人民。德川时代的日本就像中国一样，最小的单位由 5 至 10 户组成，现在被称作"邻组"，这是居民中最小的责任单位。这一"邻组"的组长，领导组内的事务，保证组内成员行为合法，如果发现可疑行为必须报告，发现潜逃的罪犯要送到政府。明治政治家们起初废除了这一套组织，但后来又把它恢复了，并称之为"邻组"。政府时常在市镇中积极组建"邻组"，但如今在农村中基本上已经没有什么意义了。比它更为重要的单位是"部落"（村庄）。部落既没有被废除，也不曾被视为一级行政单位纳入政府体系，那儿是国家权力没有覆盖到的地方。这种由 15 户左右的人家组成的部落，直到现在，还是每年都更换一次部落首长，一直发挥着组织的功能。部落首长的职责是"管理部落内部的财产；监督向发生死亡或火灾的家庭提供援助；安排耕种、盖房、修路等公共事务的合适日程；以敲钟的方式报告火情；通过击打梆子来告知全村进入休息日程。"日本的部落首长和亚洲的其他国家不同，不必承担征收部落内国家赋税的重任。他们的地位不具有双重性，是在民主责任的范围内起行使职权的。

近代日本的行政机构正式承认市、町、村的地方行政机构，由公众推选出的"长者"们选出一位头领，代表本地区与代表国家的中央政府或府县公署交涉办事。在农村，这个头领往往是一位老居民，是位拥有土地的农民家族中的成员。他作了村长之后经济上会受些损失，但威望却相当高。他和长者们共同负责管理村里的财务、公共卫生、学校，特别是财产登记和建立每

岩仓使节团成员

新政府任命外务卿岩仓具视为右大臣兼特命全权大使，参议木户孝允、大藏卿大久保利通，工部大辅伊藤博文，外务少辅山口尚芳等人为副使组成访欧使节团，在国内政情还不稳定的时候选拔政府首脑和骨干访欧，足见新政府的重视与期望。

个人的档案。村公所是个相当繁忙的地方，它要负责管理国家拨给全村儿童的初级教育补助费，征集在国家教育补助费之外数额更大的、由本村承担的教育经费，并对其开支进行监管；还管理村里的集体财产及其租贷、土壤改良和植树造林，以及任何财产交易的登记。财产交易只有在村公所正式登记后才是合法、有效的。村公所要求本村的每个居民必须及时登记其住址、婚姻状况、子女出生、过继和收养、有无前科以及其他的最新记录。村公所对每个家庭也都要保存与上述情况相同的信息。在任何地方，上述各点若发生了变化，都会从事发地转告给该人的原籍，并由村公所记入他的档案。一个人在申请就业或接受审判，或因其他需要证明其身份时，他必须写信给他的原籍市、町、村公所，或者亲自回去，获得一份本人材料的副本，交给有关方面。因此，一个人是绝不轻易冒险给自己或家庭留下不光彩记录的。

因此，市、町、村负有重要的责任。这是一种共同体的责任。1920年代，日本出现了全国性的政党。这在任何国家都意味着会有"执政党"与"在野党"轮流执政的情况出现。但即使在这种情形下，地方行政机构却未受丝毫的影响，依然由"长者"为共同体服务。不过，地方行政机构在三个方面不享有自治权。这就是：所有法官均由国家任命，警察和教员全是国家雇用人员。由于日本的民事诉讼基本上一直是通过仲裁或中间人调停来解决的，所以法院在地方行政中的作用微乎其微。相比之下警察更重要一些，在公众集会时他们必须到场。只是这种任务不经常化，他们大多数的时间用于居民身份和财产的登记。政府常常把警官从一个地方调任到另一个地方，让他们保持局外人的身份，使他们不能与当地居民建立起过于密切的关系。学校的教员也常有调动。国家为学校制订了严密的规定，像法国一样，日本的每所学校在同一天都上同一本课本的相同内容。每所学校每天早晨都在同一时间，在同样的广播伴奏下，做着同样的早操。市、町、村对学校、警察和法院，不能行使地方自治权。

上述的日本政府机构在所有的地方，都与美国的政府机构有很大的不同。在美国，在大选中被选出来的人享有最高的行政和立法权，在地方指挥下的警察和法院来执行对地方的控制。然而，日本的政体在形式上与荷兰、比利时等西欧国家几乎没有什么区别。比如，荷兰和日本一样，所有法律均由女王的内阁负责起草，国会实际上从未制定过法律。甚至镇长、市长在法律上规定也是由女王来任免的，因此荷兰女王在形式上的权力更广泛地直接深入到地方事务中，超过 1940 年以前的日本。虽然实际上女王总是认可地方提名的人选，但必须由女王任命则确是事实。在荷兰，警察和法院也是直接对君主负责。但是，在荷兰任何宗派团体都可以自由创办学校。而日本的学校制度则基本上是全部照抄法国的。在荷兰，开凿运河、围海造田及地方性的开发事业，都是地方自治体全体成员的职责，而不是选举产生的市长或官员们的任务。

日本政府体制与上述西欧各国之间的真正区别，不在于其形式，而在于其职能。日本人依赖古老的恭顺习俗，这是在以前的经验中形成的，并通过道德体系和礼仪规范来表现出来。国家可以信任，只要那些"阁下"们各就其位，各尽其职，他们的特权就会受到尊重。这并非是他们的政策得到了拥护，而是因为在日本逾越特权界限就是过错。在国家的最高决策层里，"民众的舆论"是完全没有地位的。政府要求的只是"国民的支持"。当政府越过自己的权限范围并干涉地方的管辖时，它这时的权限也会被恭顺地接受。政府在其内政上的所有功能，并非像在美国所共同认为的那样是一种必然的邪恶。在日本人的眼里，国家是近乎至高至善的。

不仅如此，政府还十分注意承认国民意志的"各就其位"。在合法的公众权限领域，即便是做有利于国民自身利益的事情，日本政府也一定要征得人民的同意，这样说一点也不夸大其词。例如，主管发展农业的官员在改良陈旧的耕作方式时，正如美国爱达华州担任同样职务的官员一样，很少通过命令强行推广。承担鼓励建立由国家担保的农民信用合作社和农民供销合作社的政府官员，总是要和当地的名流进行多次的长谈，并听从他们的决定。地方上的事务必须由地方解决。日本人的生活方式是，个人分配到适当的权力，权力又被限定了一定的范围。和西方文化相比，日本人更加尊重"上级"，从而使"上级"获得更大的行动自由，但"上级"也必须严守自己的本分。日本人的信条是："一切各就其位。"

在宗教领域，明治政治家制定了一些比政治领域更为奇特的制度。可是他们仍然遵循着那条相同的信条。国家只掌控着象征国家统一和民族优越的那一种崇拜，其他的信仰则听凭个人自由。这种国家掌控的领域就是国家神道。由于国家神道被视为国家象征而获得正当的敬意，就像美国人向国旗致敬一样。所以，他们声称国家神道"不是宗教"。因此，日本政府可以要求全体国民信奉国家神道，却不被视为违背了西方的宗教信仰自由原则，就如同美国要求人们向星条旗敬礼一样。这仅仅是忠诚的象征而已。因为它"不是宗教"，所以日本可以在学校里讲授神道，而不存在受到西方指责的担忧。在学校里，国家神道变成了诸神时代以来的日本历史和对"万世一系的统治者"——天皇的崇拜。国家神道受国家的支持和管理。而其他宗教信仰，不用说佛教、基督教，即便是其他教派的神道或祭祀神道，也都任个人意愿自由信奉，基本上和美国一样。这两种不同领域的信仰在行政和财政上也是分开的。国家神道由内务省神祇局管理，它的神官、祭祀仪式、神社费用等均由国家提供；祭祀神道以及佛教、基督教等各教则由文部省宗教局管理，经费靠教徒自愿捐赠得来。

鉴于日本政府在这个问题上的立场，所以人们即便不能说国家神道是个庞大的国教会，但至少可以说它是个庞大的国家机关。从祭祀天照大神的伊势大神宫，到遇到特别祭典时司祭神官才进行清扫的地方小神社，日本有11

明治天皇

明治天皇（1852—1912），名睦仁。1860年立为皇太子，1867—1912年在位。领导了明治维新运动，使日本走向了近代化，逐步发展为世界强国。

万多座神社遍布各地。全国性的神官等级制与政府体系并列，从最低级别的神官到各郡、市及府、县的神官，一直升到最高级别的被尊称为"阁下"的神官。与其说这些神官是在主持民众的祭祀活动，不如说他们是在主持典礼仪式。国家神道和我们所熟悉的到教堂去做礼拜毫不相似。因为它不是宗教，法律禁止国家神道的神官传播教义，并且也不会有西方人所理解的那种礼拜仪式。代替那些礼拜仪式的是，在频繁的祭祀日里，町和村的代表到神社去参拜，他们站在神官面前，这时神官拿着一根扎着麻绳和纸条的棒来回在他们的头上挥舞，为他们祛邪。之后，神官打开内大殿的大门，尖声呼喊，唤请众神降临，享用供品。神官在祈祷时，参拜者们依身份的高低先后鞠躬行礼，恭恭敬敬地供上在日本任何时期都有的神圣之物：垂饰着几根细长白纸带的圣树小枝条。接着，神官又一次高声尖叫，送回众神，关闭内大殿的门。在国家神道的大祭祀日里，天皇要代表国民亲自举行仪式，当天政府机构也要放假休息。但这种祭祀日不同于地方神社的祭祀日或佛教的祭祀日，不是属于民众的祭祀日。后两者属于国家神道范畴之外的"自由"领域。

在这种自由领域里，日本人举行各种符合自己心愿的教派祭祀活动。佛教仍然是大部分国民信奉的宗教，拥有不同教义和开山祖师的各个教派在全国各地非常活跃。甚至连神道在国家神道之外也有不少强大的教派。有些教派早在20世纪30年代政府推行国家主义以前，就已经成为纯粹国家主义的堡垒了。有些教派属于精神疗法宗派，常被比作"基督教科学"。有些信奉儒家教义，有些则专门从事神灵附体和参拜圣山神社的活动。绝大多数的民众性祭祀节日不属于国家神道范畴。在这些节日里，老百姓纷纷涌向神社。祭拜者个个都要漱口、拽绳、打铃、击掌，呼唤神灵的降临。接着，他们毕恭毕敬地礼拜，之后再次拽绳、打铃、击掌，把神灵送回。然后他们就离开神社，开始这一天的主要活动。他们到小贩摊上购买玩具，观看相扑比赛、驱邪魔法以及有小丑参演的神乐舞，分享热闹浓郁的节日氛围。一位曾在日本居住过的英国人说，每逢日本的祭祀节日他就总要想起威廉·布莱克的诗：

如果教堂给我们几杯啤酒，

和那温暖我们灵魂的欢乐之火。

我们将会终日唱诗祈祷，

绝不会想离经叛教。

在日本，除了极少数专门献身于宗教的人，宗教并不会让人感到严峻。日本人还喜欢外出长途去朝拜，那也是一种愉快的休闲度假。

明治政治家就是这样谨慎地划定国家在政治领域的职权范围和国家神道在宗教领域的职权范围。他们将其他领域交给民众去自由行事，但作为新等

宫岛著名的鸟居门

神道教起源于日本早期的万物有灵论。神道教的核心是对神的膜拜，这些神即是将自然现象拟人化，也包括人在内，日本人称之为"神力"。其中包括天照大神、明月神和暴风雨神。神道的神社前总是设有鸟居门，鸟居门的颜色形状各异，但总的功能是相同的：将圣地与凡世隔开。

级制的最高官员，他们会将直接关系到国家利益的有关事宜牢牢地控制在自己的手中。在创建陆海军时，他们就碰到过类似的问题。和其他领域一样，他们在军队中也废除了旧的等级制，而且比在老百姓的生活中废除得更加彻底。他们甚至在军队中废除了日本的敬语，尽管实际上还是保留了一些旧的习惯。军队官职的提升依靠的是个人的能力，而不是家庭门第，其执行的彻底性为其他领域所不及。正因如此，军队在日本人中享有很高的声誉且显然当之无愧。这的确是新军队获得民众支持的最佳途径。并且，排和连大多是由同一地区的乡邻组成的，和平时期服兵役的地方离家不很远，这不仅意味着士兵与当地保持着联系，而且服役军人在两年的军事训练期间，军官和士兵、老兵和新兵的关系代替了武士与农民、富人与穷人的关系。军队在许多方面担当了一个民主的平等主义者角色，又在许多方面是真正的人民军队。在大多数其他国家中，军队是被用来维持局势的强大武装力量。而在日本却不是，军队十分同情小农阶级，这种同情一再激起军队向大金融资本家和产业资本家的抗议。

对于建立起这样一支人民军队的一切后果，日本政治家可能不会赞成。他们并不认为在这种层次上使军队在等级制中获得至高的地位是合适的。为了实现这一目标，他们在最高层采取了一些方法。这些方法并没有写入宪法，但军部首脑不受文职政府制约这一公认惯例却被保留了下来。例如，与外务省和内政各省大臣不同的是，陆海军大臣可以直接谒见天皇，从而能够以天皇的名义强制推行他们的措施，不必向文官内阁成员通报情况和征求意见。他们还可以阻止自己不信任的内阁的成立，方式是拒绝委派陆海军将领入阁。缺少这种高级现役军官担任陆海军大臣，就不能组建内阁，因为此职是不能由文官或退役军官担任的。同样，他们如果对内阁的任何行动不满，就可以把内阁中的军队代表召回，迫使内阁解体。在这个最高决策阶层，军部首脑绝不容许任何人的干涉。倘若还需要加强保证的话，那么宪法中已有一条规定："如果帝国议会否决政府所提的预算草案，政府将自动执行上年度的预算。"虽然外务省保证军队绝不进占满洲，但军部仍然采取了武装占领的行动。这只是一个例证而已，它说明在内阁意见不统一、决策未确定的时候，军队的决策层将会支持战地司令官的主张。对于军部而言，也像在其他领域一样，凡是牵连到等级特权，日本人都倾向于接受由此产生的一切后果，这并非因为他们赞成该项政策，而是由于他们不赞成逾越特权的界限。

在工业发展领域，日本推行的是一条与任何西方国家都不同的方针。这方面是由"阁下"们安排进程，制定规划。他们不仅制定规划，而且还以政府的财政创建和资助他们认为必需的产业。这些产业由政府的官员来组织和管理。他们聘请了外国的技术专家，并派人出国学习。之后，当这些企业如他们所说的"已经有完善的组织，顺畅的业务"时，政府就把它们卖给私营企业。这些官办的企业就逐渐以"荒谬的廉价"卖给少数经过挑选的金融寡头，即以三井、三菱两家为中心的著名财阀。日本政治家认为，工业发展对日本的兴亡非常重要，不能按照供求规律或由自由企业来办。但这一政策和社会主义的教条毫无联系。获取丰厚利润的是那些财团。日本所完成的是以最小的失误和浪费来建立它最需要的产业。

通过这些措施，日本改变了"资本主义生产阶段的出发点和之后各阶段的正常顺序"。日本不是从生产消费品和轻工业起步，它一开始就兴办关键性的重工业。兵工厂、造船厂、炼钢厂、铁路建设等行业都享有优先权，使它们的技术和效率迅速地达到了高水平。不过，这些产业并没有全部转让给私营财阀，庞大的军工企业仍然由政府的官僚机构控制，有政府的特别预算作补助。

在政府给予优先权的产业领域内，小商人和非官方经营者没有他们的"应有地位"。只有国家和受国家信任而在政治上享有特权的大财阀，才能在这个领域中经营。但正和日本生活的其他领域一样，产业界里也有自由领域。那就是用最小的投资以及最大限度地利用廉价劳动力来经营的各种"剩余"

明治天皇授旗图

　　1874 年，明治天皇亲自到东京日比谷操练场观摩近卫军训练情况并亲授军旗，暴露了日本整军经武，疯狂扩军备战，意欲独霸东亚的野心。到 1890 年，日本陆军建成七个师团，有现役军人 53000 多人，海军已拥有军舰 25 艘。日本官兵经过了"武士道"规范的训练后，被灌输以"效忠天皇"、"武勇忠烈"和"征战光荣"等思想，演变成为战争狂人。

产业。这些轻工业即使没有现代技术也能存活，而且一直延续到了现在。这些产业通常存在于被我们美国人习惯称为"家庭血汗工厂"中。一个小本经营的制造商买回原料后，先分别给某个家庭工厂或者只有四五个工人的小工厂加工，然后回收产品，再分发出去进一步加工。经过这样的几次反复，最后他们把制成品卖给一般商人或出口商。20 世纪 30 年代，日本从事工业劳动的人员中有 53% 以上是在这种不超过五名工人的小工厂或家庭工厂里工作的。很多这些工人都受到古老的家长式学徒制的庇护，在大城市的许多家庭中，还可以看到不少身背婴儿的母亲从事计件零活。

东京—横滨铁路通车图

日本资本主义飞速发展，明治天皇采取"速节冗费，多建铁路，赶添海军"的政策，大力发展日本的铁路建设和军事交通工业建设。作为新文明的开拓者，伊藤博文着手的铁路铺设事业开始于明治二年。

　　在日本的生活方式中，工业的双重性和在政治宗教领域中的双重性一样，都具有重要意义。这就好比说，当日本政治家需要有一个与其他领域中的等级制相匹配的财界贵族制时，他们就会为这些人建立战略性企业，挑选一批享有政治特权的商人家族，使他们"各就其位"，与其他等级相对应。日本政治家们没有打算过切断政府与这些在保护政策下获利的财界贵族的联系，他们在政府持续不断的保护政策下获得利益。财界贵族们得到的不仅是利润，而且还有很高的地位。从日本人传统的对待金钱和利润的态度来看，财界贵族不免要受到民众的攻击，但政府则努力按照公认的等级制观念来扶植这些贵族。不过，这种努力并不是完全成功的，因为财阀受到了军队中所谓青年军官团体和农村方面不断的攻击。而事实上，日本舆论攻击的主要矛头不是财阀，而是"成金"。所谓"成金"，常被译作"暴发户"（nouveau riche），但这个词并未精确地表达出日本人的感情。在美国，"nouveau riche"的准确含义是"新来者"。他们之所以会遭人嘲笑，是因为他们不善交际，还没有学会优雅得体的礼节。但是，这种缺点却被他们那令人感动的致富经历抵消了。他们发家于破旧的木屋，从赶骡马奋斗到经营价值数百万的油田。但在日本，"成金"一词出自将棋的术语，意思是一个步卒突然变成了女王。它像一个"大炮弹"一样横冲直撞，神气十足，但从等级权力上说，它根本没有资格做这些事。人们都认定"成金"是靠诈骗或剥削他人发财的，对其多有指责，这与美国人对"白手起家者"的态度简直是天壤之别。日本在等级制中为巨富提供了相应的地位，并与之确立一种联盟关系。但如果这种财富不是在这一领域中获得的话，日本的公共舆论就会对他进行猛烈的攻击。

　　总之，日本人在安排他们的世界秩序时，经常考虑到等级制。在他们的家庭和人际关系中，年龄、辈分、性别、阶级决定了适当的行为。在政治、宗教、军队、产业等各个领域中，都有十分细致的等级划分，无论每个人的等级是高是低，一旦超越其特权范围，都将受到惩罚。只要"各就其位"被继续保持，日本人就会没有抗议地生活下去。他们就会感到安全。当然，从最高幸福受保护这个意义上讲，他们也时常感到不"安全"。但是，他们又是"安全"的，因为他们视等级制是合法的。这就是日本人判断人生的特征，就和对平等与自由企业原则的信赖是美国人生活方式的特征一样。

　　然而，当日本人准备把这种"安全"模式向外输出时，就遭到惩罚了。等级制与日本国民的观念很吻合，因为等级制塑造了那种观念。人们的野心在那个世界里也只能以可能的方式存在。但是，等级制根本不是可以输出的"日用品"。其他民族对日本那些大言不惭的主张极其愤慨，认为那是不恰当的主张或者比不恰当更严重。当日本军官兵到了各个占领国，看到当地的居民根本不欢迎自己时，感到十分的惊讶。日本不是在等级制中给了他们一个地位了吗？尽管很低，但毕竟是等级制中的一个地位；莫非对于处于较低地位的人，等级制不合他们的心意吗？日本军部连续拍摄了几部战争影片，描述了在绝望之中惶恐不安的中国姑娘与日本士兵或工程师相爱并找到了幸福的经历。电影以姑娘的形象来体现中国对日本的"爱情"。这些和他们的纳粹征服论之间确实存在很大的距离，并且从长远趋势上来看也并不比后者更成功。日本人不能强求别的国家来做自己曾经被强求做的事。他们的错误正在于他们自信能够做到这一点。他们没有认识到，自己心悦诚服地满足于"各守其位"的日本道德体系是无法让别的国家接纳的。其他国家没有这种道德体系。这是日本的真正产物。日本的作家们认为这种伦理体系是理所当然的，所以也就不去论述它。因此，我们要了解日本人，就必须从论述这种伦理体系入手。

第五章　历史和社会的负恩者

在英语中我们以前常常自称是"历史的继承者"。两次世界大战和一次严重的经济危机，多少削弱了过去说这句话时的自信。但这种变化并没有增加我们对过去的负恩感。东方各民族则从另一面看问题，认为自己是历史的负恩人。他们那些被西方人称为祖先崇拜的行为中，很多并不是真正的崇拜，也不完全是针对祖先，它是一种表示人承认对过去的一切负有巨债的仪式。而且，他们不仅是对过去负债，而且在现在每天与别人的接触中也增加了他们所欠的债。他们平时的决定和行为都源于这种负恩感。这是基本的出发点。西方人十分忽视对社会的欠恩感，尽管社会给予了他们很好的关照、教育、福利，甚至包括他们的降临人世。所以，日本人认为我们的动机是不正当的。品德高尚的人不会像我们美国人那样说他们不欠任何人的恩情。他们从不轻视过去。"义"在日本就是确认自己在互欠恩情的这张巨网中所处的位置，既包括对他的祖先，也包括对他的同代人。

巨大的东西方差异说起来十分简单，但是要想分辨出这种差异在实际生活中所造成的不同就很困难了。只有当我们清楚了这种差异在日本的状况，我们才能理解我们所熟悉的日本人在战争中那种极端的自我牺牲精神以及那种在我们看来毫无必要的易怒态度。做一个负恩者使人非常容易动怒，日本人证明了这一点。这也使日本人担负巨大的责任。

汉语和日语中都有许多表示"义务"的词。这些词汇不是同义词，其精确的含义也无法在字面上译成英文，因为它们所表述的观念对我们是陌生的。

日语中表示一个人所负的债务或恩情的"义务"这个词，从最大到最小都称作"恩"。这一用法可以译成英语中的"义务"、"忠诚"、"关怀"、"爱"等一整串词语，但这些词都歪曲了原意。如果"恩"的含义确实是"爱"或甚至是"义务"，那么日本人肯定也可以说"受孩子的恩"，但这种用法在日本根本是不可能的。"恩"也不意味着"忠诚"。"忠诚"在日语中是用其他词来表示的，它们绝不是"恩"的同义词。"恩"的所有用法中有一个共通的含义，就是指一个人尽力去承受负担、债务、重担。一个人接受上辈、上级的恩，但接受任何不一定是来自上辈、上级或者至少是同辈的恩都会给他带来一种不舒服的自卑感。他们说"我受某人之恩"，就意味着他们在说"我对某人负有义务"，并且把这位债主、施恩者称作"恩人"。

"铭记一个人的恩"可以是一种互相珍爱的流露。日本小学二年级教科书中有一个小故事，题目是《不忘恩情》，就是这个意思。这是小孩修身课上的一个故事：

> 哈奇是一条可爱的小狗。它一出生就被一个陌生人带走了。在那个人家里，它像小孩一样被宠爱着。所以，它弱小的身体变得强壮起来，当主人每天早上上班时，它就陪送到街道的车站，到傍晚主人下班快回家时，它又会去车站迎接。
>
> 不久，主人去世了。无论哈奇是否知道这一点，它仍继续每天寻找它的主人。它去那个常去的车站，不管什么时候街车到站，它都会在人群中搜寻着它的主人。
>
> 就这样，岁月一天天、一月月地流逝着。一年过去了，两年过去了，三年过去了，甚至十年都过去了，但每天在车站还能看到年老的哈齐的身影，它还在寻找着它的主人。

这个小故事的道德寓意是"忠诚"，它只是"爱"的别名。一个深深关爱着母亲的儿子可以说是不忘从母亲那儿得到的恩情，也就是说他对自己的母亲怀有像哈奇对主人一样的赤诚。这个词不是单指他的爱，而是指母亲在他婴儿时期所做的一切，孩提时期母亲所做的牺牲，成年后母亲为他增加利益所做的所有事情，总之包括母亲在世时对他所付出的一切恩情。它也意味着对所欠恩情的回报，因而它意味着爱，但它根源性的意思是负债。但我们则认为爱是不受义务的约束而自由给予的。

恩在用于首位的和最大的情债即"皇恩"时，是在无限忠诚的意义上使用的。这是一个人对天皇的情债，必须以无比感激的心情来接受。他们认为，自己有幸生在这个国家，安心生活，事事顺利，不想到天皇所赐的恩典是不可能的。在整个日本历史上，一个人生活中最终的恩主就是他的视野内的最高上级。这个人物随着时代而变化，曾经是地头、封建领主或将军，如今则是天皇。谁是最高的上级似乎不是很重要，而几百年来"谨记恩情"的习惯却是首位的。近代日本采取种种手段将这种感情集中到天皇身上。日本人对自己生活方式的一切偏爱都加重了他们享有"皇恩"的情感。战争年代，以天皇名义发给前线部队的每一支香烟都强调每个士兵所受的"皇恩"。参加战斗前分给士兵的每一口酒就更是"皇恩"了。他们说，驾驶自杀式飞机的神风队成员也是在报答他们受到的皇恩。为守卫太平洋上某些岛屿而战斗到最后一人也被说成是在报答无限厚重的皇恩。

一个人也会从身份比天皇低的人那里受恩。当然也从父母那儿接受了恩情。这正是东方著名的孝道的基础，它使父母处于有权支配子女的位置。这也就是说子女对父母欠有恩情，必须尽力偿还。所以，子女必须尽力服从父母，而不是像在德国——也是一个父母对子女拥有支配权的国家——父母必须强求子女服从。日本人对他们东方式孝道的解释是十分现实的。他们对父母的恩情有一句这样的话，译出来的大意是："身为人父母，方知父母恩。"也就是说，父母之恩是父母每天对儿女实实在在的照顾和操心。日本人的祖先崇拜限于最近的和能记住的先辈，这就更使日本人重视那些年幼时实际照料过自己的人。

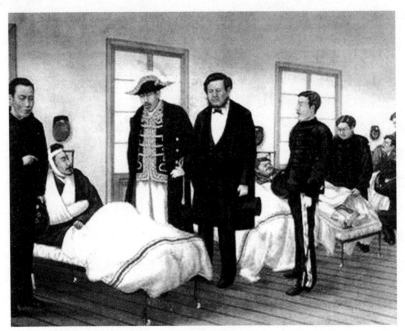

天皇探视伤病人员

此图反映了明治天皇（戴拿破仑帽者）于1877年到大阪临时医院，探视西南战争中伤患的情景。明治天皇是近代日本的缔造者，在日本人心目中的地位不可动摇，至今亦然。

当然，这在任何文化中也是千真万确的，每个男人和女人都有需要父母照料的幼年，成年之前的岁月也得由父母供给衣、食、住，这样才能长大成人。日本人深深认识到美国人对所有这些都是轻视的，就像一作家所言："在美国，记住父母之恩最多就是对父母好一些。"当然，没有人会让孩子背上"恩"。但是，对孩子的悉心照料乃是对自己孩提时代所受父母之恩的一种回报。人们像父母当年照顾自己那样照顾孩子，甚至照顾得比那更好，这就在一定程度上报答了父母之恩，他对孩子的义务只不过从属于"父母之恩"。

一个人对其老师、师傅负有特殊的恩。他们在其成长的道路上给予帮助，受恩于自己。这种恩使得将来当他们陷入困难时要答应他们的某些请求，或者在他们去世后对他们年幼的亲属给予特殊的照顾。一个人必须竭尽全力地去履行这种义务，这种恩情并不随着时间的流逝而减轻。它随着时间的流逝不但不减少，反而增加，累积了一种利息。受一个人的恩，是一件严肃的事。正像他们常说的："一个人连恩的万分之一也报答不了"。这是一个重负，"恩的力量"通常被认为总是正好超过受恩者的个人意愿。

　　这种恩债伦理观念平稳推行，依赖于每个人都能认识到自己背负着巨大的情债，履行其义务而没有太多的怨言。我们已经看到了等级制在日本是如何被彻底组织起来的。伴随着等级制被认真遵守的那些习惯，日本人重视道德上的报恩达到了西方人无法想象的地步。如果认为上级是友善的人，这是比较容易做到的。在他们的语言中有一个很有意思的证据，上级确实被认为是"爱"其下属的。日语中的"爱"即意味着"love"。19世纪，传教士在翻译基督教中的"love"时，认为日语中唯一能够表达这一含义的词，就只有"爱"了。他们在翻译圣经时，用这个词来表达上帝对人类的爱以及人类对上帝的爱。但是，"爱"特别指上级对下属的爱。西方人或许觉得这是指"庇护"，但在日语中它的含义则不限于此，它意味着慈爱。在现代日本，"爱"这个词在严格意义上仍用于从上而下的爱，但也许因为基督教用语的影响，也是作为官方努力打破等级界限的结果，如今这个词也被用于表示同级之间的爱。

　　尽管有文化上的缓冲效果，但在日本，甘心受恩仍然不是很平常的事情。他们不喜欢随便受恩而背负上人情债。他们也时常说到"使人受恩"，最接近的英语翻译是"强加给另一个人"。虽然在美国"强加"含有要求别人什么东西的意思，但在日本却表示给他人某些东西或者帮他人的忙。突然受到陌生人的恩是最令人不舒服的事。因为在与邻居和过去建立的等级关系交往中，他们明白了接受恩情所带来的麻烦。如果对方是熟人或相近的同辈，他们也会焦躁不安。他们宁愿避免卷入恩带来的所有后果中。对于大街上发生的事故，日本人一般不大理睬，不只是缺乏主动性。而是他们都有这样一个认识：任何非官方的介入都会使接受帮助者背上恩情。明治维新以前有一条著名的法令："遇到争吵打闹，不得无故干预。"在这种情形下，一个人没有明确的授权而去帮助另一个人，会被怀疑从中捞取不正当的好处。这种受惠者将会对其十分感恩的事实，使任何人都不积极利用这种好处，反而使帮助别人变得非常慎重。尤其在非正式场合，日本人特别留意以防卷入"恩情"。哪怕是

靖国神社

　　日本人认为人最大的恩来自天皇，所以为天皇尽忠报恩是人生的头等大事。这一理念使日本士兵以为天皇而战死为最大的荣誉。在日本，为天皇而战死的士兵被安奉在靖国神社里。

让过去并无来往的人递一支烟，也会使他感到不舒服，对他来说表达感谢最礼貌的说法是："哦，真是过意不去。""这样会舒服些，"一个日本人告诉我，"如果直接说出并承认你感到是多么为难的话是可以忍受的。因为你从未想到要为他做什么事，所以你对接受恩惠感到羞愧。"因此，"真是过意不去"有时被译成"谢谢"，也就是因为你给我烟；有时被译作"真抱歉"，也就是因为这情恩；有时又译成"太不好意思了"，也就是说，因为你的慷慨。它包含有这些意思，但又不完全是。

　　日语中有许多表达"谢谢"的方式，但同样表达了受恩时的不安。最无争议的是已被现代城市商场所采用的"哦，这可是件难事"（"谢谢"）。日本人常说的"难事"在这里的意思是说，顾客上门买东西给商店带来了巨大而难得的恩惠。这是恭维的话。它还在接受礼物和许许多多的其他场合中被使用。其他也常用的表示"谢谢"的词和"真是过意不去"一样，是表示受恩惠时的为难心情。经营属于自己商店的小店主最常在嘴边说的话是"哦，这怎么能完"，即就是说："我接受了您的恩惠。但在现代经济秩序下我永远无法还你，对于如此处境我深感遗憾。""哦，这怎么能完"这个词在英语中被译成"谢谢你"、"很感激"、"对不起"、"很抱歉"。例如，在大街上，别人拣回了你被风吹掉的帽子，比起其他表示谢谢的词你更愿意用这个。当他把帽子还给你时，作为礼节，在接帽子时你要表达自己内心的不安。"他给了我恩情，而我从未见过他。我永远没有机会率先给他恩了。我深感内疚。但是如果我向他道歉就会感觉好一些。'哦，这怎么能完'也许是日本最普通的道谢词语了。我告诉他我意识到接受了他的恩，收回帽子并不能结束此恩，但我又能为此做什么呢？我们是陌生人啊。"

以日本人的观点来看，另一个更强烈表达同样的负恩心情的词，就是"羞愧难当"。它可写成文字"羞辱"、"丢脸"。它包含有"受辱"和"感激"两层意思。日文辞典说：你受到了特别的恩惠而感到羞愧和耻辱，因为你不配接受这样的恩惠。用这个词明确承认了你受恩时的羞愧。而羞耻，如同我们所看到的，在日本人是一个让人感觉痛苦的东西。"羞愧难当"仍被保守的店用来向顾客道谢，顾客要求赊账时也说这个词。明治以前的小说中经常出现这个词。一位下等阶层的美丽姑娘在领主家中服务，当被领主选中为姜时要向领主说"羞愧难当"，意思是说："我感到羞愧，不配受此恩宠，对您的仁爱我感到受宠若惊。"或者，在世仇决斗中被当局赦免的武士，也要说"羞愧难当"："我接受此恩，颜面尽失；我不应该把自己置于如此卑下的位置。对不起，我谦恭地向你致谢。"

这些用语比任何概括性的话都更好地说明了"恩的力量"。一个人在受恩时的心情往往是纵横交织的。在公认的社会人际关系中，它所包含的巨大情债总是激励每个日本人努力报恩，这使得欠有恩债的人都容易发怒。这在日本最著名的作家夏目漱石的名著《哥儿》这本小说中有生动的描述。小说的主人公哥儿，是一个在乡下小镇上第一次当老师的人。他很快就发现自己看不起他的那些同事，当然也与他们合不来。但他对其中一位年轻的教师感觉不错，在他们一块外出时，那位被他戏称为"豪猪"的新朋友请他喝了一杯冰水，花了一钱五厘，约合五分之一美分。

在那不久，有一位教师告诉哥儿，说豪猪在背后讲他坏话。哥儿相信了这位搬弄是非者的话，立即担忧起豪猪给他的那杯冰水之恩。

> 虽然只是并不重要的一杯冰水，但接受这样一个家伙的恩情，也损害了我的尊严。一钱也罢，五厘也罢，接受这种骗子的恩情，我死了也不安心。……愿意接受别人的恩惠，这是一种友善的行为，表明我尊重对方，把他看作一个正派的人。我没有坚持付自己那杯冰水的钱，而是接受了它并表示了感谢，这种感激可是多少金钱都买不到的。我虽无权无势，却有独立人格。让一个独立的人低下头去接受别人恩情，这种回报一百万也不够。我让豪猪花了一钱五厘，却给他了远比一百万元更有价值的感谢。

第二天，他把一钱五厘扔到豪猪的桌子上。因此，只有了解了这一杯冰水的恩情，才能处理好他们之间目前的问题，即他被告知的豪猪背地讲他坏话的问题。那可能会使他们打斗起来，但必须先把那个恩情了结了，因为那已不再是朋友之间的恩情了。

在美国，对琐事如此过敏，如此疼痛的刺伤，只会在青少年犯罪团伙的档案或精神病患者的病历中找到。但这在日本是一种美德。他们认为，哥儿那种极端的举动在日本人当中并不是很多，但那当然是很多人太马马虎虎了。日本评论家把“哥儿”说成是一个“性情急躁，纯似水晶，为正义而战斗的人”。实际上，作者也把自己和哥儿看成一体，评论家也把哥儿的人物特征看作是他们自己的肖像。这本小说是一个讲述高尚道德的故事，受人之恩者应把自己的感谢看成具有“百万元”的价值，并且只有这样的行为才能使自己摆脱负恩者的处境。他只能接受“可尊敬的人”的恩情。“哥儿”在愤怒中，将豪猪的恩情和自己多年所受到的老保姆的恩情作了比较。她一味地疼爱他，总觉得家里没有其他人怜爱他。她时常私下给他拿些糖果、彩色铅笔等小礼物。一次她给了他三块钱。"她一直关心我，令我内疚到心灵深处。"虽然递给他三元钱使他感到"耻辱"，但他还是把它当作借款收了下来。而且在这么多年内没有还过。这与他受到"豪猪"恩惠时的感受不同，是由于"我把她看成是自己的一部分了"。这有助于了解日本人对于恩情的反应。无论怀有多么复杂的感情，只要"恩人"实际上是自己，在"我的"等级体系中占有某种地位，如在风中捡回我的帽子，或者是敬服我的人，恩情就能够接受。如果突破这些条件，恩情就会成为一种难以忍受的苦痛。无论这种情债多么的微乎其微，对它感到不快是一种美德。

每个日本人都知道，无论在任何情况下，如果一个人施恩太多就会引来麻烦。近期，有本杂志的"咨询专栏"为我们提供了一个很好的例子。那是《东京精神分析杂志》里一个很像美国杂志上"失恋者信箱"的专栏。下面所提的一组问答，一点没有弗洛伊德的色彩，完全是日本式的。一位上了年纪的男人来信请求忠告，信中说：

    我是三个男孩和一个女孩的父亲。我的老伴在 16 年前去世了。为了我的儿女，我没有再娶，儿女们也都把这看成是我的一种美德。现在，儿女们都已经成家立业了。8 年前，在儿子结婚时，我搬进了离家二三条街远的一幢房子里。说起来有点难为情，三年来我与一个暗娼（被卖到旅店里当妓女的女人）发生了关系，她向我讲述了她的身世，我很同情她，就花了一点钱为她赎了身，把她带回了我家中，教会她礼仪，把她留在家中做我的仆人。那姑娘有着很强的责任心，也十分的节俭。但是我的儿子、媳妇、女儿、女婿都因此看不起我，把我当作陌生人。我并不责怪他们。这是我的错。

    姑娘的父母好像并不知道这件事，他们给我写信说女儿已经到了该嫁人的年纪，让我同意让她回家。我和她父母见了面，并对情况进行了解释。她的父母虽然贫穷但却并不贪图钱财。他们同意维持现状，只当作女儿已经死了。她也情愿守候着我直到我去世。但因为我们的年龄差距就像父女一样，所以我也曾经考虑把她送回家去。我的儿女们却以为她在图谋我身后的财产。

我患有慢性病，也许最多只能活一两年了。我应该怎么做呢？万分渴望得到您的指点。我最后要说明的是：那姑娘虽然曾经沦为暗娼，但那全是为生活所迫。她的品质是纯洁的，她的父母也非视财如命之人。

咨询医师认为这是一个很明显的事例，这位老人把给儿女的恩情看得重了。他说：

你所讲述的是一件每天都在发生的事……

请允许在进行回答之前先说明一下，从来信中看你似乎想从我这里得到你所希望的答案，这让我感觉有些不高兴。当然，我对您长期的单身生活深表同情。但是我无法同意你企图利用这点让你的儿女对你身负重恩，从而使得你目前的行为正当化。我不是说你是一个狡猾之人，但你是一个意志薄弱的人。假如你需要女人，那么你最好向你的儿女们说清楚你必须和女人生活在一起，而不该让儿女们因为你长期的单身生活而觉得对你欠有恩情。因为你过分强调对他们有恩，他们自然会反感你。毕竟人不会没有情欲，你也是不能避免的。但是，人要试图克服情欲。你的儿女们期望你克服情欲，因为他们期望你像他们头脑中的理想父亲那样的生活。但是他们失望了，我能体会他们的感受，虽然他们是自私的。他们结了婚，性欲得到了满足，但却拒绝父亲有同样的要求。你是这样想的，而儿女们却有别的想法（如上所述），这两种想法是不能一致的。

你说那姑娘和她的父母都是善良的人，但那只是你的一厢情愿。大家都明白，人的善恶是由环境决定的。不能因为他们没有追求眼前的好处就认为他们是"善良的人"。我认为父母让女儿嫁给一个快要死的老头当妾是愚蠢的。如果他们打算让他们的女儿成为一个妾，那他们肯定是想从中得到一定的好处。如果你认为不是这样，那完全是你的幻想。

我一点也不奇怪你的儿女会担心姑娘的父母在图谋你的财产。我认为真的就是这样的。姑娘年轻，也许没有这种想法，但她的父母则一定会有。

你有两条路可以走：

（1）作一个"完人"（一个完美的人，没有什么他做不到的），与那个姑娘完全的一刀两断。但这点也许你做不到，因为你的情感不允许你那样。

（2）"重新做一个普通人"（抛开所有的矫揉造作），打破儿女们心中把你当作完美化身的幻觉。

关于财产，你应该马上立一份遗嘱，明确分给那姑娘和自己儿女们的份额。

最后，你不能忘记自己已经是耄耋之人，从你的笔迹中我可以看出你已经变得很孩子气了。你的想法是感情用事而不是理性。你想让这位姑娘成为母亲的替身，尽管你把这说成是把她救出深渊。任何婴儿离开母亲就不能存活，所以我劝你选择第二条道路。

这封信讲了一些关于恩的道理。一个人如果选择了甚至是让自己的子女都受之过重的恩情，那么他就只能是牺牲自己才能改变这种做法。他应该明白这一点。而且，无论他为子女付出了多大的牺牲，有多大的恩情，他都不可以利用这些功劳来"使得自己目前的行为正当化"，那是错误的。儿女们自然会感到不满，因为他们的父亲没有能坚持初衷，他们感觉自己"被出卖"了。当儿女们需要照顾时，父亲为他们奉献了自己的一切。但如果一个父亲认为儿女们在长大成人以后应该更加的照顾自己，那他实在是太荒谬了。儿女们不但不会那样想，却只会意识到他们所承受的恩情，所以"自然会反对你"。

美国人对这种事情就不会做出那样的判断。我们认为，一位为失去母亲的儿女而牺牲自己的父亲应该在晚年得到儿女们的感激，而不会认为孩子们反对他是"很自然的"。为了像日本人那样理解这件事情，我们可以把它看成一种金钱交易，因为在这方面我们有类似可比的态度。假如父亲按正式的程序把钱借给孩子，并要求他们按期偿还本息，那我们完全可能对那位父亲说："孩子们反对你是很自然的。"从这个意义上来说，我们也就可以解释为什么日本人在接受别人的烟卷之后会说"惭愧"，而不是直截了当地说"谢谢"。我们也可以理解为什么日本人在谈到一个人使另一个人蒙恩的时候会感到反感。至少我们可以理解为什么"哥儿"把一杯冰水的恩情极度夸大。但是美国人是不会用金钱来衡量这种事情的。如偶然在冷饮店里请一次客，父亲对幼年失去母亲的孩子们的长期自我牺牲，以及忠诚如"哈齐"那样的义犬的贡献等，而日本人却这样做。我们珍视爱、仁慈、慷慨的价值，因为它们的给予是没有条件的。但在日本，这种行为则都是有条件的，接受这类行为的人就会变成欠恩者，正如日本谚语所说："天赋（一种不能达到的程度）慷慨，方敢受人之恩。"

第六章　报恩于万一

恩是一种债务，是一定要偿还的。在日本，报恩和恩完全是属于两个截然不同的范畴。而在我们的伦理学中，这两个不同的范畴混淆了界线，成了中性词，像义务、任务这些词一样。日本人对我们的这种理解感到很奇怪，就像我们对一些部落在金钱交易中不能区分"负债人"和"债权人"感到奇怪一样。对日本人而言，接受以后就永久存在的恩情与积极的紧绷如弦的刻不容缓的偿还行动是两个不同的概念。欠别人的恩不是一种美德，报答别人的恩则是一种值得称道的行为。日本人认为一个人的德行始于他积极献身于报答行动的时候。

我们如果经常把日本人的德行和金钱交易作比较，并考虑到他们对如不偿还的惩治，我们就能理解日本人的这种德行。就像我们在财务交易中要求每个人都履行契约，绝不允许某个人获得本不属于他的东西。如果一个人欠银行的债务，那就必须偿还，而不是还不还都可以。欠债人不仅要偿还本金，还要支付利息。我们认为这与我们对国家和家庭的爱是十分不同的。爱对我们美国人而言是一种不受任何束缚的自由的感情，那是最高贵的。爱国主义意味着把国家的利益置于最高的位置，这也就是说爱国主义对幻想的肯定与世俗中人难免的缺点是不相容的，除非美国遭受敌国的武装进攻。我们没有日本人那种一个人一旦降生就自然背负沉重债务的假定前提。我们认为一个人应该怜悯并帮助贫苦的父母，不能殴打妻子，必须抚养子女。但是，这些事情既不能像金钱债务那样分厘必争，也不能像做生意成功那样获得报酬。

而在日本，这些却被看成像美国人眼中的金钱债务一样，如同美国人应支付账单或抵押贷款的利息一样，其背后的约束力非常强大。这些观念是时刻笼罩在日本人心头的阴影，而不只是像在宣布战争或父母病危的关键时刻，一个纽约的农民担心他的抵押，或者是一个华尔街的资本家股票脱手后关注行情上涨一样。

日本人用不同的规则把报恩的对象划分到不同的范畴。一种是在数量上和持续时间上都是无限的，另一种是在数量上相等并必须在特定时期偿还的。日本人把无限的恩称为"义务"，也就是他们所说的"一个人永远难以报答其恩情的万分之一"，而一个人的"义务"又划分成两种：一种是报答父母的恩，即孝；另一种是报答天皇的恩，即忠。这两种"恩"都具有强制性，是每个人生来就具有的。日本的初等教育被称作"义务教育"，确实没有其他的

誓忠

日本中世纪的名将楠木正成在战前嘱咐儿子要对天皇效忠。12 年之后，其子实现了父亲的遗志，战死沙场。

词语能如此恰当地表达出"必修"的意思。人生的偶然事件可能会改变一个人的义务的某些细微之处，但义务却是不容推辞地自动加于所有人的身上，并超越于所有的偶然情况。

日本人的义务及相应义务一览表

一　恩：被动发生的义务。

一个人"授恩"，一个人"蒙恩"，也就是说从被动接受者的立场来说恩是义务。

皇恩：受于天皇的恩。

亲恩：受于父母的恩。

主恩：受于主人的恩。

师恩：受于师长的恩。

"恩"受自一个人一生之中所接触的各种人。

注：所有施恩给一个人的人都是这个人的"恩人"。

二　"恩"的相应义务。

一个人"偿还"这些债务，向恩人"回报这些义务"。即这些义务是对主动偿还而言的。

A. 义务。无论如何偿还都无法全部还清，虽然在时间上也是没有限制的。

忠：对天皇、法律、日本国家的义务。

孝：对双亲、祖先（包含对子孙）的义务。

任务：对自己的工作的义务。

B. 情义。这种对所受恩惠必须如数偿还的恩情债，在时间上也是有限制的。

1.对社会的情义

对主君的义务。

对近亲的义务。

对他人的义务。即，从没有关系的人那里得到恩惠，例如接受金钱的馈赠，接受好意，工作上的帮助（如协作工作）等。

对不是足够亲密的人（如伯父、伯母、表兄妹、堂兄妹等）的义务。这种义务并不是因为从他们那里得到过什么"恩"，而是由于有共同的祖先。

2.对自己的名声的情义。相当于德语中的"名誉"。

一个人有在受到侮辱或遭受失败时"洗刷"名誉的义务，也就是报复或复仇的义务。（注：这种报复或复仇不被看成侵犯。）

一个人有不承认自己（在专业上）失败或无知的义务。

一个人有遵守日本礼节的义务，也就是遵循所有的礼节，不做有失自己身份的事情，能在不如意时克制感情的流露等。

上面所说的这两种义务都是无条件的。这样，日本人就把这些德行演变成为绝对化的东西，这也就与中国人对国家义务和孝道的定义产生了背离。日本自 7 世纪以来一再从中国引进吸收伦理体系，"忠"和"孝"原都是汉语。但中国人并不是把这些德行看作是无条件的。中国人认为忠孝都是有条件的，凌驾于忠孝之上的是"仁"，它通常被译成"benevolence"（仁爱、博爱），但它几乎包含了西方所有良好的人际关系。父母必须具有"仁"。如果统治者没有"仁"，他的人民揭竿而起反对他就是正义的。"仁"是一个人效忠的前提条件。天子和他的文武百官能否享有权位，都依赖于他们是否施仁政。中国的伦理学把"仁"作为检验所有人际关系的试金石。

中国伦理学的这个前提在日本从未被接受过。伟大的日本学者朝河贯一在谈到中世纪这两个国家的这种差异时写道："在日本，这些思想观点显然与天皇制不相容，因此即使作为一种学术理论也从未被全盘接受过。"

佩带双刀的武士

　　在古代的日本，武士阶级是特权阶级，通常的形象是腰挎双刀，走起路来趾高气扬，不可一世。

事实上，在日本"仁"是被排斥在伦理体系之外的道德，完全丧失了它在中国伦理体系中所处的崇高地位。在日本，"仁"的发音是"jin"（书写仍旧使用中文的汉字）。"行仁"或"行仁义"即使对身居高位的人也不是必须具备的德行。因为"仁"被彻底排除在日本人的伦理体系之外，以至于"仁"只意味着法律范围之外的一种行为。例如为慈善事业捐款、对犯人给予怜悯等值得称赞的行为，但那显然只是分外的事情，并不是一个人就必须那么做才行。

"行仁义"还有"法律范畴之外"的另外一种含义，也就是流氓无赖之间通用的一种道德标准。在德川时代，那些以抢劫杀人为生的强盗佩带着单刀，这与武士佩带双刀有着不一样的意义，他们认为这是"行仁义"，并以此为荣。当一个强盗请求另一个不认识的强盗庇护自己，后者为了避免前者的同伙前来报复就会把他藏起来，这就是"行仁义"。在现代用法中，"行仁义"变得更加低下，只有在提及应受惩罚的不良行为时才会使用。日本的报纸说："下等工人现在仍旧在行仁义，对此警察必须严厉取缔并加以惩罚，禁止那些至今仍在日本各个角落盛行的仁义。"可以肯定，他们的理解是这是一种盛行在强盗无赖之间的"荣誉"。尤其是现代日本的那些小规模劳务承包者，他们就像世纪之交美国码头上的意大利籍承包者那样，和一些非熟练的工人签订非法契约，承包工程，进而从中牟利，这种做法在日本就被称作"行仁义"。中国的"仁"的概念，在日本已经被贬低到了极点。日本人篡改并贬低中国道德体系中最重要的"仁"，却没有其他东西可以代替"仁"来制约"义务"。所以，在日本孝道成了必须履行的义务，甚至意味着宽恕父母的恶行或不义。只有当孝道与对天皇的义务发生冲突的时候才可以被废除。除此以外，不管父母是否值得尊敬，是否破坏了自己的幸福，都必须尽孝。在日本的现代电影中有一个这样的故事：一位母亲经营着一家规模很大的餐馆，她的手头也很宽裕。她的儿子是一个乡村教师，已经成家立业。这一年，农村发生了大的灾害，一对农民父母为了挽救全家人的生命，打算把正在上学的女儿卖到妓院去。这位教师为救自己的学生向村人筹集了一笔钱，企图为她赎身。但这位教师的母亲从儿子那里偷走了那笔钱。她的儿子知道钱是母亲偷的，却不得不自己承担了惩罚。教师的妻子发现了真相，就留下了遗书，称丢钱的责任都在自己，然后抱着婴儿投河自尽。事件公开之后，却没有人过问这位母亲在这场悲剧中所应承担的责任。儿子在尽了孝道之后，一个人去北海道锻造自己的人格，企图在以后的岁月里能坚强地承受同类磨难。这位儿子是一个道德高尚的英雄。作为美国人我认为那位偷钱的母亲应该在这场悲剧中负全部的责任，但我的日本朋友对我这种美国式判断表示了强烈的反对。他说，孝道经常会与其他的道德发生冲突。如果电影中的那个英雄足够聪明，也许他可以找到一个使二者相互协调而又不伤自尊的方法。但如果他因此而谴责自己的母亲，哪怕只是在心里，他的自尊心也肯定会受到伤害。

　　现实生活和小说中充斥着青年人在结婚后就背上了沉重的孝道义务的例子，除去少数"摩登"人物。在那些受人尊敬的家庭里，子女的婚姻对象一般都是由父母通过媒人挑选的。挑选一个好媳妇主要关系到家庭而不是儿子，因为这不仅涉及金钱，更重要的是儿媳将会被记入家庭的族谱，并要通过她生儿子来传宗接代。通常的习惯是由媒人安排一个面似偶然的机会，让两位年轻的男女主角在他们父母在场的情况下见面，但他们不能交谈。有时父母会为儿子筹划一桩有利益的婚姻，在这场婚姻中女方父母可以得到钱财，而男方则可以与名门联姻。有时男方父母也会因为满意姑娘的人品而选择她。善良的儿子不能违背父母的命令，因为他必须报答父母的恩情。在儿子结婚以后，他报恩的义务仍将继续存在。如果他是长子，那么他就是家业的继承者，他要和父母生活在一起。而众所周知婆婆总是不喜欢媳妇的，她总是挑媳妇的毛病。即使儿子和妻子的关系很和睦，也很愿意与媳妇生活在一起，婆婆也可以把媳妇赶回家并解除婚姻关系。在日本的小说和自传中有许多这样的故事，不仅描写了妻子的苦难，也强调丈夫的痛苦。当然，丈夫屈从母亲的决定解除婚约是遵守孝道的体现。

日本战国时代的墓地

日本人整体上并不重视自己（及自己先人）墓地的建筑，大概是因为崇尚死后归于自然的平淡精神，有种自然主义的倾向。墓地大小，和其身前地位并没有必然的联系。左图是丰臣秀吉的墓地。

　　有一位现在居住在美国的日本"摩登"妇女，曾在东京收留过一个被婆婆赶出来的年轻孕妇。这个孕妇的婆婆强迫她与伤心欲绝的年轻丈夫分开。这个孕妇当时身体患病，又遭受了这个打击，心里很痛苦，但她没有责怪自己的丈夫，她渐渐地将心血倾注在快要出生的孩子身上。不料孩子刚生下来，婆婆就带着唯命是从的儿子来讨要婴儿。当然，孩子是属于丈夫家的，婆婆把孩子带走后却立刻送进了孤儿院。

　　上面所说的各种行为全包含在孝行之内，都是子女对父母的情债所必须偿还的。但在美国，这样的故事都会被看成外部对个人正当幸福干涉的例子。日本人却否认这种干涉是"外部的"，因为这些都是以"恩债"为第一前提的。这样的故事在日本，就像美国人描述的那些诚实的人不管经历再大的苦难也要还清债务一样，是称赞日本那些道德高尚的人赢得自尊，并证明自己的坚强意志完全可以忍受特殊磨难的故事。这种磨难，不管如何崇高，还是会很自然地留下一些憎恶的痕迹。值得注意的是关于"最可恨之物"的亚洲谚语。例如在缅甸是："火灾、洪水、盗贼、官吏和坏人"；在日本却是："地震、雷电和老头（家长、父亲）"。

　　日本的孝道和中国的不尽相同，它的范围不包括几个世纪前的家族祖先，也不包括他们所繁衍的庞大宗亲家庭。日本人崇拜的祖先只限于近祖。家族墓地碑上的名字每年都要重新书写，但如果现在活着的人已经忘记了某位祖先的名字，那他的墓碑就会被忽略，他们的灵位也不会再被摆在家庭的神龛里。日本重视的孝道对象只局限在那些被他们记住的祖先，他们关注的是此时此地。许多作家的专著都评论说日本人对抽象思维和构想非现实事物缺乏兴趣。把日本人的孝道与中国的进行对比就可以很好地印证这个观点。日本人这种观点最现实最重要的意义就在于把孝道的义务仅仅限制在活着的人之间。

　　无论是在中国还是日本，孝道的含义并不仅仅是对父母和祖先的尊敬与服从。关于对孩子的爱，西方人的说法是因为母亲的本能和父亲的责任感；而中国和日本人却认为是因为对祖先的孝。日本对这一点是很明确的，一个人把自己受到的关爱传递给孩子，这也是报答祖先恩情的方法。日语中没有专门的词语来特指"父亲对子女的义务"，所有此类义务都包含在对父母及祖辈的孝道之中。孝道要求家长履行以下众多的义务：抚养孩子；教育儿子或弟弟；负责管理财产；保护需要保护的亲戚以及无数类似的日常义务。在日本，制度化家庭的严格限制也严格限制了拥有这种义务的人数。如果儿子死了，父母有义务抚养儿子的遗孀和子女，这也是孝道。同样，如果女婿去世了，父母也要收养女儿和她的孩子。但是否收养成为寡妇的外甥女、侄女就不在义务的范围之内了。假如一个人这样做了，那也完全是在履行另一种义务。抚养和教育自己的子女是"义务"，如果要抚养、教育侄子或外甥，按惯例是合法地把他们过继为自己的养子。如果仍旧保持侄子或外甥身份，那叔伯辈就没有让他们接受教育的义务了。

孝道不要求因为出于尊敬与慈爱而对贫穷的直系亲属进行援助。家庭中的年轻寡妇被称作"冷饭亲属"，因为她们只能吃残羹冷炙。家庭中的任何一个人都可以指使她，而她对有关自己的一切决定都得绝对地服从。她们是贫穷的亲戚，她们的孩子也一样。在某些特殊情况下她们会受到比较好的待遇，但这并不是说这家的家长有必须善待她们的义务。兄弟们相互之间也没有要热情友好地履行责任的义务。即使兄弟二人都承认了彼此相互仇恨，但如果哥哥完成了对弟弟的义务，他就仍能得到赞扬。

最为激烈的矛盾发生在婆媳之间。媳妇是作为一个外来人进入这个家庭的。她必须了解婆婆的爱好，并顺从婆婆的脾气。在许多情况下婆婆会毫不忌讳地宣扬媳妇一点都配不上自己的儿子。此外，我们也可以推测婆婆对媳妇是相当嫉妒的。但就像日本的谚语所说的那样："可恨的媳妇照样生出可爱的孙子"，因此婆媳之间也存在着孝道。在表面上媳妇通常是无限温顺的。但这些温柔可爱的媳妇随着时间的迁移，也都会变成苛刻、唠叨和挑剔的婆婆，与自己以前的婆婆一样。她们年轻做媳妇的时候不能任性，但她们并没有因此就真的成为温柔的人。在她们的晚年，她们就像是把积压多年的怨气发泄似的转移到自己的媳妇身上。今天的日本姑娘们公开谈论嫁给一个不用继承家业的男人是巨大的好处，那样的话就不用和专横的婆婆生活在一起了。

"尽孝"并不是说在家庭中一定能够实现慈爱。在某些文化中慈爱是大家庭道德的基石，但在日本却不是这样。就像一位日本作家所说的那样："正因为日本人十分重视家庭，所以他们不大重视家庭中的个体以及个体相互之间的家族纽带。"当然，实际生活中并不是完全这样的，但这是大致的写照。家庭中的关键在于义务的承担和情债的偿还，年长的人承担着更重大的责任，其中一点就是要监督年轻人，要求他们做出必要的牺牲。即使他们不愿意，也必须服从长者的决定，否则的话就是没有尽义务。

农妇收割图

  在日本，普通人家的媳妇嫁入婆家之后，要操持家里的活计，同时还要孝敬公婆，特别要注意与婆婆之间的关系。她们也同男人一样下田干活，从事沉重的体力劳动。

  家族成员之间十分明显的怨恨是日本孝道的一个显著特点。这种情况在与孝道类似的"义务"——对天皇效忠这一重大义务中是完全不存在的。日本的政治家把天皇同人间的俗世生活完全隔离，使之成为神圣领袖。这是一种很巧妙的安排，只有如此天皇才能起到统领全体国民一心一意为国家效力的作用。称天皇为国民之父是不够的，因为父亲虽然可以在家庭中要求子女履行所有的义务，但他可能"是一个不值得尊重的人。"天皇必须是一位远离所有世俗杂念的圣父。日本人把对天皇效忠看作是一种最高的美德，这种美德必须化为对一位幻想出来的一尘不染的"至善之父"的虔诚敬仰。明治初期的政治家在考察西方各国之后写道：这些国家的历史就是统治者与人民之间冲突的历史，这不符合日本的精神。他们回国后在宪法中写道：天皇是"神圣不可侵犯的"，不必对他的大臣的任何行为承担责任。天皇是日本民族统一的最高象征，而不是负责的国家元首。天皇在将近 7 个世纪里从来没有作为一个实际统治者发挥过作用，所以使他继续扮演幕后的主角是不难的。明治时期的政治家唯一要做的事情就是让所有日本人在思想上绝对效忠天皇，并确保这种效忠成为最高的美德。在日本的封建时代，"忠"是对世俗首领——"将军"应尽的义务。这段漫长的历史告诫明治政治家在新体制中他们要怎样做才能实现他们的目标——日本精神的统一。在前几个世纪里，将军兼任大元帅和最高执政，尽管他的下属对他也尽忠，但密谋颠覆他的统治甚至谋杀他的人还是不难见到。对将军的忠诚往往与对封建领主的效忠发生冲突，而对领主的效忠经常要比对将军的效忠更具强制性。因为对领主的效忠是基于直接的主从关系，相比之下对将军的效忠就难免要冷淡一些。在动乱时期侍从武士为逼迫将军退位，拥立自己的封建领主而战。明治维新的先驱和领导者们高呼着"忠于天皇"的口号同德川幕府进行了长达百年的斗争，而天皇久居深宫，他的形象是每个人按照自己的意愿塑造的。明治维新正是这些尊王派的胜利，也正是因为把"忠"的对象从将军转移为象征性的"天皇"，1868年的改革才有理由称之为"王政复古"。天皇继续隐居幕后。他将权力授予他的"阁下"们，他不亲自管理政府或军队，也不亲自制定政策。仍然是一些经过最好挑选的顾问掌控着政府。真正根本性的变化发生在精神领域，因为"忠"已变成每个日本人

内阁会议

　　日本的天皇可以参与政治，也可以不参与政治。但他是日本国家的最高象征。图为明治天皇召开的内阁会议，讨论对华战争的问题。

对神圣首领——最高祭祀者和日本统一与永恒的象征的报恩。

"忠"的对象能够如此容易地转移为天皇，这肯定是得益于那个把皇室说成是太阳之神的后裔的古老传说。但这个传说中的神学观点并不像西方人想象的那么重要。那些完全否认这些神学观点的日本知识分子实际上并没有质疑对天皇的效忠，即使那些接受天皇神裔论的一般群众，他们的理解也不像西方人想象的那样。"神"，在英文中被译成"god"一词，其字面解释为"至高无上的"，也就是等级制的最高点。日本人并不像西方人那样认为人与神之间有巨大的鸿沟，所有人死后都会变成神。在日本的封建时代，"忠"被献给丝毫没有神性的等级制首领。在把"忠"的对象转移到天皇的过程中，一个十分重要的原因就是在整个日本历史上唯一的皇室一直继承有序，从来没有被打乱过。虽然西方人会认为这种继承有序的说法是一种欺骗，因为日本的皇位继承原则与英国、德国都不相同，但这种抱怨是没有用处的。日本的规则就是日本的规则，依据这样的规则，皇室的延续是"万世永恒"的。日本不像中国那样在历史上经历了三十六个朝代的更替。日本虽然经历了各种变迁，但社会组织结构并没有被瓦解，它的社会模式一直没有改变。明治维新以前一百年间，反对德川幕府的势力正是利用"万世一脉"这一论据，而不是天皇神裔理论。他们说，如果"忠"只能献于等级制的最高者，那就只能献给天皇。他们把天皇奉为民族的最高祭祀者，这种角色并不一定代表着神性，这比神裔论更为重要。

近代日本人做了种种努力，把"忠"的对象具体化，并特别指向天皇本人。明治维新后的第一位天皇是一个杰出、尊贵的人，在他的长期统治期间，他自然而然地成为受国民敬仰的国家民族象征。他很少出现在民众面前，仅有的几次露面都是精心布置的仪式，受到了极度的崇敬。人们匍匐在他面前，没有一丝的声响，也没有人敢抬头正视他。二楼以上的所有窗户都关闭着，使得任何人都不能从高处俯视天皇。他与他的高级顾问的接触也同样是等级制的。在日本没有天皇召见执政官员的说法，而是少数有特权的"阁下"们

"受赐拜见"天皇。他从不对有争议的政治问题发布诏书。天皇颁布的所有诏书都是有关道德、节俭的或者是某个问题解决后对民心的安抚。当他将要驾崩时，整个日本几乎成了一座大寺院，每个老百姓都在为他虔诚地祈祷。

天皇经过这些方式后成为一个超越所有国内政治纠纷的象征。就像美国人对星条旗超越一切政党政治的忠诚那样，日本的天皇是"神圣不可侵犯"的。我们为国旗安排了一些仪式，但我们认为这种仪式根本不适用于人。日本人却完美地利用了天皇——这一日本具有最高象征意义的人的价值。人们可以敬爱天皇，天皇也有所反应。老百姓听到天皇"关爱国民"时会感动得痛哭流涕。日本人可以不惜自己的生命，只"为使陛下安心"。在日本这种完全基于人际关系之上的文化里，天皇作为忠诚的象征，他的意义远远大于国旗。教师在接受训练时如果说人的最高义务就是爱国，那么他就会被指责成不够格，必须说成是对天皇的报恩。

"忠"为天皇与臣民之间提供了一个双重体系。一方面，臣民在没有中介的情况下直接面对天皇，他们用自己的行动来使"陛下安心"，另一方面，臣民们通过与天皇之间的层层中介接受天皇的命令。一句"他代表天皇说话"就可以唤起臣民的"忠"，它的强制力比现在任何现代国家所能发出的号召更有力量。罗里曾经描述过一件和平时期军事演习中发生的事情，一位军官带领部队出发时下令，不经他许可不能喝水壶里的水。日本的军队训练非常强调能在极困难的条件下连续行军五六十英里的能力。那天有二十个人由于口渴和疲劳倒下了，其中五人死亡。检查死亡士兵的水壶时发现水一滴不少。"那位军官下达了命令，他的命令就是天皇的命令。"

在民政管理中，"忠"约束着从丧葬到纳税的一切事情。税务官、警察、地方征兵官员都是臣民向天皇效忠的中介。依照日本人的观念，遵守法律就是在回报他们的最高恩情，即"皇恩"。这与美国的风俗形成了反差最强烈的一点。在美国人的眼里，从有关停车时的尾灯标志到所得税，任何新法律都会在全国引起抱怨，都被认为是对个人事务中私人自由的干涉。联邦法律更是受到双重质疑，因为它干扰各州自己制定法律的自由，它被认为是华盛顿官僚集团强加在人民身上的。很多国民认为无论怎样反对那些法律，都不能使公民的自尊心得到满足。因此日本人认定美国人是不受法律约束的，我们则认为他们是缺乏民主观念的驯民。一种比较切合实际的说法是：这两个国家人民的自尊心是与其相互不同的态度联系在一起的。美国人的自尊心是与自己管理自己的事联系在一起的，而日本人的自尊心则是与回报施恩者的恩情联系在一起的。这两种联系各有难处：美国人的困难在于，即使那些法律有利于全国也很难被普遍接受；日本人的困难在于，人们的一生都是处在负恩重压的阴影之下。也许每个日本人都找到了在一些场合既不触犯法律，又能规避法律要求的方法。日本人还欣赏某种暴力、直接行动和私人报复，但美国人却不赞成这些。虽然有这些和其他一些可以列举的限制条件，但"忠"对日本人的支配力是不会因此受到影响的。

当日本在1945年8月14日投降时，"忠"在全世界面前展示了一种令人难以置信的作用。许多对日本有经验或了解的西方人士都认为，日本是不可能投降的。他们认为，幻想那些分布在亚洲和太平洋岛屿上的日军和平地放下武器是过于天真的想法。日军的许多部队在驻军当地还没有遭受过失败，他们坚信自己的战争是正义的。日本本土各岛处处都是誓死顽固抵抗的人。我们小部分的先头占领军只要前进到自己舰炮的射程之外，就有被残杀的危险。日本人在战争中是什么事情都做得出来的，他们是好战的民族。但这一类的美国分析学家没有考虑到"忠"的因素。天皇一说话，战争就宣告结束了。在天皇的声音尚未广播之前，顽固的反对者们包围了皇宫，企图阻止投降诏书的发布。但是一经发布，他们又全都遵从了。无论是满洲或爪哇等地的前线司令官，还是日本本土的东条英机，没有任何人表示反对。我们的军队在机场着陆后，受到了有礼节的欢迎。一个外国记者如此写道，他们在早晨着陆时还手指不离手枪，中午的时候就已经把枪收了起来，到了傍晚就悠闲地在街上采购日常用品了。日本人现在是用遵守和平的方法使"陛下安心"

民众收听投降诏书

　　1945 年 8 月 15 日，日本天皇宣读投降诏书。一直顽强抵抗的日本人终于放弃了抵抗。

了，然而在一个星期之前他们还发誓即使是用竹枪也要奋不顾身地抗击蛮夷，使"陛下安心"呢!

　　这种转变并没有什么奇怪的，除了那些不承认支配人类行为的情绪是会发生变化的西方人。一些人宣称日本民族除了灭绝没有其他的出路；另一些人则认为只有让自由主义者颠覆现在的政府，控制政权，日本才能拯救自身。这两种分析假如是应用于一个全力以赴、全民支持进行大战的西方国家时是可以理解的。但是，他们错误地以为日本的行动方针是和西方国家的基本相同。在和平占领了日本几个月以后，有些西方预言人士认为一切机会都已经失去了，因为在日本没有发生西方式的革命，或者是因为"日本人不明白他们已经被打败了"。这是以西方社会哲学的真理标准为基础进行判断的。但日本不是西方国家，它没有使用西方各国那种最后的力量：革命。它也没有使用消极破坏等办法来对抗占领军。日本人使用的是自己的力量，在他们的战斗力没有被全部摧毁之前，就能够把无条件投降这一巨大代价作为"忠"来要求自己。在他们看来，这种巨大的代价依然是有价值的，他们得到了自己最珍视的东西。因为他们有权利说：这是天皇的命令，即使这是投降的命令。换句话说，就是即使是投降，最高的法律还是"忠"。

第七章　情义最难承受

　　日本人常常说："情义是最难承受的。"一个人必须报答情义，就像必须履行义务那样。但是，情义与义务所要求的责任分属于不同的体系。在英语中根本没有哪一个词的含义与情义相当。在人类学家从世界各地文化中发现的一切奇特的道德义务范畴中，情义是最奇特的一种，它是日本独有的。"忠"和"孝"是日本和中国共有的道德规范，虽然日本对这两个概念进行了修改，但与其他东方国家所熟悉的道德要求仍有某种渊源关系。情义既和中国的儒教没有关系，也不是来自东方的佛教。它是日本特有的道德范畴，不理解情义就不可能理解日本人的行为方式。所有日本人在谈到行为的动机、声誉以及他们在日本所遇到的各种困难时，往往都会谈及情义。

　　在西方人眼里，情义包含着一系列复杂混乱的义务，从对旧日恩情的报答到复仇的计划。不难解释日本人为什么不试图向西方人解释"情义"，因为即使是他们自己的辞书，也很难对这个词下定义。按照我的翻译，一部日语辞典对此词的解释是："正确的方式；人应该遵循的道路；为了避免遭受世人的非议而做不愿意做的事情。"这当然不能让西方人弄懂其中的意思精华，但"不愿意"这个词却明白地指出："情义"与"义务"是有显著差别的。"义务"，无论它对个人提出了多么艰巨的要求，但至少对象是其直系近亲，或是对代表着其祖国、其生活方式及其爱国精神的最高统治者所应承担的一系列责任。这是一种牢固的生而具有的联系，所以必须履行。虽然"义务"中的一些特定行为也会引起个人的"不愿意"，但"义务"绝对不会被定义为

武士与随从

随从向武士表示效忠，当行过这样的礼节之后，则表明从此对主人忠心不贰。

"不愿意"，而报答"情义"时内心则是充满了不快。在"情义"的范畴里，欠情者的困难处境达到了极致。

"情义"显然有两种不同的类型。一类被我称为"对社会的情义"，按字面意思就是"报答情义"，也就是向同伴报恩的义务；另一类被我称为"对名誉的情义"，大体上与德国人的"声誉"相类似，也就是保护声誉不受任何诋毁的责任。"对社会的情义"大致可以描述为对契约关系的履行，其与"义务"的差别在于，"义务"是履行与生俱来的亲属责任。所以，"情义"包括一个人对其姻亲家属所应该承担的所有义务，而"义务"则包括对直系家属所应该承担的一切义务。岳父或公公被称为"情义"上的父亲，岳母、婆婆则被称为"情义"上的母亲。姻亲兄弟和姻亲姐妹也都被称为"情义"上的兄弟、姐妹。这一套称谓既适用于配偶的亲属，也适用于亲属的配偶。婚姻在日本是家庭与家庭之间的契约关系，向配偶的家庭履行终身的契约性义务，就是"履行情义"，其中最沉重的情义来自安排这个契约的对方父母。年轻的媳妇对婆婆的情义最为沉重，正如日本人所说的那样，媳妇生活的家庭并不是她出生的家庭。丈夫对岳父母的义务是不同的，但也是很可怕的。当岳父母有困难时，女婿必须借钱给他们，同时还要履行其他的契约性义务。就像一位日本人所说："儿子成年以后侍奉自己的亲生母亲，这是因为他爱自己的母亲，而不是情义。"一切发自内心的行为都不能称为"情义"。对姻亲亲属的义务却不能马虎，无论付出多大的代价都必须履行，以避免遭到可怕的谴责说："这是一个不懂情义的人。"

他们看待姻亲家属的义务的态度在"入赘"这种事情上表现得最为清晰明了。男人像女人结婚那样入赘到妻子家。如果一个家庭有女儿却没有儿子，家长就会为女儿挑选一个女婿，并使他以入赘的方式来延续家庭的姓氏。女婿的名字将从原来的户籍中消除，并从此改为岳父的姓。他进入妻子的家庭，从"情义"上说从属于岳父母，他死后要葬入岳父家的墓地。所有这些都和一般妇女结婚相同。为女儿招婿入赘的原因或许并不仅仅是因为自己家没有男孩，往往是为了双方的利益，也就是所说的"政治婚姻"。可能女方家庭穷困但却门第高贵，男方带着金钱入赘可以换来等级地位的提高。也可能是女方家境富裕，有能力让女婿接受教育，女婿接受这个恩惠的代价是离开自己家庭进入到妻子家去。有时也可能是女方的父亲为了把自己和未来公司的合作者联系在一起而采用这种方式。无论哪种情况，一个入赘养子所承担的"情义"是十分沉重的。因为在日本把自己的名字迁到别人家庭的户籍上是一件很严肃的事情。在日本的封建时代，这就意味着他必须在战争中为他的养父作战，即使是杀死自己的亲生父亲也不能推辞，以此证明自己是属于新家族的。在近代日本，很多入赘养子被"政治婚姻"制造的强大的情义上的约束力所束缚，年轻人被牢系于岳父的事业或其家庭的命运上。特别是在明治时代，有时这种事情对双方都有好处。但是社会一般对入赘养子都十分不满，有句日本谚语说道："家中有米三合，绝不入赘。"日本人认为这种不满也是出于"情义"。如果美国也有这种风俗，美国人在不满意的时候会说："这不是男子汉干的事!"但日本人却不能这样说。总而言之，履行"情义"是一件令人为难并"不愿意"做的事。以至于"为了情义"这句话对日本人而言，最能体现出这种人际关系的沉重。

不仅对自己姻亲的义务是"情义"，甚至对伯父母和甥侄的义务也都属于这一范畴。对这类相对比较近的亲属的义务也不列入孝行范围，这是日本和中国在家族关系方面的一个重大差异。在中国，许多这样的亲属，甚至比这还疏远的亲属关系也能分享共有的资源。但在日本，他们只是情义上或者说契约上的亲属关系。日本人指出，帮助这样的亲属绝对不是因为他们之间存在着恩情，而只是为了回报他们共同祖先的恩情。抚养孩子虽然也有同样的原因，但这却是一种当然的"义务"；虽然帮助远亲的动机都是为了报答共同的祖先，但却属于情义的范畴。当一定要帮助这样的亲属时，人们就会像在帮助姻亲时那样地说："我是被'情义'所困扰了。"

与对姻亲的情义相比，大多数日本人对重大的传统"情义"更加重视，也就是武士对主君以及他的伙伴的情义。这是一个珍视名誉的人对他的上级及同一辈分的伙伴所应该尽的忠诚。这种"情义"的义务在大量的传统文化作品中被颂扬，被看作是武士的品德。在德川家族没有统一日本之前，这种品德在人们心中的重要性超过了当时的"忠"，也就是对将军的义务。在12世纪，源氏将军要求一位大名交出被其所保护的敌对领主时，那位大名写的回信直到现在仍然被保留着。大名对其"情义"受到非难表示出极大的愤慨，他拒绝为了获得忠的名义而背叛情义。他写道："在公务方面我个人是没有能力控制的，但看重名誉的武士之间的情义是永恒的真理。"换句话就是说

歌舞伎

　　歌舞伎是日本典型的民族表演艺术，起源于 17 世纪江户初期，近 400 年来与能乐、狂言一起保留至今。后来它有了雅号 "歌舞伎"：歌，代表音乐；舞，表示舞蹈；伎，则是技巧的意思。其中很多内容是反映武士生活的。

"情义" 超过了将军的权力。他拒绝 "对自己所尊敬的人有背信弃义的行为"。这种超越一切的武士德行在古代日本的历史故事中广泛流传，直到今天，经过润色后被改编成能乐、歌舞伎及神乐舞蹈。

　　其中最著名的是有关力量巨大的天下无敌的浪人 (没有主君，依靠自己谋生的武士)、12 世纪的英雄弁庆的故事。他除了神奇的力气外没有别的可以作为资本的东西。他寄住在僧院时使所有的僧侣惊恐万分，他杀死所有路过的武士，只为收集他们的刀剑来为自己筹集成为封建武士所需要的行头。最后，他向一位看上去武艺一般的年轻领主挑战，但却遇到了劲敌，他发现这位青年是正在密谋为其家族恢复将军地位的源氏后裔。这位青年就是被日本人极为崇拜的英雄源义经。弁庆向义经表示热诚的 "情义"，为义经的事业建下无数功勋。

但最后，他们被迫率领家臣从一次敌众我寡的战斗中逃跑。他们装扮成为建立寺院而化缘的僧侣，周游日本各地。为了不被人认出来，弁庆打扮成领队，义经则身穿一样的服装混在队伍中。当路上遇到了敌人布置的缉捕，弁庆就拿出一卷编造的寺院募捐簿宣读，用来蒙混过关。然而在最后时刻，尽管义经穿着下人的衣服，但这却不能掩饰他的贵族气质，这引起了敌人的怀疑。他们把这一队人叫回来。弁庆立即用计谋让敌人消除了对义经的怀疑。他借一点小事责备并打义经的耳光。敌人误以为真，不再怀疑义经。因为如果这位和尚真是义经，他的家臣动手打他是绝对不可能的，这样违背"情义"是不可想象的。弁庆的不敬行为挽救了这一队人的生命。当他们到达安全之地后，弁庆马上跪倒在义经脚下请求义经杀死他，他的君主仁慈地宽恕了他。

在"情义"发自内心，没有被丝毫的怨恨玷污的时代发生的这些古老故事，为近代日本勾画出一个黄金时代的梦想。这些故事告诉他们：在那个年代，"情义"中一点也没有"不愿意"的因素。假如"情义"与"忠"发生冲突，人们可以堂堂正正地坚持"情义"。那时，"情义"是一种具有封建性装饰的，被人们所重视的人与人之间的直接关系。"懂情义"意味着终身效忠于主君而主君也以真诚来报答家臣。"报答情义"就是把自己的生命献给恩重如山的主君。

当然，这是一种幻想。日本封建时代的历史证明，许多武士的忠诚都被敌方大名所收买。而且，更重要的是就像下章所讲述的那样，如果主君对家臣进行侮辱，家臣完全可以照例离职而去，甚至与敌人联合起来。日本人推崇复仇主义和至死不渝的忠诚，这两者都属于"情义"。尽忠是家臣对主君的"情义"，对所受的侮辱进行报复则是对自身名誉的"情义"。在日本，这是同一盾牌的两面。

但是，关于忠诚的古代故事对现代的日本人来说只是令人兴奋的梦想，因为现在"报答情义"已不再是只对自己合法主君的忠诚，而是要对各种人履行各种不同的义务。今天谈及情义时人们总是充满厌恶的情绪，往往突出的是在社会舆论的压力下人们违背心意却必须履行的情义。他们说："这门亲事完全是因为情义"，"我完全是出于情义而任用了那个人"，"与他见面完全是因为情义"等等。日本人还经常说自己"受到情义的困扰"，在辞典里这句话被翻译成"我被迫那么做"。他们说"他用情义逼迫我"，"他用情义压我"，这样的话与其他一些惯用语的意思相同，都是说一些人倚仗以前帮助过别人的恩情而逼迫一个人做自己不情愿做的事情。在农村，在小商店的交易里、在上层财阀社会中以及在日本内阁，人们都"被情义强迫"和"为情义所逼"。一个求婚者可以凭借两家深厚的关系或交易密切来强迫某人成为自己的岳父；也有人利用同样的手段得到农民的土地。那些人被"情义"所强迫不得不答应他们的要求。他说："如果我不帮助恩人，别人就会说我不懂情义。"所有这些说法都有不愿意和"只是因为情面"而不得不的含义，正像辞典上所解释的那样。

"情义"的准则是严格要求报答的规定，并不像是摩西十诫那样的一组道德准则。当一个人为"情义"所迫，竟然就可以"不得不"无视正义。他们往往说："我为了情义而不能坚持正义。"而且，"情义"的准则和所谓的爱邻居如爱自己是没有丝毫关系的。它并不要求一个人必须真诚主动地对别人表示宽容。他们说，一个人为什么必须履行"情义"，因为"如果不这样做"，世人就会说他是"一个不通情义的人"，从而使他在人前蒙受耻辱。总而言之，"情义"是因为担心社会舆论而不得不履行。"对社会的情义"在英语中的确经常被翻译成"服从公共舆论"。辞典还把"因为是对社会的情义，不得不这样"译作"人们不会接受其他的方法"。

把"情义范围"中的准则和美国人关于偿还贷款的规矩进行比较，对我们理解日本人的态度帮助最大。我们不会对收到别人的信件、接受别人的礼物以及得到及时的告诫等恩惠严格地偿还，并不以为一定要像偿还银行借款或支付利息那样的严格要求。美国人在金钱交易中，宣布破产是对不能偿付者的一种严厉惩罚。日本人却把一个人不能报答情义看作人格上的破产，然而生活中的方方面面都涉及某种情义。这意味着在美国人那里毫不在意也根本意料不到会涉及义务的那些细微言行，日本人都要谨慎地对待。这意味着日本人将一直小心翼翼、如履薄冰地生活在复杂的环境中。

日本人"社会情义"的观念与美国人偿还金钱的观点还有类似的一点，就是两者在偿还时都是分毫不差地等量偿还。"情义"和"义务"在这一点上完全不同。"义务"是永无止境的，不管怎么努力也不可能全部报答。"情义"却是没限度的。在美国人眼里，日本人对待旧日恩情的态度差不多是滴水之恩，涌泉相报，而日本人却不这样认为。我们对日本人的馈赠习惯也感到奇怪，例如每个日本家庭一年两次都会包装礼品作为六个月前所受礼物的回礼；女佣人

17 世纪江户市内的娱乐区

的家里每年都带来礼品作为对雇用她的谢礼。但是，日本人忌讳接受比所赠出礼物更加贵重的回礼，认为这是很不光彩的事情，别人可能说送礼的人是"用小虾钓大鱼"之类很不好听的话，在报答"情义"时也是这样。

只要可能，人们相互之间的交往都会被记录下来，不管是劳动还是物品。这些记录在农村有些是由村长保存，有些是由劳动组里的一个人保存，有些则是由家庭或个人保存。在送葬的时候，人们会按照惯例带上"奠仪"，亲戚们除此之外还要送各种色彩的布用来制作送葬的幡旗。邻居们都来帮忙，女的在厨房，男的赶造棺材、挖掘墓穴。在须惠村，村长有一本记录这些事情的账簿。这对死者的家庭来说是一份珍贵的记录，因为它记载着邻居们都送了什么样的礼物，帮了什么样的忙。这也是死者家庭在别人家有人去世时需要还礼的标准，这是一种长期礼尚往来的互惠关系。另外，同在任何宴会上一样，村中的葬礼也有短期的礼尚往来。逝者的家属用茶饭款待帮忙制作棺材的人，而帮忙的人则会带来一些大米给他们作为补偿。这些大米也会进入村长的记录。当举行庆祝宴会时，大多数客人们都会带来一些米酒，作为宴会饮料。无论是出生或死亡，还是插秧、建房、宴会，"情义"的交换都会被仔细地记录下来以备将来回报。

"情义"在日本还有另一个与西方的还钱类似的地方。那就是如果到期没有偿还，那么它就会增加，就像利息那样。埃克斯坦博士讲过他与一位日本制造商打交道的故事，这位商人曾经为埃克斯坦博士提供去日本旅行的费用，让他去搜集野口英世的传记资料。埃克斯坦博士回到美国后撰写传记，最后把书稿寄回日本，却没有收到回执，也没有收到来信。博士自然担心起来，以为是书中的一些地方触犯了这位日本人。他又递出几封信，但仍然没有答复。几年过去了，这位制造商给他打来电话，说自己正在美国。不久后，他带着几十株日本樱花树到埃克斯坦博士家拜访，这份礼物是十分丰厚的。就是因为回复拖延的时间太长，所以必须送厚礼以报答。这位日本人对埃克斯坦博士说："您当时一定没想着让我马上回报吧！"

　　一个被情义所迫的人经常因为拖延而需要偿还更多的情债。一个人向一位小商人寻求帮助，因为他是这位商人童年时一位老师的侄子。这位学生在年轻的时候没有办法报答老师，于是他的情债在岁月的流逝中逐渐增多。于是这位商人就不得不答应帮忙，来偿还对老师的那笔欠债，"以避免遭到世人的非议"。

第八章　洗刷一个人的恶名

"对于名誉的情义"是一种义务，这种义务就是为了维护自身名誉的清白。这种"情义"是由一系列的美德所构成——其中有一些美德，在西方人的眼里看似是彼此对立的，但是在日本人看来，却有着彻头彻尾的统一性，因为它们都具有一种共通性，它们都是一些这样的义务，即不是对个人所受之恩惠的回报，它们属于"恩惠的领域之外"的范畴。它们属于这样的行为，即这些行为能够使人声名远播，但却不牵涉到此人曾经受恩于他人的特殊恩惠。这样，它们就包括"各得其所"所要求的诸多礼节、泰然自若地对待痛苦、捍卫自己在职业上和技能上的名声等行为。对于名誉的"情义"也要求个人申雪自身所蒙受的诽谤和侮辱；诽谤使一个人的名誉蒙受伤害，所以必须予以申雪。为了申雪不白之冤，其采取的手段可能是对诽谤者进行报复，甚至于采取自杀的行为；在这两种极端的举措之间，还存在许多种可能的行动方式。但是，一个人对有损自身名誉的事情，绝对不能够听之任之，置之度外。

对于我在这里称之为"对于名誉的情义"，日本人并无一个特定的称谓。他们只是简单地把它称之为在"恩惠"的领域以外的"情义"。这个特点只是分类的基础，并非说"对社会的情义"是偿报恩惠的责任，而"对名誉的情义"则突出了报复。尽管西方人把二者区分为感恩和报复这两大截然对立的范畴，但是，这并没有把日本人的观点真实地表现出来。他们认为，为什么一种美德不能同时把两种对立的行为，即一个人对他人善意的互动，与他对

武士之间的斗争

　　为了对主人尽忠，并维护自己的名誉，武士之间经常爆发斗争。这幅绘画用夸张的手法刻画了武士之间的斗争。

他人的侮蔑或恶意的报复包容于一体呢？

　　在日本，这是真实存在的。一个有德行的人对羞辱的反应之强烈，就像他对恩惠的反应一样。二者都需要认真地回报。他们并不会把它一分为二，就像我们所做的那样，把前一种行为称之为侵害行为，把后一种称之为非侵害行为。对他而言，侵害行为只能肇始于"情义的领域"以外；只要他所采取的举措是在维护"情义"及申雪个人的污名，就不算作犯了侵害罪。他只是在清算老账罢了。他们说，要是羞辱、诽谤或失败未得以报复或申雪，

"社会就岌岌可危了"。一个有德行的人必须竭力使世界再度回复平衡。这是一种人间的美德，而非人性之弱点的罪恶。在欧洲历史上的某些时代，"对于名誉的情义"，甚至包括在日本语言中把感谢和忠诚一起表达的这种方式，也曾被西方人奉为一种美德。在文艺复兴时代，尤其是在意大利，它曾盛极一时；它同古典西班牙时代的"西班牙人的英勇"和德国人的"名誉"颇有相似之处。甚至在一百多年前，在欧洲流行的格斗之风，也与其有着极其相似的潜在动机。凡是这种申雪名誉之污名的德行占据了优势地位的地方，不管是在日本，还是在西方诸国，其道德价值最核心的部分通常体现在一种特性上，即它是凌驾于任何物质利益之上的。一个人德行的高低，与他能为了"名誉"而牺牲自己的财富、家庭乃至生命是成正比的。它成了道德定义本身的一个组成部分，而且，也是这些国家经常倡导的"精神"价值的根基。它的确给这些国家带来了物质上的巨额损失，但是，这几乎不能够用利弊得失的标准来进行衡量。在这一点上，能够看出这种名誉观与美国人生活中常有的卡脖子般的竞争及公开的对抗这二者之间的天壤之别。在美国，在一些政治上或经济上的交往中，可以这样说，一个人所能拥有的东西并无什么限制，但是，获取或持有物质上的利益必然是一场战争。只有在例外的案例中，譬如说，发生在肯达基山区山民之间的家族械斗，荣誉感就占了上风，这就属于"对名誉的情义"的范畴。

然而，"对于名誉的情义"以及任何一种文化伴生出来的不友善、敌视和观望性等待，绝非亚洲大陆所独有的一种德行。它也不是——用习惯性的话语来说——亚洲各国的。这种观念中国人没有，泰国人没有，印度人也没有。中国人认为这种对侮辱和恶意中伤、诽谤十分敏感的人有点"小人"——度量狭小。它绝非中国人理想境界中的高风亮节，而在日本，这却是一种高尚的德行。在中国人的道德规范中，无端地突然地使用暴力固然是错误的，也不会因为为了报复侮辱而采用暴力就变成了正当的、合法的手段。他们认为，神经如此过敏，真是可笑得很；对于诽谤，他们也决不会考虑要采取一些善良的、崇高的、伟大的行动来证明这种诽谤与中伤是毫无根据的。这种对侮辱的过度敏感，在泰国人的性格中也根本找不到任何踪影。他们像中国人那样，喜欢使诽谤者处于荒谬可笑的位置，但他们绝不会认为自己的名誉受到了什么打击。他们说："在对手面前的容忍退让，是使对手暴露其残忍的最好方法。"

在日本，"对于名誉的情义"，还包括了许多非攻击性的德行，除非我们把这些都纳入进来，通盘考虑，否则便无法了解它的全部意义。复仇只是众多德行之一，它要求有适当的时机和场合。它还需要有足够的沉静和温和的举止。每一个有自尊心的日本人都必须具有斯多葛主义者的泰然自若及克制自己的品德，这些也属于对名誉之"情义"的范畴。妇女分娩时不能大声喊叫，男人必须无惧于苦痛和危险。当洪水侵袭日本村落时，每个有尊严的日本人会把随身携带的必需品汇集在一起，寻找更高的避难地。在这个逃难的过程中，绝对没有大声呼号，左奔右窜，惊慌失措。在春、秋分之际，暴风雨猛烈袭来的时候，人们也表现出相似的自我控制。这种行为是日本人人人皆有的自尊心的一部分，甚至于他不能完全做到这些。他们认为，美国人的自尊自重并不要求自我克制。在日本人的这种自我克制之中，还包含有"位高则更应克己自制"的意思。因此，在封建时代，武士阶层比黎民百姓更需具有自我克制的能力；不过，这种自我克制的德行，尽管对黎民百姓不甚苛求，却仍旧是各个阶层都不可缺少的生活准则。假如说，武士阶层必须最大限度地忍受肉体上的苦痛，那么，黎民百姓也必须最大限度地容忍武士加之于他们身上的戕害。

有关武士阶层斯多葛主义般地忍受苦痛的故事是非常著名的。他们不得在饥饿面前低头，而且，忍受饥饿不过是不值一提的事。他们被要求：当他们饿得奄奄一息的时候，还必须装出刚刚吃饱了的样子用牙签剔牙。他们有一句座右铭说："幼鸟嗷嗷待哺，而武士口叼牙签。"在第二次世界大战中，这一句话变成了应征入伍的士兵的座右铭。他们也不能在苦难面前低头。日本人的态度，就像一位童子军对拿破仑的反驳："受伤了？不，陛下，我是为国牺牲了。"直至最后还有一口气在，武士都不能表现出一丝一毫痛苦的迹象，他必须毫不退缩地忍受苦难。有一个故事，说的是死于1899年的胜伯爵，他幼时睾丸被狗咬伤。他虽生于一个武士世家，但其时家道一贫如洗。当医生给他动手术时，其父手持利剑指着他的鼻子对他说："要是你哭喊一声出来，我就一剑把你杀了，这样你至少不会使你的武士身份蒙羞。"

"对于名誉的情义"也要求一个人按照自己的身份而生活，要不然，他就失去了自尊自重的权利。在德川幕府时代，这意味着一个人必须接受严格详细的、规定一个人的衣食住行的禁奢法令作为其自尊自重的一部分内容。美国人会对这一按照世袭阶级地位来界定这些事情的法令深感震惊的。在美国，自尊自重与一个人提升自己的地位和经济上的实力息息相关，一成不变的禁止奢侈的法令是对我们美国社会根基的否定。我们对德川时代的法令

禅宗与武士

禅宗佛教在日本武士中非常流行。图中慧可以断臂的行为向达摩祖师表示自己的赤诚。虽然禅宗是反对屠杀的佛教的一个宗派，但许多禅宗僧侣后来成为众多武士的导师，只不过这些禅宗僧侣并不训练武士剑术，而是教授如何在交战中排除一切杂念。

会怀有一种恐怖感，因为这些法令规定，某一阶层的农夫有权为自己的孩子购买某种玩偶，而另一阶层的农夫有权购买另一种玩偶给自己的孩子。当然，在美国，我们凭借不同的社会认可，也达到了相同的社会调控。我们毫无批评地承认这一事实，即制造商的孩子可以拥有一套电动火车，而佃农的孩子就应该满足于拥有一具用玉米穗轴做成的玩具。我们接受这种收入的差别，而且认为这是天经地义的事情。挣得高收入是我们自尊自重道德体系的一部分。如果给孩子买的玩具的好坏由个人收入的高低所决定，这并不有悖于我们的道德规范。发了财的人有权为孩子们买比较贵重的玩具。相反，在日本，求财致富是受到猜疑的，而固守本位则不会。即使时至今日，穷人和富人都一样地关注、恪守阶层制度的习俗惯例以维护他们的自尊。这是一种与美国人背道而驰的德行，这一点法国人托克维里于 19 世纪三十年代就已在前面引用过的作品中有所说明。作为出生于 18 世纪的法国人，他深谙而且喜欢贵族阶层的生活方式，尽管他对美国的平等原则给予了慷慨大方的褒奖。他认为美国人虽有诸多美德，却欠缺真正的尊严。"真正的尊严在于各安其位，既不清高，也不谦卑，而且，自王侯将相至黎民百姓，都可以以此自诩。"托克维里一定能够了解日本人的这种态度，即日本人认为，阶级差异本身并非什么使他们感到屈辱的事情。

我们认为，在当今这个对文化给予客观性研究的时代，"真正的尊严"就是不同民族可以给出不同定义的东西，就像他们通常对羞辱性的事情有不同的定义一样。今天，有一些美国人叫嚣，说只有把我们的平等主义原则灌输给日本人以后，他们才配享有我们的尊重。这些人跌进了"民族优越感"的泥潭。如果真如这些美国人所说的那样，就像他们所主张的，要一个自尊自重的日本，那么，就必须先搞清日本人自尊心的根底。我们能够认识到——就像托克维里所说的那样——贵族制度"真正的尊严"正在从这个现代化的时代逝去，而另外一种——我们深信的——出色的尊严正慢慢地取代它。无疑，这种趋势也必定会在日本兴起，那时的日本也必须在她自己的根

荷兰贸易船只在日本登陆

在日本闭关锁国时代，政府只允许与荷兰的贸易，但也强加管制。荷兰把西方的先进文化和军事技术带进了日本，形成了"兰学"，为后来的明治维新奠定了基础。

基上——而不是我们的根基上——重建她的自尊自重观，她也必须以自己的方式使其自尊自重观得以纯净、升华。

除了有关遵守"各得其所"的诸多要求以外，"对于名誉的情义"，还包括兑现许多承诺。一个人举债之时，他可以用他"对于名誉的情义"作为抵押物。大概在二三十年前，"万一这笔借款到时偿还不了，我愿成为路人嘲笑的对象而无二心。"这还是日本人借钱时一贯的承诺。事实上，要是他到时还不了债，他并不会真的变成笑柄；日本并无在大庭广众嘲笑人的习俗。但是，当新年即将到来，也就是债务应该偿清的时候，无力还债者可能会自杀，"以洗清他自己的恶名"。至今，还有许多人在除夕之际自杀，以挽救自身的名誉。

"对于名誉的情义"，也包括各种职业上的职责和义务。当特殊的环境使一个人置身于公众的关注之下，并成为众人批评的对象时，日本人对自己的要求通常是非常荒谬的。举例来说，有许多校长因为火灾——火灾的责任与他们毫不相干——使校内悬挂的天皇像受到了威胁，而引咎自杀。有些教师也因抢救这些天皇像而葬身火海。通过这种牺牲方式，他们得以证明他们把"对于名誉的情义"和对天皇的"忠"摆在极高的位置。还有一些例子，就像一些著名的故事所说的那样，有一些人因为在隆重的场合向公众宣读天皇的诏书——不论是教育性的诏书还是其他诏书时读错了一点，便因此而自杀以谢天下。在当今天皇的治理下，一个人如果无意中给自己的儿子取名"裕仁"——在日本，公众必须避讳天皇的名字——事后自己发觉了，他一定会自杀，而且把他的儿子也一起杀死。

在日本，作为一个专业工作者，"对于名誉的情义"有着非同一般的苛求。但是，这并不一定要求以高水准的专业技能来维持，不像美国人所认识的那样。教师会说："作为一位教师对于名誉的情义，我就不能容许我不晓得某事。"这话的意思是说，要是他不懂得青蛙是什么种属的话，他也必须不懂装懂。如果他仅仅依靠在学校里学了几年的英语就来教授英语课，他仍然不能承认别人有指出他的错误的能力。"作为一个教师对于名誉的情义"所指的就是这种自我防御意识。同样，作为一位商人，山丁对"商人"这一名誉的情义，他也不能让人知道他的资产已接近于零，或者他为公司所规划的方案流产了。一位政客也由于"对名誉的情义"，而不能承认其政策方针的失败。在上述这些"情义"的运用中，存在一个共性，即把一个人与他所从事的工作高度地视为一体，而且，一旦一个人的行为或者能力受到了批评，都会自动地转变成对这个人本身的批评。

日本人被别人指责失败和无能时的种种反应，在美国，也同样能够看到。我们都知道有些人一遇到什么诽谤中伤，就暴跳如雷。但是，我们却很少会像日本人那样自我防卫得如此严密。假如一位教师不晓得青蛙是什么种属的动物，即使他有心想遮掩自己的无知，他还是会认为，坦白承认自己的无知会比声称自己知道要好一些。如果一位商人不满意他此前所确立的企划方案，他认为还可再规划出不同的新方案来。他并不认为必须始终坚持没有任何错误才能维护他的自尊，也不认为如果他承认有错，他就必须辞职或者退休。

但是，在日本，这种自我防御的意识如此根深蒂固，而且，这是一条至理名言——也是一个普遍的礼节——不要在别人面前唠叨自己职业上的过失。

当一个人在竞争中输给了另一个人的时候，这种敏感性就表现得特别突出。这也许只是另外一个人成为了某个工作的首选人选，或者他没有通过答辩考试。对这样的失败，失败者感到"蒙上耻辱"。有时这样的耻辱是奋发向上的强大推动力，但是在更多的情况下，这却是意志消沉的危险导火索。失败者失去了自信，变得忧郁或者愤愤不平，或者二者兼而有之。他的努力受到了挫败。所以，美国人尤其需要认清这一点，即在日本与在我们的生活方式中，社会对竞争所期许的效果并不一样。我们强烈地依赖着竞争，并把竞争视为一个"美好的事物"。心理测验表明，竞争可以激励我们发挥出最大的能量。在这种刺激之下，我们的工作效率可以提高。我们独自做某一项工作的时候，成绩往往低于有竞争者参与的情况。但是，在日本，他们心理测验的结果却正好与此相反。在过了少年期的日本人中，这种特征尤其突出，这是因为日本儿童比较能以游戏的态度来对待竞争，也不太担忧竞争的后果。在年轻人和成年人之间，一出现竞争，其效率就会降低。受测试者的人在独自工作的时候，他们能够取得好成绩、减少出错、提高速度，但是，一旦有了竞争对手，他们就开始出错，而且其工作速度也大大降低。当他们反省自身进步——而不是拿自己与他人作对比——这时他们的表现就最为优秀。对这种在竞争的情况下成绩却反而低下的原因，进行试验的日本学者做出了正确的分析。当试验项目变成带有竞争性的时候，他们的国民就开始为他们可能被打败的危险而忧心忡忡，进而使他们的工作效率受到了影响。受试者感到竞争是一种进攻性的行为，而且这种感觉非常敏锐，所以，他们就把自己的注意力转移到自身与攻击者的关系之上，而不是全神贯注于自己手头上的工作。

接受这些测试的学生，都担心失败所带来的耻辱，所以很受影响。就像教师或者商人对待其专业上的名誉的情义一样，学生也重视对学生名誉的情

佐藤四郎忠信

　　佐藤四郎忠信是平安、镰仓交替时期的武将，号称"本朝水浒传豪杰人物之一"。这幅 1830 年的绘画反映了他在下棋过程中以棋盘为武器攻击对手的行为。

义。在运动比赛中败北的学生运动队员，他们也因为蒙受失败的耻辱放任自己走向极端。在划船比赛中，失败的选手们会委身独木舟扼腕痛哭。吃了败仗的棒球队，也会聚集在一起抱头痛哭。在美国，我们可以说他们是气量小的失败者。依照我们的习俗，他们应该承认更出色的对手取得了胜利。失败者也应当与获胜者握握手。不管我们对失败有多么的憎恶，我们却瞧不起一被打败就出现情感危机的人。

对于直接的竞争，日本人一向擅长于想方设法予以避免。他们的小学就把竞争机会缩减到最低，以至于美国人认为这都是不可能的事情。教师们接到一项指令，即他们应当教导每一个学生自我改进，而绝不应让他有与别人一比高低的机会。在日本，小学甚至没有留级制，所有一起进学堂的小学生，也都一起接受小学教育，而且一起毕业。在日本的小学里，小学生的成绩单，只记录了其操行品德，而没有作业成绩单。当竞争局面无法逃避的时候，就像中学的入学考试，学生的心理紧张势必会非常强烈。每一个教师都有一些这样的事例：有些小学生得知自己没有考上初中，就羞愧地自杀了。

这种把直接竞争缩减到最低的现象，贯穿了日本生活中的方方面面。一种以"恩"为根基的道德伦理规范包容不了太多的竞争。与此相反，美国人的无上圭臬是争取在同类的竞争中处于优胜位置。日本人的整个等级制度，包括有关各个等级的详细规则，使直接竞争缩减到了最低限度。他们的家庭体系也把竞争缩减到最低限度。在家庭体系里，父亲和儿子并不像在美国那样是处在双方竞争的关系上。他们可以相互抵制，但彼此之间却不能竞争。对于美国家庭，日本人满脸惊讶地品头论足：父子之间相互竞争，争夺家庭轿车的使用，也争夺母亲或妻子的注意力。

在日本人为了避免两个竞争对手面对面的冲突而创设的诸多办法中，普遍存在的中介协会是比较特殊的一个办法。在任何一种会使人因自身的劣势而感到有蒙羞可能的情形下，都需要有一位中间人。因此，中间人担任了许多场合的斡旋事宜——订婚、求职、辞职以及打理数不清的琐碎的日常事务。

中间人必须沟通当事人双方的意见，像在婚姻这样重要的活动中，双方都聘请了自己的中间人，两位中间人商谈了详细的细节之后，再回去向自己的雇佣者汇报商谈结果。这种间接的谈判方式，同面对面的谈判方式相比，显然有一个优点，即当事人双方无需顾及那些他们自身名誉的情义所无法接受的主张和条件。凭借这种职业化的斡旋活动，中间人也博得了声望，其成功的斡旋更博得了社会对他的尊重。因为交涉的顺利与否事关中间人的脸面和自身利益，经过中间人的努力，圆满解决的机会就会更多一些。在求职或辞职这两种斡旋工作中，中间人的工作方式是一样的：为求职者探询雇主的意向，或者向雇主转述雇员辞职的想法。

有各种各样的礼节为日本人所运用，从而避免发生使人受到羞辱的事情，进而维护自己对于名誉的情义。

宫女赏菊图

日本人特别崇尚菊花，日本皇室的家徽就是 16 花瓣的菊花。菊花是美的象征，相约赏菊也是人们进行社交的一种手段。

除了直接的竞争，这些事情所涉及的范围也同样被缩减到了最低的水平。主人认为他们应该遵守一定的礼节来欢迎客人的到来，而且应该穿着得体。因此，当你去拜访一位农夫，发现他一身劳动服的时候，你就必须等候一会儿。直至他换上得体的服装，并且行了适当的礼，这样才表示他知道有客来访了。即使主人不得不在客人等候的房子里换衣服，除非他把一切都弄妥帖了，否则，他就像根本没有客人在场似的。同样，在日本乡下，小伙子通常直至深夜才上姑娘家去约会，到了这个时候，姑娘的家人都入睡了，姑娘自己也躺在床上了，姑娘可以接受或回绝小伙子的约会要求，但是，小伙子会把一条毛巾缠在脸上，之所以这样做，是因为假如小伙子被姑娘拒绝了，翌日他可以不以此为耻。这种装束并非要避免姑娘认出他是谁，而纯粹是一种鸵鸟式的做法，使得小伙子如果遭到了姑娘的拒绝而事后不必承认自己蒙受了耻辱。任何一个计划在成功之前，出于礼节的要求，人们也尽可能做到熟视无睹。在订婚之前，安排有可能结为夫妻的小伙子和姑娘见上一面，这是媒人的一大任务。媒人必须利用各种办法，把这次见面安排成双方无意中的邂逅。因为在这一阶段，如果摆明了介绍双方认识的真正目的，那么，万一这桩婚约告吹了，这就会使一方或双方家庭的名誉受到伤害。这对年轻人必须由一方或双方的父母亲陪伴而至，而媒人则在其中扮演主角，通常最为恰当的安排是让男女双方在一年一度的菊花展上、在赏樱花的郊游中、在某一著名的公园或娱乐场所中于无意之中"一见钟情"。

通过以上种种办法，以及其他更多的办法，日本人由此回避各种会因为失败而招致蒙羞的境地。虽然他们如此强调申雪名誉上的耻辱这一义务，但是，实际上，他们把事情安排得极少有蒙羞受辱的场合。这一点和太平洋岛屿中的许多部族形成了鲜明的对比——虽然在这些部族的社会生活中，洗刷名誉上的污名和在日本一样都具有突出的位置。

在新几内亚和美拉尼西亚，在这些以园艺业为生的原始部族中，蒙羞受辱必须愤懑相对，而这正是这个部族或者个人行动的主要原动力。当一个村落要举办一场部族盛宴的时候，一定要说是因为另一个村落穷得招待不了十位客人，说他们小气得把芋头和椰子都藏了起来，他们的头领笨得组织不了一次部族盛宴。这样，受到了别的村子挑战的村子，就以过分奢侈款待宴请

所有来客，借着一次压倒性的胜利而雪耻。婚庆上的安排和经济上的来往也是这样办理的。开战的时候，双方在弯弓发箭之前，也同样要彼此把对方辱骂一通。他们纵然是处理最细微的事务，也仿佛把它当作一次生死决斗的机会。总之，侮辱是触发行动的强大动机，这些部族通常也都有强劲的生命力，但是从未有人把他们描述为一个尚礼的民族。

与此相反，日本人是礼貌的典型。而且这种显著的礼貌是一种尺

欧洲传教士在日本

　　图上左边是耶稣会传教士，他们通常会受到人们的尊敬，右边是两名圣方济各会会士，很多日本人怀疑他们是替政府推行殖民主义的人员，因此对他们怀有害怕的心理。

度，可以用来衡量他们如何竭尽全力去减少使人必须洗刷自己污名的事由。他们依然把侮辱所引起的怨恨作为促人成功的无与伦比的刺激，但是他们限制需要这种刺激的事态。它仅仅在特定的情况下，或仅仅在消除侮辱的传统手段在某种压力下失灵时才会发生。毫无疑问，日本对这种刺激的利用曾帮助它

取得远东的优势地位，并对它在最近十年间对英美的战争政策起过作用。但是，西方人就日本人对侮辱的敏感性和强烈的报复心理所作的评论与其说运用于日本，还不如说适用于新几内亚那些动辄使用侮辱手段的部落，西方人就日本在这次战争失败后将如何行动所作的许多预言是完全离谱的，因为他们没有认识到日本人加在对名誉的"义理"之上的种种特殊限制。

日本人确实是一个讲究礼貌的民族，但美国人不能因此而低估他们对诽谤的敏感。美国人发表涉及私人的评论是非常随便的，犹如一种游戏。我们很难理解日本人为何对那些无足轻重的话认真得要命。日本画家牧野吉夫（音译）在他用英文撰写并在美国出版的自传中生动地描写了对于他解释为嘲笑的事情的正宗日本式反应。当他撰写此书时，他已在美国和欧洲度过了自己大部分的成年时代，但他对这件事情的感受仍是那样强烈，就像他依然住在故乡爱知县乡下镇上一样。他是一个很有身份的地主的最小的儿子，他的家庭充满欢乐，而他正是在备受宠爱的环境下长大的。就在他刚要度过幼年期之时，他的母亲亡故了，其后不久，父亲也破产了，为偿还债务，卖光了全部财产。一家人四处离散，牧野没有钱实现自己的抱负。他的抱负之一就是学习英语。为学习英语，他寄身于附近的一所教会学校当看门人。直到十八岁时，他还没有到过几个乡镇范围以外的地方，但他决心去美国。

　　我去访问一个我最信任的传教士。我向这位传教士说出了想去美国的心意，我希望他或许会给我某些有益的知识。使我大失所望的是他竟大叫："什么，你也想去美国？"传教士的妻子也在房间里。他们两人一同嘲笑我！在这瞬间，我觉得似乎头上的血都流到了脚底！我默默无言地在原地站了几秒钟，然后连一声"再见"也没说，就回到了自己的房间。我自言自语地说："一切到此为止。"

　　次日早晨我就离开了。现在我想在此写出当时的理由。我始终认为，不真诚就是这个世界的最大罪恶，而没有什么比嘲笑更不真

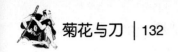

诚的了!

我经常原谅控制不住自己的愤怒，因为发怒是人类的本性。如果有人对我说谎，我一般也能谅解，因为人的本质是十分软弱的，人们在许多情况下不能以坚定的意志来面对困难，说出全部真情。在别人毫无根据地散布有关我的流言飞语时，我也能原谅，因为如果有谁让别人那样信以为真的话，这确实是非常有诱惑力的。

就是杀人凶手，我也可根据情由给予原谅。但对于嘲笑，则毫无辩解的余地。这是因为一个人若无故意的不真诚，就不能嘲笑一个无辜的人。

请让我给两个词作出我自己的定义。杀人犯——杀害他人肉体的人；嘲笑者——杀害他人灵魂与心灵的人。

灵魂与心灵比肉体珍贵得多，因此嘲笑是最可恶的罪行。实际上，那对传教士夫妇是想杀害我的灵魂与心灵，我感到心中剧烈的疼痛，我的心在呼喊："你们为什么要这样?"

第二天早晨，他把全部东西放进一个包袱，离开了。

如他所感受的那样，传教士对一个身无分文却要去美国做画家的乡下少年的怀疑"杀害"了他。他的名誉受到了玷污，直到他用实现目的的行动将其刷清为止。因此，在被传教士"嘲笑"以后，他只有离开那个地方，并让人看到他有去美国的能力，除此之外，别无选择。他使用"insincerity（不诚实）"这个词来指责传教士，这在英语中读来是令人奇怪的，因为根据我们所理解的这个词的意思，我们认为这个美国人的吃惊是完全"sincere（诚实）"的。但画家是在日语的含义上使用这个词的，日本人一直认为，并不想挑起对方吵架但却鄙视对方的人是没有诚意的人，那样的嘲笑是毫无缘故的，因而是"不诚实"的证据。

"就是杀人凶手，我也可根据情由给予原谅。但对于嘲笑，毫无加以辩解的余地。"因为"原谅"不是正确的态度。对诽谤唯一可行的反应便是报复。牧野以到达美国的行动洗刷了污名,但在受辱或失败的情况下,报复作为"善行"在日本传统中占据重要地位。以西方读者为对象的日本著作家有时运用丰富多彩的修辞手段来描述日本人对报复的态度。新渡户稻造是日本最富博爱心的人之一,但他在 1910 年撰写的著作中曾说道:"在报复中有某种满足我们正义感的东西。我们的报复观念同我们的数学技能一样严密,在方程式的两边都求出之前,我们不能摆脱一种还有什么余下未做的感觉。"冈仓由三郎在一部名为《日本的生活与思想》的著作中把报复与日本一种独特的习惯相类比,他写道:

日本人的许多所谓心理特殊性起因于对洁净的喜好以及相应的对污秽的忌讳。请问,除此之外还能有什么其他的说明?因为我们实际上所受的

搏杀

　　这幅 12 世纪的关于战争的绘画再现了武士生涯的残酷,也体现了武士为了洗刷耻辱,赢得荣誉而不顾一切代价。图中的武士擒住敌人的头部,准备把短刀插入其喉咙。

教育使我们习惯于把对家族名誉和民族自豪感的侮辱看作污秽与创伤，若不通过申辩加以彻底洗刷，就不会洁净与愈合。你不妨把在日本公私生活中司空见惯的仇杀案件看作讲究洁净因而形成洁癖的民族所沐的晨浴。

他继续说道，这样，日本人便"过着一种一尘不染的洁净生活，如同盛开的樱花一样清新美丽"。换言之，这种"晨浴"洗去别人扔在你身上的污秽，只要还有一点污秽粘在你身上，你就不能说是一个有德性的人。日本人没有这样的伦理观：一个人除非自己认为受辱就不可能受辱；只有"一个人自己所做的事"才会玷污他自己，别人对他所说与所作的一切都不会玷污他。

日本的传统不断地把这种仇杀"晨浴"的理想展示在一般民众面前。无数的事件与英雄故事是尽人皆知的，其中最流行的就是《四十七浪人的故事》。这些故事被选入学校教科书，在剧院里演出，拍摄成现代电影，印成通俗出版物。它们是今天日本生气勃勃文化的一部分。

这些故事当中有许多讲的是对偶然失败的神经过敏。例如。有个大名让三个家臣说出他的宝刀的制造者，他们三人众说纷纭，于是请来专家，才得知名古屋山三是唯一猜中那把刀的制造者是村正的人。猜错了的另外两人感到这是一种侮辱，开始伺机加害山三。两人中的一人乘山三熟睡之时用山三自己的刀插入他的身体，但山三却活下来了。于是，袭击山三的人此后就专事报复。最后他终于杀死山三，从而保全了他们所谓的"对名誉的义理"。

其他一些故事讲的是对自己的主君有必要进行报复的事。在日本的伦理中，"义理"既意味着家臣对主君至死不渝的忠诚，同时也意味着当家臣感到被主君侮辱时突然对主君产生的极度憎恨。在有关德川第一代将军家康的传说故事中就有一个很好的例子。家康家的一人听说家康曾说他"是一个将被刺在喉咙的鱼刺鲠死的家伙"。这种说他不会庄重地死去的诽谤是忍无可忍的，这个家臣发誓至死不忘这个耻辱。当时正值家康新定江户（东京）为首都，推行统一全国大业之时，敌人尚未彻底扫荡干净。这个家臣向敌对的诸侯表示，愿从内部放火烧毁江户。这样他就可尽到"义理"，实现对家康的报复。西方人对日本人忠诚的议论大多是隔靴搔痒，因为他们没有认识到"义理"并非仅仅限于忠诚，它在某种场合也是教人叛逆的德行。就像他们说的，"挨打的人谋叛"，受辱的人也同样如此。

历史故事中出现的两个主题——在自己错了的时候向正确的人报复，甚至向诽谤自己的主君报复——在日本的著名文学作品中是老生常谈的主题，而且被描写得异彩缤纷。但如若人们查阅一下当代的传记、小说和现实的事件就会发现，日本人虽在古代故事中对报复大加赞赏，但今天实际进行报复的事例却同西方各国一样少见，也许比西方各国还要罕见。这并不意味着对名誉耿耿于怀的态度比以前减弱了，而意味着对失败和诽谤的反应是更多地趋向防御，而不是攻击。日本人对待耻辱的态度仍像以往一样认真，但耻辱越来越经常地使他们束手忍辱而不是挑起争斗。在明治以前那无法无天的时代，人们为报复而进行直接攻击的可能性较大。到了近代，要维持比以前更趋于相互依存的经济是如此困难，加上法律和秩序的约束，于是报复也变得秘密或深藏于人们自己的心中了。就像让仇敌吃粪便这个古老的传说那样，有人会不露声色地略施诡计来悄悄地对仇敌施行报复。这个故事的主人公在美味佳肴中掺入难以察觉的粪便，然后拿给仇敌吃，看其对手是否察觉了。客人完全没有察觉。但是，即使是这种秘密的攻击，在今天也变得比对自己的攻击更少了。当攻击转向自身时，人们有两种选择：或是将此作为一种刺激，促使自己去实现"不可能"的事，或是让它去吞噬自己的心。

日本人容易因遭到失败、诽谤和排斥而受创伤，因而极易自寻烦恼而不是使他人烦恼。日本小说一再描写近几十年间有教养的日本人常常难以摆脱的忧郁与狂怒不断交替的心理困境。这些故事的主人公都有厌倦情绪。他们厌倦生活，厌倦家庭，厌倦城市，厌倦乡村。但这并不是打算去揽月摘星的烦恼，对意欲揽月摘星的人来说，一切努力与其心目中勾画的伟大目标相比

美而易逝的樱花

　　日本人喜爱樱花，历史久矣。樱花美而易逝易碎的生命意象和日本人民从中寄托的人生情怀影响了日本文学艺术的发展。从哀物再到哀人的文学艺术风格，从 8 世纪的《万叶集》到 11 世纪的《源氏物语》，都有所体现。可以说，这些文学作品中的哀物到哀人的美学意义，影响乃至支配了日本文学以后的发展。

都显得微不足道。这并不是现实与理想大相径庭造成的厌倦。当日本人梦幻到伟大使命时，他们便会摆脱厌倦情绪。不管目标多么遥远，他们都会完全地、不留痕迹地摆脱这种情绪。这种日本人特有的厌倦是过分易受创伤民族的疾病。他们对于遭到排斥觉得恐怖，把这种恐怖深深地埋到心底里去，从而使自己进退维谷。日本小说中描绘的厌倦与我们在俄罗斯小说中所熟悉的厌倦是完全不同的心理状态，在俄罗斯小说中，现实世界与理想世界的巨大差别是主人公经历过的全部厌倦的基础。乔带·桑索姆爵士曾说日本人缺乏这种现实与理想对立的感觉。他并不是以此说明日本人厌倦的基础，而是说明日本人怎样系统地提出他们的哲学和对人生的一般态度。确实，与西方人根本观念的这种差异远远超出了这儿所论述的特殊例子，但它与日本人难以摆脱的忧郁有着特别深刻的关系。作为一个喜好在小说中描绘厌倦的民族，日本与俄国并驾齐驱，而与美国形成鲜明对比。美国小说不大涉及这一主题。美国的小说作家把作品中人物的悲惨遭遇归咎于性格的缺陷或凶残世界的打击，他们极少描绘单纯的厌倦。当写某人不能与周围环境协调相处时，必然会写出其原因及形成过程，以引起读者对男女主人公身上的某种缺点或社会制度中的某种邪恶进行谴责。日本也有对城市里绝望的经济状况和捕鱼船上发生的可怕事件加以谴责的无产阶级小说，但在日本的性格小说所展示的世界里，正如一位作家所说，人们的情绪总是像飘移的毒气一样倏忽即至。无论是小说中的人物还是作家，都不认为有必要分析环境或主人公的生活经历以说明明云产生的原因。它忽来忽去，人们则易受创伤。他们把古代故事中的主人公施加于敌人的攻击转向内心，而其消极情绪在他们看来似乎并无明显的原因。他们可能抓住某一事件作为忧郁的原因，但这一事件给人留下的奇特印象是，它不过是一种象征而已。

现代日本人对自己采取的最极端的行为就是自杀。根据他们的信条，自杀若以适当的方法进行，就能洗刷清自己的污名，恢复名誉。美国人谴责自杀，认为自我戕害不过是对绝望境遇的一种自暴自弃的屈服，但在崇拜自杀的日本人中，自杀是一种有着明确目的的高尚行为。在某种场合，为了履行对名誉的"义理"，自杀是理应采取的最高尚的行动方针。元旦那天无力还债的人、因某不幸事件引咎自杀的官吏、以双双自杀来了结无望恋爱的恋人和抗议政府推迟对华战争的忧国志士都同考试不及格的少年以及不愿作俘虏的士兵一样，把最后的暴力推及自己。有些日本权威说这种自杀倾向在日本是一种新的现象。要对此作出判断并不是一件容易的事，但统计数字表明近年来的观察者常常过高地估计自杀的发生率。按比例计算，19世纪的丹麦和纳粹前的德国自杀比任何时代的日本都要多。但有一点是确定无疑的，那就是日本人喜欢自杀这一主题。日本人渲染自杀就像美国人渲染犯罪一样，而且是带着与美国人欣赏犯罪相同的共鸣情感来欣赏自杀的。比起戕害他人的事件来，他们对戕害自己的事件更加津津乐道。若用培根的话来说，他们是把自杀作为他们最喜欢的"重大事件"。这满足了某种不能以谈论其他行为来满足的需要。

近代日本的自杀与封建时代历史故事中的自杀相比更带有喜好自我虐待的性质。历史故事里所传颂的武士遵照幕府命令为使自己免受可耻的处决而自己动手自杀，就如同西方的敌国军人在被俘后与其接受绞刑不如接受枪决，或为免遭被俘后意料中的拷问而走自杀这条路。武士获准"腹切"（剖腹自杀），就像蒙耻的普鲁士军官有时被允许用手枪秘密自杀。普鲁士军官得知已没有指望用其他办法来捍卫名誉时，上司们就在其房间的桌子上留下一瓶威士忌和一支手枪。对日本武士来说，在这种情况下了结自己的生命仅是方式上的选择，死亡是无从逃脱的。但在近代，自杀是死的选择。一个人常常为了不去杀害他人而把暴力施向自己，封建时代最后表明勇气和决断的自杀行为在今天已变成了自己选择的自我毁灭。在最近两个世纪当中，当日本人感叹"世道不公平"，感到"方程式的两边"不相等，感到他们需用"晨浴"洗去污秽时，他们越来越多地趋向于毁灭自己而不是他人。

甚至作为替自己一方赢得胜利的最后论据的自杀，尽管既发生于封建时

切腹自杀

　　许多日本人都把切腹自杀浪漫化，实际上这是一种极为痛苦的自杀方式。这种方式可以追溯到公元 9 世纪，从 12 世纪开始，它就成为了上层武士用以洗刷自己耻辱的唯一方式。

代，也发生于现代，但也已朝着相同的方向变化了。德川时代有个著名的故事讲述一个在幕府顾问班子中身居高位的年老的将军监护，在全体顾问官和将军代理人面前赤身露体地持刀准备随时剖腹。他的自杀威胁奏了效，从而确保由他推荐的候选人继承了将军职位。而他也因为达到了目的而没有自杀。若用西方人的话来说，这位将军监护是在讹诈反对派。但在现代这种抗议性自杀是殉道而不是策略行为。自杀的实行是在某一目的未能实现之后，或是为了使自己作为"裁减海军军备条约"之类已签协定的反对者而名留青史。这种抗议性自杀不是威胁，而是以断然实行的方式来影响公众舆论的。

当对名誉的"义理"受到威胁时就把攻击转向自己,这种倾向正在逐渐加强,但这并不一定意味着要采取自杀那样极端的手段。转向内部的攻击仅仅产生忧郁、无力和那种在知识阶级中极为流行的日本人特有的厌倦。为什么这种情绪尤其在这个阶级中广为蔓延?原来其中是有充分的社会学原因的,因为知识分子过剩,在等级制中他们所占的地位很不稳固,他们之中仅有小部分人能够施展抱负。在20世纪30年代,由于当局对知识阶级疑神疑鬼,把他们当作持有"危险思想"的人,所以他们的心灵加倍地易受伤害。日本知识分子通常把他们的失意归咎于欧化所造成的混乱,但此种解释并没有多大用处。日本人特有的情绪剧变是从强烈的献身精神变为强烈的厌倦情绪,而许多知识分子遭受的精神崩溃是传统的日本式的。在20世纪30年代中期,他们中的许多人也以传统的方式使自己避免这种精神崩溃:他们抱着国家主义的目标,再次将攻击的矛头从自己的胸膛转向外部。在对外国的极权主义侵略中他们可以再次"发现自己"。他们使自己摆脱了不愉快的情绪,并重又在自己身上感受到新的巨大力量。这一点他们在处理人际关系中未能做到,但他们相信在对外征服中他们是能够那样做的。

现在,既然战争的结局证明这种信念是错误的,懒散又成日本人的巨大心理威胁。不管他们的意愿如何,他们无法轻而易举地应付此种威胁。心理威胁扎根甚深。一个居住在东京的日本人说:"已经不担心炸弹会掉下来了,真是松了一口气。但是一旦战争结束,就犹如失去了目的,大家都在迷茫中,干事心不在焉。我是如此,我的内人是如此,全体国民就好像住院的病人。我们对自己所干的一切都漠然处之,所有的人都茫茫然如坠云里雾中。人们抱怨说政府迟迟不进行战争的善后工作和救济事业,但我认为这是因为官府那帮人都怀有与我们同样的心情。"日本人的这种虚脱状态同解放后法国出现的危险是同一类型的。在德国,投降后最初半年或八个月这并未成为问题。在日本这成了问题。美国人能够充分理解这种反应,但对我们来说几乎不可相信的是,与这种态度同时存在的是对战胜国表示的那种亲善。几乎战争一结束，人们就可一目了然地看出，日本人民以极端的善意接受战败及随之而来的一切后果。人们以鞠躬和笑容、挥手和欢呼迎接美国人。这些人既不郁闷，也无愤怒。若用日本天皇在投降诏书中的话来说，他们是"忍受难以忍受的事"。若是如此，那么为什么这些人不着手整理家园呢？根据占领条件，他们得到了这样做的机会，即不是由外国军队一个村庄接一个村庄地去进行占领，行政权仍留在他们自己手里。他们整个民族似乎都把应干的事抛在一边，一味地微笑和挥手欢呼。然而，正是这个民族在明治初期创造了复兴国家的种种奇迹，在 20 世纪 30 年代倾注如此巨大的精力完成了军事征服的准备，它的士兵曾在太平洋上孤注一掷地进行过逐岛战。

实际上日本人丝毫未变。他们的反应是与其禀性相一致的。在顽强的努力和完全原地踏步的懒散之间，情绪大幅度摇摆是日本人天生的性格。日本人现时专注于维护一个战败国的声誉，而且认为他们可以用表示友好来做到这一点。作为一种必然结果，许多人认为百依百顺的态度是达到目的最安全的道路。从这种认识向前再跨一小步，就轻而易举地转到另一种认识，即认为干什么都不好，还是踏步观望形势为上策。于是懒散就蔓延开来了。

但是，日本人决不喜欢懒散。"从懒散中唤起自己"，"从懒散中唤起别人"，这在日本是催促人们奔向更好生活的常用号召，这些话甚至在战时也常常挂在电台广播员的嘴边。他们以他们自己的方式同无为消极作斗争，1946 年春，日本的报纸一再谈论，"尽管我们是在全世界的众目睽睽之下"，但他们到那时为止仍未能清除轰炸后的废墟，仍未能使某些公用事业正常运转，这对日本的荣誉来说是一大污点；他们还埋怨那些夜间聚集在火车站席地而睡，让美国人目睹其惨状的流浪者家庭的懒散。日本人对这种唤醒其名誉心的批评是能够很好理解的。他们还希望作为一个民族在将来能再次竭尽全力地为在联合国获得一席受人尊敬的位置而努力。这就是说他们要再次为自己的名誉而奋斗，不过是沿着新的方向。如果将来大国间能实现和平，日本将沿着这条恢复自尊的路走下去。

日本人永恒不变的目标是名誉。首先必须使自己受人尊敬，一个人为达到这个目的而使用的手段是他根据情况需要既可拿起亦可放弃的工具。当情况改变时，日本人也能改变其态度，转向新方向。日本人不像西方人那样把改变态度视为道德问题。我们热衷于"主义"，热衷于意识形态方面的信念。我们即使失败了，思想也仍然不变。被打败的欧洲人不管在哪个国家里都聚众开展地下运动。除了少数顽固分子，日本人不认为有必要对美国占领军展开抵抗运动和组织地下反击。他们并不感到有固守老主义的道德必要。从最初几个月起，美国人就可单独一人安然无恙地乘坐拥挤不堪的列车到这个国家的偏僻角落里去旅行，并受到原先的国家主义官员的彬彬有礼的欢迎。至今还没有发生过一件报复事件。当我们的吉普车驶过村庄时，孩子们夹道高呼"Hello（哈罗）"和"Good-bye（再见）"，还不会招手的婴儿则由母亲拿着他的手向美国士兵挥手致意。

美国人很难从表面价值上来理解战败的日本人这种180度大转弯。这对我们来说是办不到的。在我看来，这比理解收容所里的日本战俘的态度转变更难。因为战俘认为自己对日本来说已经死了，而我们确实不知道"死人"能够干些什么。在西方的日本通里，几乎没有人曾预言过与战俘特有的态度转变相同的变化在战败后的日本也会发生。他们大多相信日本"只知或是胜或是败"，而失败在日本人眼中就是侮辱，一定要以持续的暴力来报复。有些人相信从日本的国民性来看，他们不会接受任何媾和条件。这些日本问题研究者是些没有理解"义理"的人。他们从获取好名声的种种可供选择的程序中独选出了复仇和攻击这个明显的传统手段。他们没有考虑到日本人还有改弦易辙的习惯。他们把日本的攻击伦理与欧洲人的方式混淆在一起，而根据后者，任何个人和民族在作战时必须首先确信其事业是永远正确的，并从积蓄在胸中的憎恨或义愤中汲取力量。

日本人是从其他地方寻求其侵略根据的。他们非常需要在世界上受人尊敬。他们认为大国赢得尊敬是凭借武力，他们采取了向这些大国看齐的方针。

东京大轰炸后的景象
　　1945 年的东京大轰炸使得东京等日本大中城市变为一片废墟，十几万人在轰炸中丧生。

他们因为资源贫乏，技术原始，所以不得不比残酷的希律王还要狂暴。尽管他们作出了巨大的努力，但结果归于失败，这对他们来说意味着侵略终究不是获得名誉的道路。"义理"包含着两种同等的含义：或进行侵略，或遵守互敬互让的关系，因而在失败之时，日本人显然毫无对自己施加心理压力的意识，并从前者转向了后者，目标依然是博得好名声。

　　日本在它历史上的其他许多场合也曾以类似作风行事，而且总使西方人迷惑不解。在日本长期的封建隔离状态将要结束，近代日本将要到来的 1862 年，一个叫理查德逊的英国人在萨摩被杀害。萨摩藩是攘夷运动的温床，萨摩武士以最为傲慢好战而著称于全日本。英国人派远征军讨伐，并炮

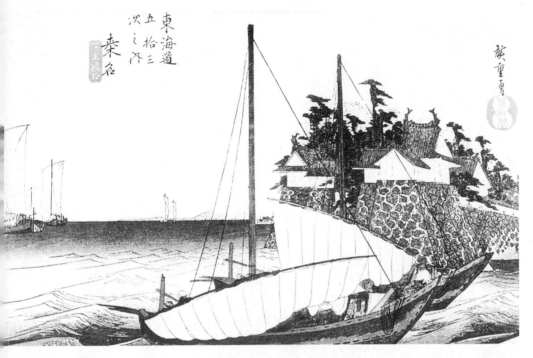

日本渡船

　　如果没有 19 世纪末自西方的威胁，也很难说德川幕府就能够长久的存在下去。闭关锁国已经使得这个时代出现了恐慌的迹象。在这幅 19 世纪的木刻画中，两艘日本渡船正在降帆。

轰萨摩的重要海港鹿儿岛。日本人在整个德川时代一直在制造火器，但他们是仿制老式的葡萄牙炮。鹿儿岛当然不是英国军舰的对手。然而，这次炮击却带来了意外的结果。萨摩藩不是宣布将对英国实行永无止息的报复，而是寻求英国人的友谊。他们看到了敌手的强大，并试图向敌人请教。他们与英国人建立了通商关系，并于次年在萨摩设立了学校，据当时一位日本人的记载，在这所学校里"教授的是西方学术的奥秘……以生麦事件为机缘而产生的友好关系日益加深"。所谓生麦事件就是指英国讨伐萨摩而炮击鹿儿岛的事件。

　　这不是一个"绝缘"的事件。另外一个作为最好战的、痛恨外国人的采邑而与萨摩藩不相上下的是常州藩。这两个采邑都是煽动帝制复辟的领导者。毫无行政权力的朝廷法庭下了一道诏书，命令将军截至 1863 年 5 月 11 日将所有的蛮夷赶出日本领土。幕府并未理睬这个诏书，但常州藩除外。它通过下关海峡向经过它的海岸线的西方商船开火，日本的枪火和通讯方式过于原始，无法对这些船只造成伤害。为了给常州藩一个教训，西方联合舰队很快摧毁了该港口。尽管西方势力提出了三百万美元的巨额赔偿金，但炮轰产生了同萨摩藩一样的奇怪后果。正如同诺曼对萨摩藩和常州藩事件所作出的评论："无论隐藏在这些攘夷先锋突然变卦背后的动机是多么复杂，却都不得不对这种行为所证明了的现实与镇静表示敬佩。"

这种见机行事的现实主义是日本人对于他们践行"为荣誉而战"的积极一面。正如同月亮有阴有晴，这种性格也有其消极的一面。而其消极的一面则使得日本人把美国移民限制法案和海军裁军条约诸如此类的事件看作是奇耻大辱，这驱使日本走向灾难性的战争计划。正是其积极的一面使日本能够在1945年以良好的心态接受战败的结果。日本依旧是率性而行。

日本现代作家及评论家对"为荣誉而战"中的众多义务作了一次遴选，选出其中的一部分来对武士阶级的行为方式——"武士道"，向西方人作形象的介绍。由于几点原因，这导致了误解。"武士道"是一个近代的官方名称，它并不能深入地诠释"为荣誉毫无退路"、"仅仅为了荣誉"、"为荣誉奋力拼搏"等等背后隐藏的民间情感，也不含爱憎兼并的多义性。它仅仅是评论家的某个灵感。此外，它变成国家主义者和军国主义者的一个口号；由于那些领导者毫无信用，"武士道"概念也同样被认为不足取信。但这无论如何不表示日本人将不再懂得"为荣誉而战"，比以往更重要的是，西方人需了解"为荣誉而战"在日本究竟意味着什么。"武士道"与武士阶级的混淆，也是引起误解的一个原因。实际上"为荣誉而战"是各阶级共同的品德。像所有其他义务及规律一样，"为荣誉而战"对社会地位愈高的人就会越重要，但社会各阶层都要不同程度地履行"为荣誉而战"。至少日本人认为"为荣誉而战"对于武士阶层来说更为重要。日本人以外的观察者很可能会觉得"为荣誉而战"对庶民来说要求过于苛刻，因为他们遵守它而得到的回报似乎太少了。对日本人而言，能在自己的世界里被尊敬就是足够的报酬；而一个不懂得"为荣誉而战"的男人就是一个"悲惨的可怜虫"，就会被他的同伴所蔑视、排斥。

第九章 人类情感圈

像日本这种要求承担极端义务及巨大牺牲的道德观念，可能会像打烙印一样自始至终认为个人的欲望是必须从人的心中根除的罪恶。这是古典佛教的教义，因此当我们发现日本的道德观念竟能对五官的享乐如此宽容，会感到格外吃惊。虽然日本是世界佛教大国之一，其伦理在这点上却跟释迦牟尼及佛教圣经的训示形成鲜明的对比。日本人并不谴责个体自我满足享乐，他们不是清教徒。他们认为肉身享乐是善的，是值得追求的。这种享乐被追求、被尊重，但是却不能逾越自己的界限而扰乱人生的重大事务。

这种道德观念，使生活处于极为紧张的状态。印度人发现自己比美国人更易于理解日本人接受感官享乐的这种结果。美国人不相信享乐是必须学习的，一个人可以拒绝沉溺于感官享乐，但他这样做是在拒斥一种既知的诱惑。然而，享乐在很大程度上就像履行义务一样需要学习。在许多文化中，享乐本身并未被教导，因此人们极其容易献身于自我牺牲的义务。甚至男女之间生理的吸引，有时也被最小化到只要不影响家庭生活正常运行即可。在这些国家，家庭生活与男女情爱完全是出于不同考虑的基础之上。日本人追求肉体上的享乐，而正是这些享乐在他们自己所建立的道德体系中被严肃的生活方式所不容许。如此一来他们使自己生活起来有些麻烦。他们追求肉身享乐，就像研练艺术一样，当他们尽情享乐之后，就为义务而牺牲这些享乐。

在日本最受欢迎的肉体享乐之一是热水浴，即使最贫穷的农夫和最低贱的仆役，也像富裕的贵族一样，黄昏时在沸腾的热水里浸泡是每天的必修课。

歌舞伎町

　　浮世绘多以描绘平常的日常生活、美人图著称，但相当一部分也描绘了艺伎、歌舞伎等的生活，也包括很多的春宫图，这和日本人对肉体享乐的认同态度有着密切的关系。

　　最普通的浴盆是木制的大桶，桶下用炭火使水温上升到华氏 110 度以上。他们首先将全身上下洗刷干净，然后进入浴盆，在水里充分享受浸泡的温暖与放松。他们像胎儿一样两膝向外踞坐在水中，让水触及下巴。虽然他们跟美国人一样，每日洗浴是为了清洁身体，但他们更在这种通常的价值中又加上了对美好的艺术品进行细品的放任情调，这是其他国家的入浴习惯中找不到的。据他们说，一个人年纪愈大，这种嗜好就愈强。

　　日本人用各种办法来使这种洗浴的费用和麻烦最小化，但无论如何洗浴是不能避免的事。城镇里有像游泳池一般大的公共浴室，人们可以去那儿浸泡，可以在水中结交相邻的朋友。在农村，几位妇女轮流在院子里为洗澡做各种准备——日本人不认为在众目睽睽下洗浴是件羞耻的事——而其家人则轮流入浴。即使在上流家庭，每个人洗浴通常必须遵循严格的顺序：客人、祖父、父亲、长子顺序而下，最后是家庭中最下等的仆人。他们出浴后像龙虾一样全身通红，在晚餐之前聚在一起享受一天中最轻松的时光。

正如纵情地享受热水澡，另一方面，"自我磨砺"的传统中也包括最过分的冷水浴习惯。这种习惯常被称为"冬天训练"或"耐寒苦修"，今天仍然盛行，但已不是传统的形式。传统的方式要求在黎明前外出，坐在寒冷的山泉瀑布之下。冬天的晚上，在没有取暖设备的房子里用冰冷的水泼身，这并不是一种轻微的苦行。罗威尔曾记述过流行于19世纪90年代的这种习惯。渴望得到治病或预言超能力的人——但他们并不想因此而变成僧侣——在就寝前进行"耐寒苦修"，在半夜两点钟，当"众神入浴"的时候，又起床苦修一次。他们在晨起、中午、日落时，还要再次重复。对于那些热衷于学习某种乐器演奏或准备从事某种长期职业的人，黎明前的苦修特别流行。为了磨炼自己，一个人会将自己暴露于一切酷寒；练习书法的孩子如果在手指冻僵或者生冻疮以后才停止练习的话，这是值得称道的事情。

现代小学里都没有取暖设施，这给予儿童一种良好的品性，使他们能够直面将来生活的艰难，具有非常良好的功效。这种风俗不可避免地导致儿童持续性地患感冒和流鼻涕，这种现象给西方人留下了较深的印象。

睡眠是日本人所喜好的另一种放纵，它是日本最成熟的艺术之一。他们可以在我们认为绝无可能的状态下，在任何地方完全放松地睡觉，这一点曾使许多西方研究日本的学者惊异不已。美国人几乎把失眠与神经紧张当作同一语，依照我们的标准，日本人的性格中带有高度的紧张感，但他们却十分容易得到好的睡眠。他们上床也很早，这种现象很难在其他东方国家发现。村民日落后不久就就寝，他们这样做并不是遵循为明天蓄养精力的格言，因为他们没有如此精确的考虑。一位了解日本人的西方人士写道："当你前去日本时，你不能再认为今夜的睡眠和休息是为了储蓄明日工作的精力是一个人的本分。睡眠被认为和消除疲劳、休息、娱乐等问题是完全分开的。"就像一项工作提议一样，它应该"单独成立，不涉及任何已知的生命或死亡事实"。美国人习惯于把睡眠看作是为了维持体力而做的事，我们大多数人早晨醒来后的第一个念头，便是计算前夜睡了几个钟头。睡眠长短将会决定当天会有怎样的精力和工作效率。日本人却为别的理由睡眠，他们喜欢睡眠，闲来无事，就高高兴兴地享受睡眠。

同样，他们也会毫不留情地牺牲睡眠。一个学生会夜以继日地准备考试，绝不受任何睡眠或使他在考试中状态更好的主张的束缚。军事教育中，为了训练会毫不犹豫地牺牲睡眠。1934—1935 年间隶属日本陆军的都德上校，曾记述他跟海军上尉的谈话。和平时期的演习部队"进行过两次三天两夜的行军，除了在十分钟的休息或短暂的中断的情况下抓紧时间睡一会儿外，完全不能睡觉。有的时候，士兵们边走边睡。有一位少尉边走边熟睡直直地撞上路边的木材堆，引起一场哄笑"。直至扎营后，仍然没有人能够睡觉，他们被指派站哨或巡视的任务。"'为什么不让一部分人睡觉？'我问道。'不，不！'他说，'毫无必要，他们已经知道如何睡

烹调

　　品味美食是日本人的一大喜好。日本菜是世界上一个重要的烹调流派，有其特有的烹调方式和格调，所以女人在很小的时候就开始学习调制料理。

觉，他们所需要训练的是如何保持清醒。'"这句话恰如其分地概括了日本人的观点。

像洗浴和睡眠一样，吃东西既是作为一种自由放松的享乐，也是自我加以提升的必需训练。日本人把吃东西当作娱乐仪式，他们沉浸在无穷止的一道道菜肴中，一匙一匙慢慢地品尝，这些食物既因为"色"而被欣然接受，又因为其美味而得到赞赏。另外，他们也非常强调吃东西的训练。艾克斯坦引录一个日本农民的话说："进食快，排泄快，两者共同形成日本人最高的品质。""进食并不被认为是重要的事……吃东西是维持生命的必需，因此应该越简单越好。儿童，尤其是男孩，并不像在欧洲那样被指导要细嚼慢咽，而是被鼓励尽可能快地吃。"佛教徒在佛教修道院修行，他们在饭前祈祷让自己能够牢记食物仅仅是一种药物，意思就是说，正在修炼的人必须只是把食物看作必需品，而不是享乐。

按照日本人的想法，剥夺食物是测试一个人"修炼"程度的很好方法。像前面所讲的热水浴和睡眠那样，断食可以证明一个人能够"吃苦耐劳"，就像武士那样将牙签置于牙齿中。如果一个人通过了断食的试验要求，那么他的力量并不因卡路里和维他命的缺乏而减低，反而因为这种精神上的胜利而提高。美国人假定营养与体力之间存在着一对一的关系，然而日本人并不承认这种对应性。因此，东京电台在战争时期告诉在防空洞内避难的人说，做体操可以使饥饿者再次强壮有力。

浪漫的爱情是日本人所追求的另一种"人类情感"。不管这跟婚姻的形式及家庭义务如何地背离，在日本人心中却是根深蒂固的。和法国文学一样，日本小说中充满了浪漫的爱情。主人公都是已婚者，双双殉情的主题是日本人阅读和谈论的最爱。10世纪的《源氏物语》，像任何国家的任何伟大小说一样，是一部详尽地描述浪漫爱情的小说。封建时代的大名以及武士的恋爱故事，也属于这种类型。它也是现代小说的一个主要题材。这与中国文学形成了鲜明的对比，中国人通过在文学作品中低调处理浪漫的爱情和性爱欢愉而避免了许多麻烦，他们的家庭生活也因此十分平稳。

当然，在这一点上，美国人了解日本人比了解中国人更为容易，但这种理解仅仅是浅尝辄止。我们对于性爱享乐有许多日本人所没有的禁忌，在这个领域日本人并没有太多的道学说教，但我们却有。他们认为，性和任何其他"人的情感"一样，在人的生活中只占着次要的地位，而且是完全正常的。"人情"并无任何罪恶之处，因此对性爱欢愉不必严厉说教。他们也经常谈论这样的事实：英美人士认为他们所珍视的画册有些是色情的，并把吉原——艺伎和娼妇聚集的地方——看成耸人听闻的场所。日本人对这种评论非常敏感，但法律规定并不能消除文化差异。

受过教育的日本人深刻意识到，英美人认为邪恶、淫秽的事在他们眼中却并非如此。但他们并未意识到我们的传统态度跟他们的原则——即"人情"不可侵扰人生的重大领域之间所存的鸿沟。然而，这正是我们难于了解日本人对爱情及性爱享乐的态度的主要原因。他们把属于妻子的领域与属于性爱享乐的领域完全区分开，两个领域都同样公开及光明正大。这两者在美国人生活中是彼此分开的，一种是男人向公众承认的，另一种则是秘密的。之所以区分，是因为前者属于一个人主要义务的领域，后者则属于次要享受的领域。这种划分不同领域的方式，把一个家庭中的理想父亲与一个四处游荡寻花问柳的人区分开来。日本人并不像美国人那样认为爱与婚姻应该是合二为一的。我们承认爱在选择配偶中所占据的基础性作用，"相爱"是最被接受的结婚理由。婚后丈夫受到另一个妇女肉体上的吸引是对其妻子的一种侮辱，因为他把原应属于她的东西给予了别人。日本人却有不同的看法，在配偶的选择上，年轻人必须遵循父母的决定，然后盲目成婚。在与妻子的关系上，必须遵循严格的礼节，即使在日常的家庭生活中，小孩也看不到父母之间任何情爱的表示。正如一位当代日本人在杂志中所说的那样："在这个国家，人们认为婚姻的真正目的是传宗接代，任何其他目的一定是与这个真正的意义相违背的。"

　　但这并不意味着一个男人必须把自己限制在这种生活里，才算品德高尚。只要能够负担，他就会找一个情妇。与中国形成鲜明对比的是日本的男人并不把他所迷恋的妇女带入到家庭当中，要是他这么做，就会使两个本该分开的生活领域混淆在一起。这个女人可能是艺伎，在音乐、舞蹈、按摩以及娱乐艺术等方面经过了严格训练，她也可能是个娼妓。不管是哪种情况，他都要跟女人的雇主签订契约，这份契约保证女人不被抛弃，并确保她的金钱报酬。他将她安置在独立的场所，只有在极特殊的情况下——当女人有了小孩，而男人希望将其与自己的孩子一起抚养时，他才把女人带回家中。这个女人在家庭中的地位并不是妾，而是被指派为仆人。她的小孩称合法的妻子为"母亲"，而生母与他的关系并不公开。整个东方式的一夫多妻制，在中国是最为典型的，在日本则不是。日本人对家庭义务和"人的情感"甚至在空间上也是分开的。

艺伎雅集

　　这是清宫中收藏的日本浮世绘，体现的是艺伎聚会时的场景。艺伎从小受到严格的训练，能歌善舞，知识渊博，举止典雅。

　　只有上层阶级才有能力供养情人，但大多数男人都有找艺伎或娼妓的经历，这种拜访并不是偷偷摸摸的。男人夜晚出去放松之前，妻子会为他穿戴打扮，他所前往的娼馆可能把账单邮递给妻子，她会照付不误，她也许因此感到不悦，但这是她自己的事。找艺伎比上娼妓那昂贵很多，而且男人支付这样一个夜晚所换得的特权还不包括与艺伎成为性伴侣的权利，他所获得的是愉悦来自那些为进入角色而受过小心翼翼训练、服饰华丽、举止谨慎的女子。为了亲近某个艺伎，男人必须成为她的资助人，签订契约，根据契约那位艺伎将成为他的情妇。或者，他就必须靠自身的魅力俘获艺伎，使她自愿地向他投怀送抱。不过，与艺伎共度一夜也不是不包括性的成分，她们的舞蹈、妙答、歌曲、姿态向来都具有暗示性，而且经过一番精心的安排，表现出上层阶级妇女所没有的一切。它们是"属于人的情感的领域"，可以使人们从"孝的领域"中得到舒缓与慰藉。人们没有理由不沉迷于这种享乐，但这两个圈子是分属于不同领域的。

　　娼妓住在有营业许可的娼馆，一个男人与艺伎共度一晚之后，如果愿意，还可以去找娼妓。娼妓收费低，收入较低的男人只能在这里得到满足，而与艺伎无缘。娼馆将女人们的照片对外展示，男人们通常都花很长时间公然地玩味，然后做出选择。这些女子身份地位低下，而不像艺伎那样高高在上。她们大都是穷人家的女儿，在家人极为窘迫时被卖到娼馆，并未受过艺伎娱乐艺术的训练。早些时候，这些娼妓必须坐在公开的场所供人挑选，实际上游客看到的只是她们毫无表情的脸孔，如同没有情感的瓷器。后来由于西方人的指责，日本人中止了这种做法，现在她们的相片成了代替品。

　　男人可以在这些女人之中挑选一位，成为她唯一的客人。与娼馆订立契约之后，就会把她作为情妇安置下来。这种女子受到契约的保护。然而，一个男人也许未签订契约，就找女服务员或女售货员做情妇，这些"自愿情妇"是最没有保障的。也许她们与那些男子是真心相爱的，但她们不属于任何被认可的义务领域。当日本人读到我们的故事或诗篇中，有描述被恋人遗弃的悲痛的女子"将孩子放在膝上"时，他们把这些私生子的母亲看作他们文化中的"自愿情妇"。

同性恋也是传统"人的情感"的一部分。在古代日本，同性恋是武士和僧侣这种具有较高社会地位的人之间被认可的一种享乐。到了明治时代，日本人为了赢得西方人的认可做了很大努力，在法律上禁止了许多风俗，规定同性恋行为在法律上应该受到惩罚。但是今天它依然归类于"人的情感"，道学说教的态度与它是不相宜的。但它必须保持在适当的位置，不能妨碍家庭的原有秩序。因此，日本人简直无法想象一个男人或一个女人被动地"变成"同性恋者的危险，虽然一个男人可以成为职业男妓。日本人感到特别惊奇的是：在美国，成年男子居然会成为处于被动地位的同性恋。在日本，成年男子只会寻找男孩为同性恋对象，因为成年人认为被动的角色有损尊严。日本人对一个男人能够做及能保持自尊的事划出了自己的界线，但他们的界定跟我们的并不一样。

日本人对自淫的乐趣也不会进行严厉说教，没有一个民族像日本有那么多自淫的随身道具。在这个领域，日本人也企图掩盖这些道具所受到的部分公众吸引力，企图避免外国人的非难。但他们自己并不认为这些道具是不洁的。西方人强烈地反对手淫，大部分欧洲国家甚至比美国还要强烈，这在我们成年以前就已深深地印在我们的意识中。男孩会听过很多秘密的传闻，说手淫会使人疯狂，或者使人秃头。在幼年时期，母亲就监视着他，也许她会把手淫看成非常严重的问题，并对他进行体罚。也许她会把小孩的两手绑起来，并告诉他上帝会处罚他。日本的幼儿和少年并没有这类经验，成年后不会产生像我们这样的态度。自淫是一种乐趣，他们对此并不会感到罪恶。他们认为只要将它限制在高雅生活中的次要地位，就完全可以控制它。

醉酒是另一种被允许的"人情"。日本人认为美国人的禁酒誓言是一种反复无常的西方行径。同样，他们认为我们提倡的禁酒运动也是莫名其妙的。喝酒是任何一个思维正常的人都无法拒绝的享乐，但喝酒是处于次要地位的

酒肆

在日本，醉酒被认为是一种无法拒绝的享乐。图中的男子正从酒肆中出来，准备回家。过多的清规戒律产生了太多的压力与束缚，到酒肆中痛饮是他们释放压力的一种方式。

娱乐，也没有人会被它所困扰。依照他们的思维方式，一个人并不担心"变成"酒鬼，正如同并不担心"变成"同性恋者一样。事实上，酗酒在日本并不是一个社会问题。喝酒是如此让人放松的快事，当一个人醉醺醺的时候，他的家人，甚至公众都不会对他有所排斥。他也不可能由此变得暴力，当然也没有人认为他会殴打孩子。在日本，纵情狂欢是司空见惯的事，从清规戒律中解放出来的放松随处可见。在大都市的聚会里，大家经常喝得东倒西歪，相互勾肩搭背。

保守的日本人会把饮酒和吃饭严格区分开。在备有米酒的农村宴会里，一个人一旦开始吃饭，那就意味着他不再喝酒了。他已经进入了另一个"领域"，而且使这两个"领域"泾渭分明。在家里他也许饭后会接着喝点儿酒，但绝不边吃边喝。他使自己轮流享受这两种不同的快乐。

这些日本人对"人的情感"的看法有这样几种后果。它使得西方哲学那种在人的生活中肉体与精神这两股力量始终在争夺统治权的观念在日本失去了存在的土壤。在日本的哲学中，肉体并不是罪恶的，享受可能的肉体快乐也不是罪过。精神与肉体并不是宇宙中截然对立的力量，日本人将这种原则引申出一个更富逻辑的结论：世界不是善与恶的战场。乔治·山姆爵士写道："贯穿整个日本的历史，日本人似乎在某种程度上缺乏辨别恶的能力，或者是他们不愿正视罪恶的问题。"事实上，他们拒绝把它作为人生的观点，他们相信人有两种灵魂，但善的冲动与恶的冲动并不会相互格斗。它们是"优雅的"灵魂与"粗暴的"灵魂，每个人以及每个国家都应该有些时候"优雅"，有些时候"粗暴"。然而这并不是说一种灵魂升入天堂，而另一种灵魂将要入地狱。他们在不同的环境里都是必要的、正确的。

甚至他们的神祇，也是很明显的善恶合一。其中最受欢迎的是素鸣尊——"威猛的男性尊神"、"太阳女神的兄弟"。他对其姐姐的粗暴行径，如果在西方神话系统中恐怕会被指为恶魔。一次，太阳女神想把素鸣尊赶出屋子，因为她怀疑他来意不善，但是素鸣尊恣意胡闹，在太阳女神与她的信徒举行"果实尝新仪式"的餐厅到处撒满粪便。他破除稻田的土埂，这是一项可怕的冒犯。最可恶的是——也是西方人最不可解的，他在其姐姐的屋顶上挖了一个洞，然后将一只被他剥掉外皮的花斑马猛掷进去。由于这些暴行，素鸣尊受到众神审讯，被课以重罚，从天堂放逐到"黑暗之岛"。但他仍然是日本万神殿中最受喜爱的一位，他也总是适时地接受人们对他的崇拜。这种善恶兼具的神的性格在世界神话中很常见，但是在比较高等的伦理宗教中，他们却被排除掉了。因为这些宗教具有一种善恶冲突的宇宙哲学，必须把超自然神灵分为黑白分明的两大阵营。

日本人一向直率地否认美德在与罪恶进行斗争，正如同他们的哲学家和宗教大师几百年来一直指出的那样，这种道德规范是不适用于日本的。他们大声地宣称这证明了他们民族的道德优越性。他们说，中国人不得不设立一种道德规范，把仁、正义、慈悲等行为提升为绝对的标准，通过此标准，人们及其行为存在缺陷时才会被发现。"道德规范对中国人是有好处的，因为他们低劣的民族本性需要这种人为的克制方法。"这是 18 世纪神道教徒本居宣长所说的话。现代的佛教大师及现代国家主义的领导者也撰写或讲述过相同的问题。他们说，日本人的天性是善良的、可以信赖的，没有必要向自身恶的一半挑战。它所需要的是清洗灵魂的窗户，根据不同的场合从事相应的活动。如果它使自己变得"肮脏"了，这种杂质也很容易被清除掉，人们本质上的善良就会再次闪亮。日本的佛教认为每个人都是一个潜在的佛教徒，道德准则并不存在于神圣的典籍中，而是存在于一个人追求自己的开明而纯洁的灵魂的过程中。日本的这种说教比任何其他国家影响都大。为什么一个人不相信心灵的发现呢？人的灵魂里并没有与生俱来的罪恶。日本没有圣经诗篇所宣扬的神学："看吧，我生来就注定是不公的。在我母亲怀胎的时候，就有了罪孽。"他们也没有任何关于"人类堕落"的教条与说教。"人的情感"是人不应该去责难的天赐福祉，从哲学家到农民都不应责难。

在美国人听来，这种理论会导致一种自我放纵的哲学。但是，正如我们所看到的，日本人认为人生的最高任务是履行义务。他们完全接受这样一个事实，即报答就是牺牲个人的欲望和享乐。把追求幸福看成人生的严肃目标，在他们看来是让人吃惊的、不道德的教条。幸福应该是一个人在恰当的时候使自己纵情地放松，但把它严肃化为判断国家或家庭的标准则是难以想象的。一个人为了担当起"忠孝"、"情义"的义务而经常承受剧烈的痛苦，这是他们预料中的事；虽然这使生活艰辛，他们却为此做好了准备。他们一再放弃他们认为并无罪恶可言的享乐，这需要意志的力量；这种坚强在日本是最受称颂的品德。

与此立场相一致的，是日本的小说及戏剧中很少有"大团圆"的结局。美国的一般读者或观众渴望故事圆满结束，他们宁愿相信剧中人物从此以后便幸福地生活，他们要知道剧中人物的美德得到了回报。如果他们在剧终时不得不哭泣，那一定是因为主角的性格有所缺陷，或者他成了不公的社会制

佛陀圆寂

这幅 18 世纪的日本卷轴画描绘的是佛陀去世时的情景。

度的牺牲品。但是最让人感到舒适的是主角最终都能幸福地生活。日本的一般观众则泪流满面地看着在命运车轮的驱使下男主角走向他悲剧的结尾，可爱的女主角也不幸死亡。这种情节是晚间娱乐欣赏的高潮，这正是人们去剧院所要看的。甚至日本的现代电影，也乐于构建男女主角受苦受难的主题。他们相爱了，于是放弃原有的爱人幸福成婚，后来一方为了自己的责任而自杀。妻子为了丈夫的职业生涯而奋不顾身，鼓励他发掘自己作为演员的天分，但是在他成功的前夕，却给予他拥抱新生活的自由，自己却隐身在大都市里，在丈夫成功的辉煌里，毫无怨言地在贫穷之中死去。日本人不要求结局必须完美。自我牺牲的男女主角自然而然会博得一片同情与怜悯，这才正是戏剧的目的。他们的苦难并非是上帝的判决，而是表明他们不顾一切代价履行了他们的职责，没有任何事情能使他们背离真正的道路，即使是遗弃、疾病与死亡。

日本的现代战争影片，也遵循着同样的传统。看过这些影片的美国人常说，这是他们所见过的最好的反战宣传片。这是具有代表性的美国人的反应，因为这些影片的主题都是关于战争中的牺牲和苦难，其中并没有军事阅兵、军乐队、机动舰队或巨炮的炫耀。不管涉及日俄战争还是中国事变，他们执著地将镜头投向单调的泥泞行军、久战的苦痛、胜负的难以预料。银幕上呈现的不是胜利，甚至也没有高喊"万岁"的冲锋，而是在最不起眼的中国小镇过夜，深陷泥泞。这些影片反映某个家庭的祖父孙三代，他们或者受伤或者残缺或者失明，分别是三次战争的幸存者。或者反映出某个殉战兵士的家属，他们为丈夫、父亲和养家糊口的人的去世哀悼之余，仍然坚强地自己活下去。在日本人的电影中，英美那种有着激动人心的背景的场面是看不到的。受伤的退伍军人复原的主题是不会被戏剧化的，甚至战争的目的也未被提及。对日本观众而言，只要银幕上所有的人都有条不紊地报答了"恩"，就已经足够了。因此这些影片在日本是军国主义者的宣传品，制片者知道日本观众不会被这些影片激起和平主义思想。

第十章　品德的困境

　　日本人的人生观，不外乎是他们关于"忠"、"孝"、"为荣誉而战"、"仁"、"人的情感"等各种道德规定。在他们的观念中，"人的全部义务"就像一张地图，包罗了各个独立的区域。在他们看来，一个人的一生是由"忠的领域"、"孝的领域"、"为荣誉而战的领域"、"仁的领域"、"人的情感的领域"以及其他许多领域所构成。每个领域各有其特殊的具体的规定。当一个人判断他的同伴时，并不以一个完整的人格去描述他，而是通过描述他"不知孝"或"不知为尊严而战"来判断他。他们并不像美国人那样，指控某个人不公正，而是明确指出某个人没有遵守某个行为领域的规定。他们不指控一个人自私或刻薄，而是指明在一个特定的领域他违背了规定。他们并不诉诸于绝对命令或黄金法则，他们被认可的行为总与它所出现的所有领域相关。在西方人眼里，当一个日本人"为孝"而行动时会表现出一种行为模式，当"完全为了情义"或"在仁的领域内"行动时其行为模式则表现出其他的特点。每个"领域"都有特殊的规定，当各领域内的情况有所改变时，就会唤起不同的行为。对主君的"情义"要求家臣必须对主君尽绝对忠诚，但是如果主君侮辱了家臣，即使背信弃义也不为过。一直到1945年8月，"忠"还是要求日本全体人民哪怕只剩下一个人也要对抗到底，但是当天皇宣告日本投降并改变"忠"的要求时，日本人通过对外来者表现出合作而做出了对自己的超越。

　　西方人对这种现象感到不可理解，根据我们的经验，人都是"江山易改，本性难移"。我们将绵羊和山羊区分开来的标准是，看他们究竟是忠诚还是背信弃义，是善于合作还是顽固不化。我们把人分门别类，而且期待他们行为具有稳定性，贯穿始终。他们要么慷慨要么吝啬，要么反应迅速要么迟疑不决，要么守旧要么自由行事，总之是二者必居其一。我们期望他们笃信某一特定的政治意识形态，而且始终如一地反对与其相反的意识形态。按照我们与欧洲作战的经验，有卖国通敌者，也有反抗到底者。我们认为合作派在欧战胜利后也不会改变立场，然而后来他们恰恰改变了。比如，在美国国内的争论中，可以确定新政派和反新政派，而且我们断定，在情况出现新的动态的时候，这两个派别还是会一如既往地坚持自己的意见。如果一个人从栅栏的一面跳到另一面，就像一个无信仰的人皈依天主教，或"激进派"变成保守派，这种变化应该称之为转变，为了适应这个转变，必须重建一个新人格。

西方人关于统一人格的信念并不总是正确的，但也绝不是幻想。在大多数文化里，无论原始的还是文明的，男人或女人都会将自己划归到某一特定的人群，以此来规范自己的行动。如果他对权力有兴趣，那么他会以别人对其意志的屈从来衡量成败。如果他感兴趣的是被爱，那么在没有人际关系的情况下就容易受挫。他们会想象自己是一个绝对公正的，或具有"艺术家气质的"，或是以家庭为中心的男人或女人。通常，他们根据自己的性格来塑造一个"完整的形态"，它为人类生活带来了秩序。

西方人难以理解日本人在不同行为间自由转换而不会感到痛苦的能力，这种游走于两个极端的可能性并不存在于我们的体验中。但是在日本人的生活里，这种矛盾——在我们看来是如此，已经深植于他们的人生观之中，正如同统一性深植于我们的人生观一样。日本人将生活分割成不同的"领域"，但并不包括"罪恶的领域"，明白这一点对于西方人来说尤其重要。这并不是说日本人不能觉察罪恶行径，而是他们不把人生看作善恶两种势力斗争的舞台。他们把存在看成一出戏剧，其中一个领域的主张与另外一个领域的主张、一个过程与另外一个过程之间，都需要认真加以平衡。每个领域和每个过程

日本武士之刀

日本江户时代的人们，将佩刀当作武士道与儒教结合的象征。只有高阶的武士才可佩刀，而其他的武士或一般人民则不能佩刀，所以武士刀其实是社会阶层分明的标志。

的本身都是善的，如果每个人都能率性而为，那么每个人都是善良的。如前所述，他们甚至把中国的道德规范看作是中国人需要那种道德的证明，从而证明了中国人的劣性。他们说，日本人不需要全面性的民族伦理规范。或者如上文所引乔治·山姆爵士的话，他们"不和罪恶问题格斗"。根据他们的观点，即使不用包罗万象的原理也能充分证明罪恶的行径。每个灵魂起初都像新铸的剑那样闪耀着道德的光芒，然而如果不持续擦拭，就会失去光泽。这种"自身的锈"——如他们所说就像剑上的锈一样让人厌恶。一个人对自己人格的仔细关注，必须像对待一把剑一样，在锈的底下他的灵魂仍是光辉闪烁的，所要做的只是把锈磨掉。

在日本人这种人生观的影响下，西方人对他们的民间故事、小说、戏剧都难以理解。除非像我们通常做的那样，把情节改写，以适应我们对统一的人物性格及善恶对抗的要求。

但日本人却不这样看待这些情节，他们的解释是，英雄陷于"为荣誉而战和人的情感"、"忠与孝"、"情义与义务"的冲突之中。主角之所以失败，是因为他允许"人的情感"凌驾于"为荣誉而战"的义务，或者"忠孝"不能两全。由于"为荣誉而战"，他不能行使正义。他被"为荣誉而战"所逼而牺牲自己的家庭。所描述的冲突，仍然处于自身具有约束力的两种义务之间，他们都是"善的"。它们之间的选择就像是一个债台高筑的债务人所面临的选择一样，他必须暂时偿还一些，而忽略其他的，但是事实上，偿还了一笔债并不意味着他被免除其他债务。

这种看待主人公生活的方式，与西方人的见解形成鲜明的对比。我们的主人公们之所以是"善"的，是因为他"选择了好的一边"，而剔除了对立的"恶"的一面，如我们所说："美德胜利。"故事必须有幸福的结局，好人应该有好报。然而，日本人从不厌倦的是那些"轰动事件"的题材，主角欠社会太多的恩情，最后选择死亡来维护自己的名誉。这类故事在其他文化中必然会起到使人们顺从残酷命运的作用，但是在日本显然不是，它们是有关自主独立与坚定决心的题材。主人公们尽全力履行某一项义务，在这个过程中，忽略了其他的义务，但最后他必须对被忽略的"领域"有所交代。

《四十七浪人物语》是日本真正的民族史诗。它在世界文学中虽然没有很高的地位，但是对日本人的吸引力却是无与伦比的。每个日本男孩不但知道这故事的大体梗概，而且也知道各个章节的内容。其中的故事一直被讲述、刊印、搬上银幕。47浪人的坟墓是历代向往的朝圣地，成千上万的游客前往朝拜，墓地四周的地面上堆满了游客留下的名片，一片白色的海洋。

《四十七浪人物语》的主题是以对主君的"情义"为中心的。在日本人看来，它所描述的是"情义"与"忠"的冲突、"情义"与"正义"的冲突以及"单纯情义"与"无限情义"的冲突，当然，在这些冲突中"情义"必定会获胜。这是一个发生在1703年的历史故事，当时是封建制度的鼎盛时期，按照现代日本人的梦想，那时的男人是真男人，他们对"情义"履行没有一点含糊。47 浪人为了"情义"而付出了一切——名声、父亲、妻子、姊妹、正义，最后为了"忠"亲手结束了自己的生命。

当时，全国所有的大名都必须定期拜见将军，幕府任命两位大名负责这项典礼事宜，浅野侯是其中之一。这两位掌管庆典的官员是地方的大名，不得不向一位在幕府中枢任职的大名吉良侯征询关于礼节的建议。不幸的是，浅野侯最聪慧的家臣大石，也就是故事的主人公正远在故居，因此浅野侯无法得到他的谨慎的建议。而天真的浅野侯竟然没有为他的高贵指导者准备足够的"礼物"。另一位接受吉良侯建议的大名的家臣们却精通世故，他们让大名向指导者进献了丰厚的礼品。为此，吉良侯对浅野侯非常反感，故意向他建议了完全错误的庆典着装。盛典那天，浅野侯依照指示着装出席。当他发觉自己所受的侮辱时，立刻拔出剑来刺伤了吉良侯的前额，然后被人们强行分开。作为一个有声望的人，他"为荣誉而战"报复吉良侯的侮辱是一种德行，但是在将军殿内拔剑却违背了"忠"的要求，他却必须遵照"切腹"的规定自杀。于是他回到府邸，换上服装，做好了切腹的准备，等待他最智慧、最忠实的家臣大石返回。当二人长久地对视，目光中满是诀别，浅野侯依照规定的方式席地而坐，将剑刺入腹部，亲手结束了自己的生命。由于浅野侯违背了"忠"，招致了幕府的不满，因此没有亲人愿意继承他的爵位，浅野侯的采邑被没收，他的家臣们变成无人保护的"浪人"。

根据"情义"的义务，浅野侯的武士家臣应当像死去的主人那样切腹。浅野侯是为了名誉而自杀，而家臣如果出于对其主君的"情义"也应该这样做，这样就是对吉良侮辱其主人的一种抗议。但是，大石心中暗暗地认为，切腹并不足以表达他们对主人的忠贞情义。浅野侯由于被扈从拉开，未能彻底完成对那位身居高位的敌人的报复，那么复仇任务就必须由他们来完成。他们必须杀死吉良侯，但这又必然以违背"忠"为代价。吉良侯与幕府关系过于密切，对于浪人来说获得官方的复仇许可是不可能的。在通常情况下，任何企图复仇的团体，都要向幕府备案，并声明一个期限，在这个限期内，

富士山

富士山作为日本著名的风景之一，曾赋予无数艺术家以创作的灵感。这幅水墨画出自 16 世纪中期水墨画派最杰出艺术家之一的相阿弥之手。

要么实现复仇，要么放弃计划。这种安排使一些幸运者得以协调"忠"与"义"的冲突。大石知道这条路对他和他的伙伴们是行不通的，于是他把曾经给浅野侯做过武士的浪人召集起来，但却对复仇的计划只字不提。这些浪人的数目在 300 多人，根据 1940 年日本学校讲授的版本，浪人们一致同意切腹自杀。不过，大石知道，并非所有人都抱有无限的"情义"——用日语来说就是"真诚的情义"——因此也不是所有的人都能信任地给予危险的复仇重任。为了区分谁是仅仅怀有情义，而谁是怀有"真诚的情义"，他通过询问如何分配主君的财产来辨别这些浪人。在日本人看来，这种考验就像他们不同意自杀一样，因为他们的家人将会从中获益。浪人们对如何分配财产产生了极大的分歧。管家是家中俸禄最高者，因此他带领一个小派系，主张财产分配应按照之前俸禄的多寡；另一派则由大石带头，主张应该全体均分。一旦确定了哪些人是仅仅怀有"情义"，大石随即同意了管家的财产分割方案，允许那些获得财产的人离开团队。管家离开了，但因此得到"犬侍"、"不知情义的人"、无赖汉等恶名。大石断定只有47人"情义"足够坚定，这47人与大石建立盟誓，发誓任何其他的信念、感情、人情都必须为誓约的最终完成让路。对主君的"情义"已经成为他们的最高原则，47浪人切掉指头，歃血为盟。

他们做的第一件事是让吉良没有丝毫的察觉，为此他们解散队伍，假装忘却了一切名誉。大石频繁出入低档酒家，毫无尊严地与人争吵。在这种放荡不羁的生活的掩饰下，他和妻子离婚了——对任何一个准备从事违法行为的日本人来说，这是惯用的合理方式，因为这样可以使妻儿免受牵连。大石的妻子悲痛欲绝地和他分手，但他的儿子却加入到浪人中。

整个江户都在揣度着这场复仇，所有尊敬浪人的人都理所当然地深信他们会杀了吉良侯，但47浪人似乎放弃了任何意图。他们装作"不知为荣誉而战"的人，他们的岳父对这种无耻的行径感到大为恼怒，把他们驱逐出家，并设法解除婚约。他们的朋友也表现出不屑与奚落。有一天，大石的一位密友遇到他正在和女人们饮酒狂欢，即便是对这位好友，大石也否认他对主君的"情义"。他说："复仇？太愚蠢了。一个人应该享受人生，没有什么比喝酒作乐更好的了。"他的朋友不相信，将大石的剑拔出剑鞘，想借剑的闪耀光芒驳斥大石的话。但是剑已生锈，他终于无奈地相信了他的话，大庭广众之下，他踢打着烂醉的大石。

其中的一位浪人，为了筹集复仇的资金，将妻子卖为娼妓。这位妻子的哥哥也是浪人之一，当他发现妹妹知道复仇这件事后，便提议亲手杀她，想借此向大石表明他的忠诚，从而加入复仇行列。另一位浪人杀死了自己的岳父，还有一位浪人把妹妹送到吉良侯家当女仆和妾，这样浪人们可以得到来自宫中的信息以确定什么时候进攻，这项安排使得这位女子在复仇成功后不可避免地选择了自杀，因为她不得不以死来洗刷曾经服侍过吉良侯的罪过。

12 月 14 日这个大雪纷飞的夜晚，吉良举行了一次酒宴，守卫们全都喝醉了。浪人突袭了坚固的吉良官邸，击败守卫，直捣吉良侯卧室。他不在那儿，但床铺还是温暖的，浪人知道他还躲藏在附近某处。最后他们发现有一个人蜷缩在用来贮藏木炭的小屋中，一位浪人用矛刺穿小屋的墙，当他拔出矛看时发现并未沾染血迹。事实上，那一枪确实刺到了吉良，但是拔出矛的时候他用和服衣袖将血迹擦拭干净了。他的计谋并未得逞，浪人把他逼出来，但是他声称不是吉良，而是吉良的主要随从。这时候，其中一个浪人想起吉良的额头在将军殿曾被浅野侯刺伤，于是从这个伤痕他们断定他就是吉良，要求他立刻切腹。吉良拒不从命，这证明他显然是个懦夫。于是浪人用浅野侯切腹的那把剑，砍断他的头，并按照祭祀仪式规定将其濯洗干净，完成了复仇的任务，他们带着曾两次沾染鲜血的剑和仇人的首级，浩浩荡荡地向浅野的墓地出发。

浪人的行动使得整个东京沸腾了，曾经怀疑他们的家人和岳父现在争着拥抱他们、向他们鞠躬致意。他们在途中则受到了诸侯的盛情招待。他们来到浅野的墓地，不但把仇人的首级和复仇之剑供在了墓前，同时向浅野侯奉一篇致亡君的禀告文。这篇禀告文至今仍完整保存。

　　吾等今日得以慰问先主圣灵——殿下宿仇吾等未敢须史忘之，复仇之事未竟，不敢贸然前来。等待时机之际，一日如三秋。今日将仇人首级抉至殿下墓前，此剑去年在宫中试其锋芒后，愚等受殿下委托保存至今，现将其完璧归赵。愚等恳请殿下复能执剑扬威，痛斩仇敌首级以解心头余恨。47 浪人敬上。

他们履行了他们应尽的"情义"，但还必须尽"忠"。他们触犯了复仇需请示的国法，因此只有一死才能两全。但他们并没有背叛"忠"。任何以"忠"之名而要求他们的事他们都必须完成。幕府判决 47 浪人必须切腹。如

日本武士像

日本小学五年级的国语读本所述：

> 既然他们是为主君复仇，那么他们坚贞不渝的感情应是不朽的
> 典范……因此幕府在深思熟虑之后命令他们切腹，这正是一石二鸟
> 之策。

也就是说，浪人们自己结束生命，对"情义"及"义务"都做了最高的偿还。
这则日本的史诗由于版本不同而在细节上有一些差异。在现代电影里，故事开头的贿赂一节被变成了色情之事。吉良侯向浅野的妻子求爱，遭到了拒绝，于是他给浅野错误的指示而使他蒙羞。贿赂的情节被删除，而履行职责的过程仍然被描述得十分恐怖。"为了情义，他们牺牲妻子、与子惜别、丧失（甚至杀死）父母。"

"义务"与"情理"相冲突的主题，也是许多其他故事和影片的大体脉络。历史上最好的电影题材发生在德川第三代将军的时代。这位幕府将军在年轻、毫无经验的时候即被推举就职。他的幕臣因为继位问题产生了分歧，其中一部分人想拥立一位跟他同龄的近亲。尽管这位继任的将军完全能够胜任，但那些未能如愿的大名之中，有一位将这次"侮辱"深埋于心，伺机报复。后来，他接到将军及其随从的通知，说将军一行将前往某些藩国巡察，这位大名承担接待的职责，他要抓住这个机会抚平心头旧伤，履行对名誉的捍卫。他的私邸固若金汤，为了即将到来的复仇，他费尽心思，所有出口都可以关闭，封锁城堡。他埋设机关，使墙壁和天花板可以坍塌在将军一行人身上。他的阴谋暗藏在豪华的形式之下，他的招待小心翼翼。为了给将军助兴，他命他的一位武士在将军面前表演剑舞，并吩咐他在舞蹈的高潮时用剑刺杀将军。出于对主君的忠诚，武士抗拒主命是不明智的，但是，"忠"却使他无法对将军下手。银幕上的剑舞，淋漓尽致地表现出武士痛苦的内心冲突。在进退两难之中，他几乎要发动进攻了，但是却无法最终实施。尽管对大名的情理无法忽略，但"忠"的力量却更为强大了。他的舞步慢了下来，引起了将军一行人的怀疑。正当那位不顾一切的大名下令毁屋时，他们从座位上站了起来，将军虽然躲过了舞者的剑，但仍然有丧生于房屋坍塌的危险。在这关键的时刻，舞剑的武士带领将军一行人从地下通道逃到安全之地。"忠"征服了"情理"。将军的发言人怀着深深的谢意，力劝舞剑者与他们同往东京。但是，向导转过身，看着化为一片废墟的城堡说："这是不可能的，我将留下来。这是我的义务和情理。"他离开将军一行人，在崩塌的城堡中死去。"他以死亡成全了忠和情理，在死亡中两者合二为一。"

　　这些古老的传说，并未给义务与"人情"之间的矛盾以足够的重视。近年来，这却成了主题。现代小说中出现为了"义务"或"情理"而放弃爱情和善意的故事，而且这种主题并没有被人们忽视，反而被广泛宣扬。就像日本的战争影片很容易被西方人看作绝好的反战宣传片一样，这些小说常使我们觉得像是在追求一种自由——一种按照自己的心灵生活的自由。但看过同样小说或电影的日本人却有着与我们不同的看法。我们所同情的身陷爱河或者抱有某种野心的主角，在日本人看来却是懦弱的，因为他允许这些感情妨碍履行"义务"或"情理"。西方人认为与习俗抗争或者冲破种种障碍获得幸福是一种力量的象征。然而根据日本人的判断，所谓强者，就是那些能够为了履行职责而置自己的幸福于不顾的人。他们认为，性格的坚韧不在于反抗，而是顺从。因此日本人对于小说和电影情节的诠释和我们西方人的看法完全不一样。

　　日本人会用同样的评价标准来评判自己和自己熟知的人。当一个人的义务原则和自己的欲望发生冲突的时候，更多地关注个人欲望，那么他将被看作是弱者。所有的情况都会用这种方式来断定。其中与西方人的伦理道德最为不同的是一个人对妻子的态度。妻子在以孝为中心的圆上只是一条切线，父母却处于其中心。因此，丈夫的义务是极为明显的。一个具有强烈道德感的人必然以"孝"为先，接受母亲的决定与妻子离婚。如果他爱妻子，他的妻子已为他生了一个孩子，这种选择只不过使他"更加坚强"而已。如日本人所说，"孝会使你把妻儿视如陌生人"。那么你对他们的善待，也只是属于"仁的领域"而已。甚至，他们不能对你有所要求。即使婚姻是幸福的，妻子也不可能成为义务领域的中心。因此，一个男人不能把夫妻关系提升太高，使其有与双亲或国家的感情处于同一层次的感觉。19世纪30年代，有一位杰出的自由主义者在公众场合说，回到日本感到非常高兴，能与妻子重聚是其中一个原因。这个表白被社会认为是一个丑闻。他应该提及的高兴理由是再见双亲、富士山，以及能为国家献身的使命，他的妻子并不属于这个层次。

征韩论争

　　明治维新之后的征韩论战差点使得政府分裂，但所有人对天皇的"忠"没有改变。不管他们用哪种方式，都是为了更好地效忠于天皇。

　　从近代日本人自身的表现我们也可看出，他们对其道德规范施加在不同层次和"领域"的沉重压力也感到不满。大部分说教都旨在使"忠"拥有至高无上的地位。正如政治家通过将天皇置于等级制的顶端、废除将军和封建诸侯的权势而使等级制简单化，同样在道德的领域，他们也设法将所有其他品行都置于"忠"的范畴之下，来使义务体系简化。借此他们不但将全国大一统于"天皇崇拜"之下，而且可以弱化日本道德体系的零星分散。他们想向人民灌输这样一种观念，即尽"忠"的同时也就尽到了所有其他义务。他们力图把"忠"变成道德体系的拱心石，而不只是地图上的一个领域。

　　对这一方针最好、最权威的陈述，是1882年明治天皇颁布的《军人敕谕》。这个敕谕以及另一个教育敕谕是日本的真正圣典。日本的两大宗教中都没有一个宗教拥有圣典，神道教根本没有经典，而日本佛教各派有的以对圣经原文的领悟为教义，有的以反复念诵"南无阿弥陀佛"或"南无妙法莲华经"等文句来替代经典。明治天皇的敕谕才是真正的圣典。它们在神圣的典礼上被宣读，安静的听众俯身恭听。它们被看成神谕，从神庙取来宣读，然后在听众解散之前恭敬地送回。有些承担宣读任务的人，竟因为读错了一个句子而引咎自杀。《军人敕谕》的主要对象是服役中的军人，军人们逐字钻研，每天早晨还要对此安静地冥想 10 分钟。在重要的国假日、新兵入营、役满退伍以及类似的场合，都要举行仪式并向军人宣读它。另外，中等学校及继续教育学校的所有学生也都必须学习它。

　　《军人敕谕》是长达数页的公文，精心编撰，条理清晰，言简意赅。但是，在西方人看来，它却如同一个费解的谜，它的规则也似乎互相矛盾。仁慈与美德被奉为人生的真正目标，这种思维方式西方人可理解。敕谕告诫民众不可步古时受辱而死的英雄的后尘，因为他们"失公众责任之正路，而守私人关系之信念"。这是官方的翻译，尽管不是逐字照译，却颇能代表原著的含义。敕谕接着说，这些昔日英雄豪杰的"前车之鉴是值得人们引以为鉴的"。

　　倘使没有对日本人的义务有一个全面的了解，是很难理解这个警示所传达的含义。整篇敕谕体现了官方抑"情理"扬"忠"的企图，"情理"在全文中一次也没有以日本人通常所理解的含义出现。敕谕只强调"大节"，即"忠"，而并不重视"小节"，即对私人关系的坚守。敕谕竭尽全力想证明，"大节"足够体现其他一切德性。它说，"义就是履行'义务'"。一位忠心耿耿的战士，必然具有"大勇"，这意味着"在日常交往中以亲和为先，以获取他人的爱戴与尊敬"。敕谕紧接着暗示：这已经能够使人得到自我满足，无需强调"情理"。"义务"之外的其他义务都是"小节"，一个人必须慎重考虑之后才能接受。

　　如果想既遵守私人的承诺又要履行义务，就必须在一开始就慎重考虑究竟是否能够兼顾两者。如果将自己置身于不明智的义务之下，那么你会发现自己进退两难。如果你确信自己无法将守私人承诺与坚持正义（敕谕中将其定义为"义务"的履行）兼顾，那么最好立刻放弃所谓的私人承诺。古往今来的英雄志士中，不幸丧失名誉或者为子嗣留下恶名的例子屡见不鲜。究其原因，仅仅是因为他们费尽全力去谋取小节，却对基本的原则失去是非判断，或者由于视公道的正义不见，只求信守私人承诺。

正如我们所说的，所有有关"忠"是最高准则的书面教诲中，并没有提及"情理"。但是每一个日本人都知道这样的说法——我因为"情理"而不能去坚持"正义"。然而敕谕却这样解释，"如果你确认自己不能既坚守情理又履行正义"，当遭遇这样一种情况时，敕谕以帝王的权威，指出应当放弃"情理"，因为它只是一个次要的法则。如果一个人能够按最高的规则办事，那么他就依然是善良、有道德的。

这篇旨在提升"忠"的地位的圣典是日本的一个基本的公文。然而它对于"情理"的贬抑是否真的削弱了它对日本人广泛的约束力，却难以确定。日本人频繁引用敕谕的其他部分——"义就是义务的履行"、"心诚则无事不成"来解释自己及他人的行为，这些引用通常是得体的。但对守私情信义的警告语却似乎很少被他们引用。今天，"情理"仍然是一种有极大权威的品德，而被批评为"不通情理的人"，在日本仍是最严厉的责难之一。

日本伦理并不因为"大节"的介入而轻易简化。正如日本人时常夸耀说，他们并没有普遍通用的道德作为善行的试金石。在大多数文化里，个体通过拥有某种品德，譬如善意、自律或事业的成功来实现自我尊严。他们建立某些人生目的，诸如幸福、对他人的支配力、自由、社交圈等。日本人却遵从见机行事的原则。甚至当他们谈及"大节"时——不管是在封建时代还是在《军人敕谕》中也仅仅意味着：对处于社会阶层较高位置的人的义务要优先于对那些地位较低的人的义务。他们仍是主张各种规定是独立的。这一点和西方人不同。"大节"对西方人而言通常是对忠诚的忠诚——相对于对特定个人或主义的忠诚。

当近代日本人试图建立一项高于所有"领域"的道德品行时，他们通常都选择"真诚"。库马伯爵在讨论日本伦理时说："诚是教谕中的教谕，道德教谕的基础都蕴藏于这一个字中。我们古代语汇中除了'诚'字外，别无其他表示伦理概念的词语。20世纪早期讴歌新兴西方个人主义的现代小说家们，也对西方的客套话感到不满，而试图以真诚作为唯一真正的"说教"。

在道德方面强调"诚"获得了《军人敕谕》的支持。敕谕以一段历史性的语言开始，相当于美国同类文件以提及华盛顿、杰佛逊等建国元老的名字为序言。日本敕谕的一部分由于提到"恩"和"忠"而达到高潮：

我作为一国之君，汝等为一国之支柱。我亲信汝等如左臂右膀。

能否保卫国疆，报答祖先之遗恩，取决于汝等尽忠职守。

接着罗列出诸项规则：（一）高尚的品德在于履行"忠"之义务。一个军人或者船员纵使武艺超群，如果"忠"的意志不够坚强，也仅仅是木偶而已。一个缺乏"忠"的军队在遭遇危难时，只是乌合之众。"所以，既不要被当时的观点引入歧途，也不要干预政治，要笃信忠节，牢记义重于山岳，死轻如鸿毛。"（二）遵守各项礼仪、行为规范。例如"下级视长官之命如朕所直接下达"，上级也应体恤下级。（三）要勇猛。真正的勇猛与"杀人焚尸的野蛮"行为是相对的，应是"既不夜郎自大，也不妄自菲薄。故崇尚勇猛之人，在日常待人接物中以温和为先，以赢得他人的爱与尊重"。（四）告诫人们不要"恪守私情"。（五）劝人节俭。"若不以朴素为念，则流于文弱，而沉溺于骄奢淫靡之风，自私肮脏，最终陷于底层。纵使忠诚与勇猛的美德，也无法将你从世人的轻蔑中拯救……稍有松懈，奢华之风必乘虚而入，因此重申以引起警惕。"

敕谕最后一段称以上五条教谕为"天地之公道，人伦之常经"，是"我军人之灵魂"，而这五条教谕之"灵魂"为"真诚"。"如果心不诚，则嘉言善行都徒有其表，毫无用处；心诚则无事不成。"因此这五条教谕是"易守易行"。在此，具有典型日本特征的是，所有美德及义务被罗列出之后，终以"真诚"为归结。日本人并不像中国人，以激发仁慈之心为一切德性的基础。他们首先建立义务的准则，最后才加上要求——每个人必须全心全意、聚精会神，并竭尽全力来履行这些义务。

在佛教的一大宗派——禅宗的教义里，诚实也具有同样的意义。铃木大师在其禅宗纲要中，记载了师徒的问答如下：

僧问：当狮子扑向敌人时，无论是兔或象，皆全力以赴，敢问此力为何？

师答：至诚精神（意译即不欺之力）。至诚即不欺，"出以全心"之意，禅语谓"全身作用"者也。毫无保留、毫无矫饰、毫不浪费。人而如此，谓之金毛狮，是阳刚、至诚、凝神的象征，而为如神之人。

"诚"在日本所具有的特殊意义上文已提及。"诚"的意义并不相等于英语中的"sincerity"（诚实），其意义较后者更狭隘，却又更深广。西方人很容易就会发现其意义远比自己语言里相应的词的意义要狭窄，因此他们常说，当日本人称某人没有诚意时，他仅仅意味着那个人跟他意见不符而已。这在某种程度上是对的，因为在日本称一个人为"诚实"，并不意味这个人"真实地"按照爱憎、决断或惊愕等内心真实的想法而行动。美国人说"他见到我真的很高兴"、"他真的很开心"时所表达的嘉许，在日本却背道而驰。他们有一整套惯用的表达来抒发对这种"真心"的轻蔑，他们嘲弄地说，"看那只张口见底的青蛙"、"像一颗开口见心的石榴"。"直述衷肠"对任何一个人来说都是件羞耻的事，因为这样便"暴露"了自己。与"真心"有关的一切，在美国受到如此的重视，但在日本"诚"字的意义中毫无位置。当那位

修禅

修禅使武士们自觉地追求表达勇敢与忠诚的"血泪生活",无论遭遇外来的危险还是内心的冲突都不失镇定,在杀伐的血腥中镇静自持,具有迎受和破解任何难局的胆魄与能力,成为一个娴熟精练、刚猛无畏而又心理平静的冷血群体。故禅宗对日本民族独特的生死观念产生了深刻的影响,并成为武士道发生的重要精神根源。

日本男孩指控美国传教士虚伪时,他从未想到,美国人对一个一文不名少年的赴美计划是否"真心地"感到吃惊。过去 10 年间,当日本政治家指控英美两国不诚实时——正如同他们一直以来所做的,他们也从不考虑,也许西方国家的处世方式并非如他们所能感受。事实上,他们也不是指控英美为伪善者,因为伪善仅仅是次要指控。同样,当《军人敕谕》指出"五条教谕的灵魂是诚心"时,也并不是说促使其他美德发生作用的德行就是心灵的坦诚。当然它也并不意味着一个人不管自己的信念与别人的信念有多么的不同,都必须坦诚地按照自己的信念办事。

不过,"诚"在日本也有其积极的含义。由于日本人如此强调这个概念所扮演的伦理角色,西方人就很有必要了解日本人使用它时所领会的意义。日本人对"诚"所抱持的基本观念,在《四十七浪人物语》中得到了较好的阐释。在那个故事里,"诚"是"情理"的一个附加记号,"真诚的情理"有别于"纯粹的情理",前者意味着"万古不变的典范的情理"。或者用当代日本人的说法,"诚是使之持续者"。根据上下文来判断,这句话所指代的"之",是指日本道德规范中的任何戒律,或"日本精神"中确认的任何态度。

战争期间美国的日本移民收容所内流传着同样内容的《四十七浪人物语》。它清楚地表明"诚"这个概念根据美国人的用法所推出的结论，它的意义是多么的不同。倾向于日本的第一代（生在日本而移民美国的人）对倾向于美国的第二代（出生在美国的第二代移民）最常见的责难，是说后者缺乏"诚"。第一代所要表达的意思是：这些第二代缺乏构成"日本精神"的灵魂特质，即日本官方在战时所界定的"持续"。他们完全不是指他们的孩子的亲美倾向是伪善的。不仅如此，当第二代移民志愿加入美军，而且他们对第二祖国的拥护显然是出于一种真正的热忱时，这使得第一代更加确信了他们的"不诚"。

在日本人的用法中，"诚"的基本含义，是指狂热的遵循日本道德规范和"日本精神"所指出的"道路"。不管"诚"在特定的上下文中具有什么特殊意义，我们都可以将之解读为对"日本精神"某些公认层面及道德规范中某些公认指标的颂扬。一旦人们接受"诚"并不具有美国人所认定的意义这个事实，就会明白它是所有日语文献中最值得注意的十分有用的词语，因为它几乎准确地指出了日本人强调的那些好的品德。"诚"被一再用来赞扬一个人不营私利，这是日本伦理对获取利润进行严厉谴责的一个反映。利益如果不是由等级制造成的自然结果，就被断定为剥削之物。如果背离本职工作而借机渔利，中介人也会成为众人所憎恨的高利贷者，常被指为"缺乏诚"。"诚"也一再被用以赞扬不受感情羁绊的人，这是日本人自律观念的反映。一个值得被称为"诚"的日本人，绝不冒险侮辱一个他无意冒犯的人，这反映了日本人的一个教条，即一个人不但要为行为本身负责，也要为行为的结果负责。最后，只有"诚"的人能够"领导人群"，运用权术产生有效作用，不受精神冲突的影响。这三项意义以及许多其他意义简明地表明了日本伦理的一致性。它们更反映了这样一个事实，即在日本只有遵循法则，行动才能有效并摆脱冲突。

这些就是日本人的"诚"所具有的种种意义。不管《军人敕谕》和库马伯爵如何努力引导，这项德性并未使日本的伦理简化。它既没有为日本人的道德设置一个"基础"，也没有赋予它"灵魂"。它就像一个指数，只要适当的置于任何数字之后，就会使这个数字成为高次幂。一个小小的二次幂，可以是9或159或b或x的二次方。同理，"诚"可以使日本道德规范中的任何条款成为高次幂。可以说它并不是独立的道德，而是它的狂热信徒对自己教义所具有的狂热追求。

无论日本人如何设法简化其道德规范，它仍然保留分散多层的状态。道德准则仍然在平衡着各项行动，这些行动就其自身而言都是善的。日本人所设立的伦理体系，就仿佛是一副桥牌，好的牌手接受所有的规则并且决不逾规越矩，他跟低手的区别在于他具备推理的能力，也能够在游戏中判断其他牌手的想法。如我们所说，他是"照章办事"，他每走一步都必须考虑无数细节。任何出人意料的招数，都逃不出游戏规则，而计分方法必须提前规定好。美国人所说的善意在此是无关紧要的了。

在任何语言中，从人们谈论丧失或得到自尊的言谈里，我们可以窥视其人生观之一斑。在日本，"自重"通常证明自己是一个好的牌手，和英语里的用法不同，它并不表示有意识地遵循一种值得遵守的行为准则，譬如不谄媚、不说谎、不做伪证等。在日本，"自重"的字面意思是"稳重的自我"，与"轻浮的自我"相对。当一个人说"你必须自重"，其意思是："你必须精明地估计所处景况的一切因素，不要做任何会引起批评或减少成功几率的行为。""自重"的行为与美国所指的含义正好相反。雇员说"我必须自重"时，并不是指他必须坚持自己的权利，而是他绝不可以对雇主说出任何自找麻烦的话。在政治方面，"你必须自重"，也有同样的意思，它表示一个"承负重责"的人如果沉溺于任何轻率的"危险思想"，就根本无法做到自重。而在美国则有不同的含义——即使想法是危险的，美国人出于尊重自己，也要按照自己的观点和良心来思考。

"你必须自重"这句话经常被父母用来教训处于青春期的儿女们，以使他们遵守礼仪，达到别人的期望。女孩被训诫坐着时不可移动，双脚必须放置得体；男孩则须锻炼自己，学习察言观色，因为"现在就可以决定你的未来"。当父母对他们说："你的所作所为不像一个自重的人应当做的"，是在责备他们的不妥言行，而不是责备他们缺乏坚持自身权利的勇气。

一个无法偿还债务的农人自责"我本应该自重"，这并不意味着他责备自己的懒惰，也不是责备自己对债权人的恭维，而是说他本该预见到会出现窘迫的境地，应该考虑得更为周到。一个生活在上层社会的人说"我的自重要求如此"时，并非意味着他应该遵循某些坦率正直的原则，而是说他为了家庭的地位，必须能够考虑周全、操纵事态，他必须将社会地位完全放置到事情中去考虑。

当一个商业执行官谈及其公司时说"我们必须表现自重"，是表示必须加倍谨慎小心。一个人言及复仇时说"自重地复仇"，这并不是指"把炭火堆在仇敌头上"，也不涉及任何他想要遵循的道德原则，而是相当于说"我必须十分得体地复仇"，也就是说谨慎策划，将所涉及的一切因素都考虑在内。日本语中最强烈的说法是"加倍自重"，即无限谨慎的程度。这意味着不可轻率地做出结论，必须衡量各种方法，以期不偏不倚正好达到目标。

这些有关自重的解释，都与日本人必须"按规则出牌"的人生观相符。这种界定自重的方式，并不允许一个人因为好的出发点而为其失败辩解。每一个行为都会产生后果，而一个人必须有充分的估计。对别人施恩惠当然是好事，但必先预想到受惠者会因"受恩"而有所负担。批评他人也是允许的，但你必须愿意承受对方由此产生的怨恨及其他后果。像上文那位年轻画家指控美国传教士对他的嘲笑，后者是出于善意，却并没有想到对方会误以为是对他的嘲笑。传教士没有考虑到他在棋盘上的这一步具有什么意义，但在日本人看来，这完全是没有修养的行为。

总之，日本人把谨慎与自重完全等同，一个人不但要对别人的行为警觉地察言观色，还要强烈地意识到别人对自己言行的判断。他们说："为了社会，一个人必须自重"，"如果没有社会，就无需自重"。这些是对自重的外在制约力的极端陈述，他们没有考虑到内在强制力对于行为的作用。正如许多国家的俗谚一样，往往夸大事实。因为日本人有时也会像清教徒一样，对自己的罪过产生强烈的反应。但这些极端的陈述，却正确地指出了日本人究竟强调的是什么——日本人强调"羞耻感"比"罪恶感"更重要。

人类学在对不同文化的研究中，区分这些文化是以羞耻还是以罪恶为基础是一项重要的研究课题。依照定义，一个社会如果以道德的绝对标准来教育成员，并依赖这个来启发良心的话，就被定义为"罪恶感文化"。但是这种社会的成员，像美国人，他会因为言行笨拙而感到羞耻，虽然这并不是什么罪恶。他也许会因为在某个场合中穿着不当，或言辞不妥，而感到格外懊恼。在以耻辱为主要约束力的文明中，人们会对那些可能会引起其罪恶感的行为感到懊悔。这种懊悔可能会非常的强烈，但却不是像罪恶感那样，借忏悔和赎罪来解脱。犯了罪的人，可以因坦白而减轻内心的负担。这种坦白的手段，被我们长期运用在世俗的精神疗法中，许多宗教团体中都加以利用，除此之外，两者很少有相似之处。我们知道这可以得到解脱。但是在以耻辱为主要制约力的社会中，其社会成员公开他的过错，即使向神父忏悔，也不能获得缓解。因为只要恶行不"公布于世"，他就无需为之苦恼，而所谓的忏悔在他看来只是自找麻烦。因此，"耻辱感文化"中并不提供"忏悔"，即使是对上帝。他们的仪式只是为了祈福，而不是为了赎罪。

真正的"耻辱感文化"依赖外在制约力来鼓励善行，真正的"罪恶感文化"则依赖内在的罪恶自觉。耻辱感是对他人批评的反应。一个人如果在公众场合被奚落、拒绝，或者感觉自己被人嘲笑，都会感到羞耻。在任何一种情况下，耻辱感都是一种强烈的制约力，但这要求有旁观者的存在，至少是存在于想象中。罪恶感则无需旁观者。在有的国家里，名誉意味每个人按照自己心中的理想形象自我生活，所以，即使没有人知道他的过错，他依然会有罪恶感。而这种罪恶的感觉会通过忏悔而得到缓解。

移居美国的早期清教徒，企图把整个道德体系置于罪恶感的基础之上，所有精神病学者都知道现代美国人内心在被什么样的罪恶感所折磨。但是，耻辱感日益成为美国人的重负，而罪恶感并不像前几代人那样强烈。在美国这被解释为道德的松弛，显然有些道理，但更多是因为我们不希望耻辱感承负过多道德的重任，我们并不把伴随耻辱而来的强烈的个人懊恼作为我们道德体系的原动力。

日本人却会这样做。一个人如果不能遵循明确的善行标准做事，不能权衡各种义务，或者不能预见人际交往中的尔虞我诈，就是一种"耻辱"。他们认为，耻辱为美德之根。对耻辱感敏锐的人，会遵循善行的一切规则。"知耻之人"有时被译为"有德之人"，有时被译为"重名誉之人"。耻辱在日本伦理中所占的重要地位，就像西方伦理中的"纯洁良心"、"与上帝同在"和避免罪恶一样。因此，按照逻辑推理，即人死后并不受到处罚。除了了解佛经经典的僧侣之外，一般日本人对以今生的德行来决定轮回的观念并不熟悉。除了一些受过训练的基督徒外，他们也并不认可死后通过进天堂或地狱来进行奖惩的观念。

耻辱感在日本人的生活中占据着首要地位，就像任何具有深刻耻辱感的部族或国家一样，这意味着每个人都非常重视公众对其行为的评价。他要想象他人会有什么反应，然后根据这种反应来为自己的行动定位。如果每个人都遵循同样的规则并互相支撑，日本人就活得轻松惬意。当他们感觉某项行动是在实现日本的"使命"时，他们会对这件事寄予极大的热情。当他们企图将自己的道德"出口"到国外，但是并没有被接受时，这时候他们就显得十分脆弱。他们对"大东亚"的"善意"使命遭遇了挫败，中国人及菲律宾人对他们的态度引起许多日本人发自内心的愤恨。

赴美留学或出差的日本人摆脱了国家主义情绪的影响。当他们试图在一个道德规范不是太严格的世界中生活时，也常深深地感到他们所受到的"严谨的"教育是一个"失败"。他们觉得，他们所谓的品德并不能顺利"出口"。

他们想要强调的观点并不是普遍性的观点，各国的文化不是任何人轻易就能够改变的。他们感到自己适应美国生活很困难，而他所认识的中国人或泰国人适应起来则相对简单得多，他们经常把自己和后者相比较。在他们看来，日本人的特殊问题在于：他们从小所受的教育使他们只有一丝不苟地遵守各种道德，并由此得到别人的认可时，才能获得安全感。当外国人对所有这些礼仪无动于衷时，日本人就会茫然失措。他们想要找出西方人生活所遵循的、类似的细致礼仪，当没有找到时，一部分人感到愤慨，另一部分人则感到害怕。

　　关于日本人在道德规范不太严谨的文化中所遭遇的种种经历，三岛小姐在其自传《我的狭岛祖国》中有最好的描述。三岛当年渴望到美国大学留学，但其保守的家庭反对她接受美国奖学金的"恩"，她最终说服了家人，进入卫斯理女子学院就读。她说，教师和同学们都非常友好亲切，但这反而使她更加感到苦恼。"我为自己无瑕的言行而感到的骄傲——这是日本人普遍的性格特性。但现在这却是我痛苦的原因。我为自己在这里不能举止得体而自恼，也为周围人似乎在嘲笑我过去所受的训练而气恼不已。除了这种含混不清但却根深蒂固的气恼之外，我没有其他的感觉。"她觉得自己"像是来自其他星球，所有的感觉和感情在这个世界都没有用。我在日本所受的教育，要求每一动作都必须优雅，每一句话都必须得体，但在现在的环境里，这却使我过于敏感。在这里我对社交是完全盲目的"，直到两三年之后，她才变得放松，开始接受别人的好意。她断定美国人是生活在她所谓"优雅的亲密感"之中，但是"这种亲密感在我三岁时就已经作为粗鲁无礼而被扼杀了"。

　　三岛小姐对比了她在美国所认识的日本女孩和中国女孩，并做出了自己的评论——美国生活对两国女孩的影响完全不同。中国女孩具有"大部分日本女孩完全缺乏的沉静和社交能力。我觉得这些上流中国女子似乎是世界上最优雅的人，每一位都高尚、优雅有如王者之尊，俨然是世界的真正女主人。她们沉静而勇敢，丝毫不为这个有着机械速度的文明所打扰，正好与我们日本女子的胆怯和神经过敏形成鲜明对比，也显示了社会背景的一些基本差异"。

市井

　　日本社会的等级制度十分明显，每个人的处世方法必须和自己的社会地位相符合，而不得做出有失礼节的事情。哪怕是社会最底层的贱民和占人口绝大多数的农民，也都严格地执行这一规则。

　　三岛小姐像其他许多日本人一样，觉得她仿佛是个参加循环球联赛的网球高手，自己的专业技巧完全派不上用场。她觉得过去所学到的丝毫不能适应新环境，过去所遵从的规范毫无用处，美国人没有这些清规戒律仍生活得很好。

　　一旦日本人接受了支配美国人行为的自在规则，不管其接受的程度多么微小，他们就会发觉，难以想象再次忍受以前在日本所过的生活中的种种规范。他们有时把昔日生活称为失去的天堂，或为"桎梏"，或为"牢狱"，或是承载着一个低矮的树的"小钵"。只要这低矮的松树的根限制在花盆里，其结果就是装点花园的艺术品。但是一旦被移植到开阔的土地上，小松树就无法再放回盆里。他们感到自己已经无法再做日本花园中的装饰品，不再能适应过去的要求。他们以最尖锐的方式体验了日本人德性的困境。

第十一章　自我修养

　　一种文化的自我修养，对于国外的观察者来讲，常常感到不可理解。训练方法本身当然十分清楚，理解起来很简单，但问题是为什么需要如此麻烦的方法？为什么修炼者自愿将自己悬在钩子上？为什么要静心打坐，运气于丹田？为什么极度俭朴不花钱？为什么只集中精力于这些苦行中的一个方面，而在外人看来真正需要克制的冲动，却毫不加以控制？一个来自不教授任何自我修炼技巧的国度的观察者，一旦他身置于极度依赖这些方法的国家时，误解的可能性就会很高。

　　传统的自我修炼的技巧和方法在美国并不发达。美国人会假设，一个人大体规划了自己一生所可能达到的事情之后，如果必要，就进行自我训练，以达成某种既定目标。做还是不做，取决于其愿望、良心或韦布伦所谓的"职业本能"。他也许为了参加足球队而成为坚韧克己之人，或者为了将自己磨炼成为音乐家，为事业的成功而放弃一切娱乐。他会为了良心而避邪恶弃轻佻。但是在美国，作为一种技巧训练的自我修养并不像算术那样，可以不考虑具体应用而加以学习。在美国，如果这样修炼的话，也都是来自欧洲的某些教派领袖或传授印度功夫的印度教高人。甚至如圣特丽斯或圣约翰所教导并实践的冥想、祈祷等宗教修行，在美国现在也难寻踪迹。

　　但是，日本人却假定一个参加中学考试的男孩、一个参加击剑比赛的人，或一个仅仅想过贵族生活的人，除了需要学习接受测试所必需的特定事项之外，还需一番自我训练。无论他为了考试多么努力，不论他的剑术多么专业，

武士的修炼

　　武士高超的武艺、剑术是其获得尊敬的一个方面，但更重要的是进行自我克制和排除一切杂念的修炼。在日本，武士为了这种修炼，往往会去寻找禅宗大师的帮助。

　　也不论他如何在社交细节中如何小心翼翼，他还是必须将书、剑搁置一边，不再频频地在公众场合露面，而去进行特殊的修炼。并不是所有日本人都能接受这种深奥的修炼，但是即使是对那些不进行修炼的人，对于自我修炼的要求和实践在其生命中也占有重要的位置。各等级的日本人对自己及他人行为的判断，都以一套与自我克制、自我管理有关的理念为基础。

　　他们的自我训练大体可以明显地分为两类：一类为培养能力，另一类则能收获更多的东西。我把这"更多的东西"称为"练达"。这两类在日本截然不同，是以不同的精神状态为目的，具备不同的理论基础，通过不同的迹象来确认。许多关于培养能力的例子已经做过描述。比如上文提到的那位军官，他的部下参加和平演习，60 小时行军只有几次 10 分钟的睡觉机会，针对这他说

"他们知道如何睡觉，他们需要训练的是如何保持清醒"，尽管在我们看来，这样做非常地极端，而他的目的仅仅是培养部下们的活动能力而已。他只不过陈述了一条在日本广为接受的精神控制法的原则，即意志凌驾于具有无限改造可能的肉体之上，肉体本身没有洁身自好的法则，一个人很容易因此而付出代价。日本人关于"人情"的整个理论体系都是以这种假设为基础的。当肉体与人生中真正重大的事项发生冲突时，身体的需要就应该彻底地放在次要的位置，无论身体对于健康是多么的重要，无论身体在平时得到了怎样的培养和承认。不管要以怎样的自我修炼为代价，每个人都应去展现"日本精神"。

实际上这种表述，歪曲了日本人对自身位置的假定和表达。在美国人的正常用法中，"不顾自我训练的代价"跟"不顾自我牺牲的代价"两句话的意义大致相同，也常具有"不顾自我挫折的代价"之意。美国人关于训练的理论，既包括外部强加的训练，也包括由于外在影响投射于内心而形成的对良心的自我检阅。他们认为从童年开始，不管男人还是女人，都必须接受社会化的训练，或主动或迫于权威，这种压抑感油然而生。个人难免会因为自身愿望的无法实现而心生怨恨，但他不得不牺牲，这必定激起人们心中的叛逆情绪。这不仅是许多美国职业心理学者的看法，也是每代父母在对子女的家庭教育中所依据的哲学，因此心理学者的分析讲出了许多我们社会中的真相。小孩"必须"在一定的时间上床睡觉，而他从父母的态度中得知睡觉是一种强迫。无数家庭的小孩睡前都要与父母进行抗争，表达不满，这成了每晚例行的功课。小孩已经是一个受过训练的美国人了，已经把睡觉看成是一个人"必须"做的事，但仍与之针锋相对。他的母亲还规定了一些他"必须"吃的东西，比如燕麦粥、菠菜、面包或橘汁，但美国小孩学会了对他"必须"吃的食物提出抗议。他断定凡是对他"有益"的食物，都是不好吃的。这种美国习惯在日本和希腊等一些东方国家却难见其踪。在美国，长大成人意味着从食物强迫中解放出来，一个成人可以按其所好，吃任何美味食物，而不是那些对他有益的食物。

　　然而，这些关于睡眠及食物的观念，跟整个西方人有关自我牺牲的概念比起来，则微不足道。父母为儿女做出巨大的牺牲，妻子为丈夫而牺牲事业，丈夫为了养家糊口而牺牲自由，这都是标准的西方教条。美国人很难想象，在某些社会里人们并不承认自我牺牲的必要性。但这种社会却是实实在在存在的。在这样的社会里，人们会说父母自然会充满喜悦地发觉自己孩子的讨人喜爱，女子倾向于婚姻的稳定，一个男子为养家糊口从事自己喜好的狩猎或园艺职业，这些都是天经地义的，哪里谈得上什么自我牺牲？当一个社会强调这样的生活理念与哲学，并且允许人们依此而生活时，那么自我牺牲的观念就很难被认可了。

　　美国人认为为别人而做的一切事都是"牺牲"，而在其他的文化中，却被认为是彼此的交换。它们要么是日后会得到回报的投资，要么是对已经接受了的恩惠的回报。在这些国家里，即使是父子关系也会以这种方式来看待。父亲在儿子幼年生活时为他所做的，儿子将在父亲晚年及去世后给予回

渔人

　　在这幅19世纪的浮世绘中，右下方的渔人正在料理鲜鱼，这种脏累的活是需要忍受才能坚持下去的。但日本男子为养家糊口从事某一职业都是天经地义的，不管他们喜欢与否，这都算不上是一种自我牺牲。

报。每一笔商业贸易也都是一种民间契约。通常来说，契约保证双方同等受益，正如同一般的协约那样，双方的权益得到保护的同时，也得履行相应的义务。如果双方达成了双赢，那么对于自己所履行的义务，谁都不会看作是一种牺牲。

在日本，能够情愿为他人服务的潜在支柱，当然是互惠。无论是性质上还是等级上，都体现了责任的互补。因此，自我牺牲的道德地位与美国的情况完全不同。日本人向来明确反对基督教传教士关于自我牺牲的说教，他们认为有德之士不应该把他为别人所做的事看作是对自己的压抑。"当我们做出你们所谓的自我牺牲的事时，"有一位日本人曾对我说，"那是因为我们愿意付出，或者因为我们认为对此付出是正确的。我们并不因此而感到遗憾。不管实际上我们为了别人而放弃了多少，我们不认为这种付出会在精神上提升我们，也不认为我们应为此而得到回报。"像日本人这种依赖复杂的相互义务而建立生活的民族，当然会发现自我牺牲是无关紧要的。他们逼迫自己履行极端的义务，但传统互惠的约束力并不会使他们产生自怜和自以为是的感觉。相反的，这种感觉在相对个人主义、竞争盛行的国家，却很容易萌生。

因此，美国人为了了解日本通常的自我修炼行为，不得不先针对我们所谓的"自我训练"观念实施外科手术。我们必须切除美国文化中这一概念周围丛生的"自我牺牲"和"压抑"的赘物。在日本，一个人为成为优秀的竞技者而自我修炼。日本人的态度是一个人从事这种修炼，就像玩桥牌一样，毫无牺牲感。当然，修炼很严格，但这是事物的自然本质。婴儿幸福地降生，但没有"领略生活滋味"的能力。只有通过精神的修炼或自我训练、"修养"，一个人才能获得充实生活，品尝生命的滋味。这句话通常被译成"唯有如此才能享受人生"。自我训练"使腹部（自制力所在的部位）得到锻炼"，它使人生变得有力量。

在日本，培养"能力"的自我修炼在于它证明了一个人自己的生命轨迹。日本人说，一个人在训练刚入门时所感到的急躁会慢慢克服，因为他终将会视之为享受，否则只能放弃它。学徒必须妥当地照看生意，男孩必须学习柔道，年轻的女子必须顺从婆婆的要求。在训练的最初阶段，一个人尚未能习惯新的价值要求，可能会想逃避"修炼"，这是可以理解的。父亲会和他们交谈并说："你希望怎么样？为了品味人生的滋味，一定的训练是必要的。如果你放弃，对修行不以为意，那么日后感到痛苦将是一个自然的结果。而这些自然的后果一旦发生，我不会违背大众的观点而去保护你。"日本人常说，"修炼"可以擦拭掉"身上的锈"，它使人成为一柄熠熠发光、锐利的剑，而这当然正是他所期待的。

日本人这些强调自我训练如何对自己有益的观点，并不意味日本道德规范通常要求的极端行为不是真正严重的压抑。但这种压抑并不会导致叛逆的冲动。这一点差别正如同美国人看待比赛和运动的差别。桥牌冠军不会抱怨训练中所要求付出的自我牺牲，他也不会把为了成为高手所花费的时间看作是"压抑"。不过，医生指出在一些情况下，比如一个人下了大赌注或者争夺冠军的关键时刻，需要的高度注意力，这与胃溃疡及身体过度紧张有相关。这同样也发生在日本人中。但是对互惠的认可以及日本人对自我修炼对自己有好处的坚信，使许多美国人无法忍受的活动，在他们看来却相对容易。他们比美国人更注重尽全力去行动，并且很少自找托词。他们通常不把对生活的不满转嫁于他人，也通常不会因为无法获得美国人所谓的"起码的幸福"，而沉溺于自忧自怜之中。他们已经被训练得比一般美国人更加注意"身上的锈"。

超越培养"能力"的自我修炼之上，还有"练达"的层面。关于后者的技巧，日本作家虽然有所阐述，但对西方读者来说仍然难以理解。而对这个课题进行研究的西方学者对此却不屑一顾，他们有时称之为"怪异"。有一位法国学者认为这完全是"对常识的挑衅"，并把所有注重修炼的宗派中最大的禅宗批评为"严肃地说废话的组织"。但是，这种修炼技巧所要达成的目的，并不是不可理解的。整个课题，对理解日本人的精神系统有很大的启迪。

日本语中有一系列的词汇来形容一个高手自我训练修炼力图达到的精神境界。针对不同对象，比如演员、宗教信徒、击剑家、公众演说家、画家或茶道专家术语也会不同。但是在一般意义上却是相同的。我将选用在禅宗上层信徒们中广为使用的一个词——"无我"。对练达的描述是，在经历世俗的或宗教的体验时，一个人的"知"与"行"之间无毫发之差。就如同电流的释放是从阳极直接通往阴极。如果一个人尚未达到练达的程度，那么"知"与"行"之间就存在绝缘的屏障，这种屏障被称为"观我"、"妨我"。只有借特殊修炼消除这种屏障时，练达之人才会渐入佳境，达到"无我"的状态，电路自由畅通，行动也就没有障碍。这达到了"心有灵犀一点通"的境界，行为可以完全复制行为者心中所描绘的图景。

在日本，大多数普通人会致力于寻找这种"练达"之境。英国佛教研究权威艾略特爵士曾经记述了一位女学生的经历：

她对东京一位著名的传教士说，她渴望成为一名基督教徒。当问及理由时，她竟然回答说是因为想乘坐飞机的缘故。乘飞机与基督教之间有什么关系呢？她回答说曾有人告诉过她，乘坐飞机必须具有非常镇静的心境，而这种心境只能从宗教训练中获得。她认为基督教是所有宗教中最好的，因此前来拜师请教。

日本人不但将基督教和飞机联系起来，而且把"镇静，遇事不乱"的训练，跟考试、发表演讲或政治家的政治生涯联系在一起。培养"凝神于一点"的技巧训练，毫无疑问对几乎所有的事业都有益处。

许多文明都发展了类似的训练，但日本人的目的和方法却具有自己明显的特征。有趣的是，日本的修炼技巧有许多是源于印度的瑜伽术。日本的自我催眠、凝神和控制各种感官感觉的技巧依然显示跟印度瑜伽术有着亲缘关系。两者都同样强调心无羁绊、身体灵活、千万次复诵经典、全神贯注于一物。甚至印度所使用的术语，在日本也仍然有迹可寻。但是，除了以上这些显而易见的特征外，两者很少有其他的相同之处。

战神八幡

神道的战神八幡以手持佛珠的佛教和尚的形象出现，一位大臣端坐在其脚下。这表现了宗教的融合，也体现了日本人追求自我修炼的狂热。

瑜伽在印度是一个强调极端禁欲苦行的宗派，是一种从轮回中获得解脱的方法。除了这种涅槃之外，人没有其他的解脱途径，而在通往涅槃道路上的障碍是人的欲望。这些欲望可以借饥饿、蔑视、自我折磨等方式来消除。一个人借这些手段可以成为圣人，进而使得灵神合一。瑜伽术是一种弃绝肉体世界以及逃避单调乏味人生的方法，也是一种把持精神力量的方法。苦行愈极端，则达到目标的行程愈短。

这种哲学显然有悖于日本人的观点。虽然日本是个佛教大国，但轮回和涅槃观念从未成为这个民族佛教信仰的一部分。这些教义虽然被一部分僧侣个人所接受，却从未影响到社会习俗或民众思想。日本人并不会因为杀死动物或昆虫将会杀害一个转世的灵魂而心慈手软。日本的葬仪及出生仪式，也毫不受轮回理念的影响。轮回说不是日本的思维模式。不但公众对涅槃观念一无所知，而且僧侣本身更将之修改得面目全非。僧侣学者宣称，一个开"悟"的人，就已达到了涅槃，涅槃存在于此时此地。一个人可在一棵松树或一只野鸟中升华自我，看到涅槃。日本人对来世的种种幻想并不感兴趣，他们的神话涉及神灵，但是并不涉及死后的生活，从不述及死者的生活。他们甚至反对佛教的因果报应观念，任何人，即便是一个农民，死后都可成佛。各家各户神龛里供着的家属灵位都是"佛"，其他佛教国家都不会使用这样的语言。当一个民族如此大胆地称呼其一般的逝者，那么她绝不会为实现涅槃而设立种种困难的目标，这是很容易理解的。一个可以成佛的人，不必终生禁欲苦行，以求达到绝对终止的目标。

该教肉体与精神不能相容的教义在日本也是异类。瑜伽是一种弃绝欲望的方法，而欲望是存在于肉体之中的。但日本人没有这套教义，"人情"并非恶魔，而享受官能的乐趣是智慧的一部分，但有一个条件是这些感官享受必须能为人生严肃的责任而牺牲。这个信条在日本人对待瑜伽术的态度中被发挥到了逻辑上的极致：他们不但取缔了一切苦行，这个教派在日本甚至根本不是禁欲主义的。在日本，开"悟"归隐的人虽然被称为隐士，却通常都

奈須野原殺生石之圖

三十六怪撰之一

　　佛教中涅槃是无漏，就是消灭了苦的因和苦的果。而在日本，涅槃则是指开"悟"的人。并且他们认为，人可以从世间万物中得到自我升华，达到涅槃。

在景色怡人的乡村，携妻带子，过着舒适的生活。与妻子之间的深切情意，以及子女的降生，与他的圣洁是完全和谐的。佛教中最通俗的宗派（净土宗），其僧侣可以结婚，养家糊口。灵肉相克的理论在日本并不得人心。"悟"者之所以神圣，在于他们的自我冥想修行以及生活在俭朴中，而不在于衣衫不洁，禁绝声色。日本的圣者可以整天吟诗作赋，欣赏茶道，观花赏月。今天的禅宗甚至还规劝它的皈依者，要避免"三不足"，即衣、食、眠之不足。

瑜伽哲学的最终信条也不见容于日本：即瑜伽术所传授的神秘主义修炼技巧可以使实践者达到天人合一的境地。世界上任何践行神秘主义修炼技巧的宗教，不管是原始民族、伊斯兰教苦行僧、印度瑜伽行者或中古基督教，无论他们的原则是什么，几乎都表示他们可以达到"与神合一"，体验"世外"的迷人。日本人拥有丧失神秘色彩的神秘主义修炼技巧，但这并不意味着他们在修炼之中不能达到灵魂出窍的境地。他们能，但他们认为灵魂出窍的状态只是培养"凝神于一点"的方法而已，他们并不把它描述为狂喜的境界。日本禅宗甚至不像其他国家的神秘主义者那样，认为在灵魂出窍的状态中五官会停止作用。他们反而认为这种技巧可以把"六官"引入异常敏锐的状态。第六官位于心中，不懈的训练使它高于其他普通的五官。不过在灵魂出窍的状态中，味觉、触觉、视觉、嗅觉、听觉也各自有其特殊的训练。进入无我两忘的时刻，从一个地方迁移到另一个地方时，要靠辨别足音来跟随；或者要区分故意引入的诱人食物的气味，在这个的时候，修行都不能被打断。实际上，嗅、视、听、触、味可以"提升第六官"，在这种状态中可以使"每个感官敏锐"。

在任何注重超感官经验的教派中，这些都算是不寻常的训练。这些践行者甚至在无我两忘的情境之中也不想摆脱自身。正如同尼采描述古希腊人的话——"保留原样，维护公民的名誉。"日本佛教大师的言论中，有许多关于这一见解的生动描述。其中最好的，是曹洞宗的阐释。他是 12 世纪一个禅宗

荣西禅师像

日本禅宗虽早于奈良时代即开始流传，但并不兴盛，真正独立成宗，造成广大影响者，首推荣西禅师（1141—1215）所开创的临济宗。荣西为研究禅法，两度入宋，参谒天台山万年寺虚庵怀敞禅师，承袭临济宗黄龙派的法脉，而后发展成日本禅宗的主流。

学派的开创者，这个流派至今依然是禅宗里最大最有影响的。当他提及自己的"悟"时，他说："我只知自己的眼睛水平地置于垂直的鼻子之上……（禅的体验之中）没什么深不可测的。时间自然流逝，日由东升，月自西沉。"禅宗在著述中也认定，除了通过修炼达到目的，无我两忘的状态并不能使人获得其他的能力。一位日本佛教徒写道："瑜伽派宣称经由冥想可以获得不同的超自然的能力，禅宗绝无这种荒唐的主张。"

日本人因此完全抹杀了印度瑜伽修行所依靠的假定基石。日本人对于现世的极度喜爱让人想起古希腊人的态度，他们把瑜伽术理解为一种追求完美的自我修养，一种达到行为与意念毫无误差的"练达"之境的手段。它是一种有关效率的训练，也是一种培养自立的训练。由它所获的报偿就在此时此地，它使人有能力以最恰当的方式来应付任何境况，它使人能够恰到好处地控制胆大妄为的心，而不为外来的客观危险或内发的欲念所侵扰。

当然，这种训练对武士正像对僧侣一样有价值。实际上，日本武士正是把禅宗当作他们自己的宗教。除了在日本，在其他地方我们都看不到这种不追求圆满的神秘体验的神秘主义修炼技巧，也没有像日本用神秘的修炼技巧来指导武士如何搏斗。但是，从禅宗在日本产生影响的早期阶段就一直是这样的。12世纪日本禅宗开山宗祖荣西的鸿篇巨制就称为《兴禅护国论》，禅宗使得武士、政治家、剑客、大学生等达到完全世俗的目标。正如艾略特爵士所说，在中国的禅宗中，没有任何端倪可以看出，其在日本会被变成军事训练方法。"禅就像茶道或能乐一样，已经成为日本特有的东西。"12、13世纪的动乱时代，这种神秘的教义主张不用从经典中，而是从人的心灵直接进行体验。这样的教义被那些远离世俗的喧嚣，在僧院中避难的人群所推崇，这是可以设想的事。但我们却难以想象它居然还成为武士阶级最喜爱的生活原理——但事实确实是这样。

日本许多教派，包括佛教和神道在内，都非常强调冥思苦想、自我催眠、无我两忘等神秘的修炼技巧。其中有些教派主张，这种训练的结果是神的恩宠的体现，并将其哲学基础建立在"他力"即高尚的神的帮助之上。而此外的一些教派，其中以禅宗为最重要的代表，却以"自力"为基础。他们主张，潜在的力量只存于自己体中，也只有凭借自己的努力才能使之增加。日本武士发现这种观点完全投合自己的心意，不管作为僧侣、政治家或教育者——因为日本武士要扮演这三种角色，他们都利用禅的修炼法来支撑一个强劲的自我。禅宗教义是极为清楚直率、有章可循的。"禅只追寻人可在自我中发现的光辉，追寻的过程不能容忍任何障碍。清除途中一切障碍……遇佛杀佛，逢族长杀族长，如遇到一群圣者，也要将他们斩尽杀绝。这是解脱的唯一途径。"

探求真理的人不能接受任何间接的资料，例如佛祖的教义、基督教圣经、神学等。"佛教经典十二章"是一个故纸堆。研究这些经典固然会有所收益，但却与个人灵魂电光一闪、瞬间开悟毫无关系。在一本禅宗对话集里，有一位初学者求禅僧阐释《莲花经》。禅僧做了生动的说明，弟子却冷漠地说：

"怎么会这样？我还以为禅僧蔑视一切经典理论和逻辑解释体系呢。"禅僧回答道："禅不在于一无所知，而是能够于一切经典、一切文献之外领悟。你并未告诉我你想求知，只说你想得到经典的解释。"

禅师所授的传统修炼方法，目的是教导初学者"悟"的方法。这些训练可能是肉体的，也可能是精神的，但最后都必须在学习者的内在意识中发挥作用。剑客的关于禅的修炼可以生动地说明这一点。当然，剑客必须学习并且持续地练习击剑的正确方法，但这方面的熟练操作只是属于"能力"的领域，此外他还须学习达到"无我"的境界。最初，他要站在水平的地板上，将精神集中于支持他身体的方寸之地。这方寸立足之地逐渐升高，直到他学会了站在四尺高的柱子上就如同站在庭院中一样的容易。当他能够完全稳立在柱子上时，他会"开悟"，这时他的心就不会因为昏眩或者害怕坠落而背离他。

日本人这种在柱子上站立的修炼法，把类似于中世纪西欧圣西默翁派柱行者的苦行术，转变成一种有目的的自我修炼，并已经不再是一种苦行。日本的各种肉体训练，无论是禅宗修炼还是农村的一般习俗，都经历了同样的转变。潜入寒水之中和站在山泉瀑布之下是世界许多地区的标准苦行法，有些是为了克服肉欲，有的是为了祈求神的怜悯，或者是为了进入无我两忘的状态。日本人所喜爱的耐寒苦行是破晓前，站在或者坐在冰冷的瀑布下，或在冬夜里三次将自己浸入冷水中，其目的是磨砺一个人的自我意识，直到不再感到不适。苦行者的目的是训练自己能够不间断地持续冥想，一旦他不再意识到水的酷寒以及严寒的冬晨身体的战栗，就标志着达到了"练达"的境界。除此之外，别无其他的报偿。

精神修炼也同样需要自己努力。一个人虽然可以皈依于名师门下，但教师并不从事西方人所了解的"教导"之职，因为一个人不能从自己之外的任何途径学到有价值的东西。教师也许会跟弟子讨论，但他并不亲切地引导弟子进入一个全新的智慧领域。当老师举止粗暴时也许是对弟子最有帮助的。如果教师根本不警告，就突然打破弟子缓缓移近唇边的碗，或绊倒他，或用铜条敲击他的指关节，初学者可能会因为震惊而瞬间顿悟。这种"棒喝"粉碎了弟子的自满不前。有关僧侣的书籍中诸如此类的例子屡见不鲜。

教师为了激发弟子求"悟"的热情，最有效的方法就是"公案"，也被描述为"问题"，据说公案总共有 1700 种之多。在那些记录轶事的书中发现一个人花费七年时间来寻求一个"公案"的答案是不足为奇的。"公案"最终目的不是要得到合理的答案。例如"想象孤掌鸣声"，"想象自己出生前母亲分娩的情景"。其他又如"谁在搬运毫无生命的躯体？""迎面而来的将是什么？""万法归一，一归何处？"这些禅宗用语在中国 12、13 世纪以前就提到过。在引进禅宗的时候，日本也引进了这种参禅的方法。然而，这些公案在中国大陆已经绝迹，在日本却成为达到"练达"境地的最重要的修行之一。禅宗手册对待公案的态度十分严肃，"公案铭记了人生的困境"。这些书中指出，思考公案的人，就像"一只在黑暗的隧道里奔波的老鼠"一样

崇传像

　　日本南禅寺的僧人崇传，在日本极具影响力。他曾经帮助德川幕府制定了管理武士阶层和基督教的法律条令。

面临举步维艰的僵局，他像是一个"将红热的铁球哽在喉咙"的人，是"一只想咬铁牛的蚊子"。他忘了自我，加倍努力。最后，隔在他的心灵和公案之间的"观我"屏障终于消失，以闪电般的迅速，两者——心灵与案例合二为一，他"悟"了。在这些极度紧张的关于精神探索的描述之后，人们将遭遇一个低谷——在书中找不到他们费尽心思寻找的真理。例如，南岳花费了八年时间思索"迎面而来的将是什么？"最后他明白了。他说："即使此地有物，也即将失去。"不过，禅语的启示却也具有一般的模式，下列的问答即可见一斑。

僧问：如何从生死轮回中解脱？

师答：是谁将你置于这种生死的限制中？

修禅者指出，他们所发现的——借用一句中国名言就是他们在"骑驴找驴"。他们明白"需要的不是渔网和陷阱，而是所要捕捉的鱼和兽"。或者用西方的措辞就是他们发现所谓的两难的困境实际毫不相干，为此纠缠不过是庸人自扰。他们发现，只要打开心灵之眸，即使当前的手段也可达到目标。一切都有可能，智者自助，无需他人。

公案的意义并不在于这些真理探求者所发现的真理，这其实是全世界神秘主义者的共识。它在于日本人所设想的探索真理的方式。

公案被称为"敲门砖"，而"门"是指围绕在未开化的人性周围的墙壁。这种蒙昧的人性总是担心目前的手段是否能够有效达到目标，并且幻想周围有无数的监视者准备对自己进行褒贬。这种"耻辱"之壁对所有日本人来说都有着切身的感受。一旦砖头将门打破，人就会感受到自由的空气，进而抛弃砖头。此后便无需再解决更多的公案，学习已经完成，日本人的德性两难境地也得到了解脱。他们绝望地使自己陷入僵局，"为了修行"他们像是一只"咬铁牛的蚊子"，而最后却发现——"义务"与"情义"之间的僵局，"情义"与"人情"之间的僵局，"正义"与"情义"之间的僵局都是不存在的。他们发现了一条出路，他们获得了自由，并且第一次他们能够充分地"品味"人生。他们体验到了无我两忘的境界，"练达"的修炼已经成功地达成了目的。

禅宗佛教的研究权威铃木大师，将"无我"描述为"对无所感知的入迷"、"无用心"。"观我"被根除了，一个人达到"忘我"，亦即他不再是自己行为的审视者。铃木说："随着意识的觉醒，意志将一分为二——行为者与审视者。冲突也将不可避免，因为行为者（行为自我）想要从审视者（旁观自我）的束缚中挣脱出来。"因此，弟子在"悟"的过程中发现所谓的"观我"并不存在、"未知或不可知其量的心灵实体并不存在"。除了目标以及实现目标的行为外，并没有任何东西。人类行为学者，可以改写此描述，针对日本文化特性做出更多的探讨。从幼年开始，日本人就接受了严格的训练，观察自己的行为，并且察言观色，揣测别人会怎样评价他们。因此他们的旁观自我是十分脆弱的。为了自我达到三昧境，他就会剔除脆弱的自我，这就不再感受到"我正在做"。这时他会感觉自己的灵魂得到了修炼，就像初学剑术者经过苦练，可以站立在四尺高的柱子上而不惧怕坠落那样。

画家、诗人、演说家、武士都同样地利用达到这种"无我"来修炼。他们所学到的并不是"无限"，而是对有限之美清晰感知，或是掌握调节手段和目的的能力，使得他们能用适度、"不多不少"的努力达到目标。

甚至连从未受过训练的人，也会有某种"无我"的经验。当一个人观赏能乐或歌舞伎剧，当他全神贯注地观看时，日本人认为他也是丧失了旁观自我。他的手心流汗，这是他感觉到的"无我之汗"。轰炸机飞行员接近目标要投下炸弹之前会冒"无我之汗"，他没有"我正在做"的意识，在其意识中旁观自我完全消失。全心注意敌机的高射炮射手，也同样被认为会冒"无我之汗"，丧失旁观自我。总之，日本人的观念是，在以上这些场合中，一个人能达到"无我"是最好的表现状态。

这种观念充分证明了日本人由于自慎、自审而感到的重压。他们指出，一旦这些重压消失，他们就能自由无羁，而且提高工作效率。美国人把旁观自我跟内心的理性原则等同，并以在面临危机时能够"机警应变"而自豪。相反的，日本人却沉浸在心灵的三昧境中，认为忘却自慎所强加的约束，这

日本歌舞伎表演

　　在日本传统艺能中,歌舞伎是非常有名的。歌舞伎是从民间艺能"风流"演变而成的。它的起源据说是在 7 世纪初,一位在出云大社从事女祭司工作、名叫阿国的女子来到京都从事宗教性的念佛舞蹈时开始的。观赏歌舞伎是日本人最喜欢的娱乐之一。

时他们就如释重负了。如前所述,日本文化不停地在他们心灵中灌输慎重的必要性,日本人对此给以还击,他们宣称人类意识还有一个更有效率的层面,就是在这种重担消失之后。

　　日本人表明这信条的最极端方式——至少在西方人听来是如此,是"像已死般生存"。他们对"像已死般生存"的人有非常高的评价。这句话照字面译成西方话应该是"行尸"。在所有西方语言中,"行尸"一词表达的是嫌恶感。他们用"行尸"表示自我已经死灭,是只剩一副躯壳堆在地上的人,这种人已毫无生命力。日本人用"像已死般生存"这句话表示一个人生活在"练达"的层面。在日常生活中,它被用作劝勉的话。一个男孩为中学毕业考而担忧,为了鼓励他,可以说:"就像已死般接受它,这样你就可轻易地应付过去。"为了鼓励从事重要商业交易的人,朋友会说:"当作已经死去一般。"当一个人遭遇了严重的心灵危机,而且不能预卜前途,这时他通常会决意"像已死般"生存，而脱出困境。战后被选为贵族院议员的基督教伟大领袖贺川丰彦，在其小说体自传中写道："像一个被恶魔蛊惑的人，他每天都关在房间里哭泣。他的哭泣近乎歇斯底里。苦恼持续了一个半月，最后生命终于获得胜利……他将借死亡所赋予的力量而生存……他将像已死般加入战斗……他决心皈依基督教。"战时日本军人说："我决心像已死般生存，借此报答皇恩。"这句话包含了以下这些行为：出征前为自己举行葬礼、发誓把自己的身体化为"硫磺岛之土"、决心"与缅甸之花共凋零"等。

"无我"和"如已死般生存"所根据的是同样的哲学基础。在这种状态中，一个人可以无需自慎，因而也就没有了一切恐惧和警戒。他仿佛是个死者，达到了随心所欲的境界。死者无需再报"恩"，他们已经自由。因此，"我将像已死般生存"这句话含有从矛盾相克中解放出来的意思。它表示："我的活动力和注意力不受任何束缚，可以直接专注于目标的实现。我的旁观自我以及其不安的重荷，已不再阻挡在我与我的目标之间。随之消失的，还有紧迫感和沮丧倾向，这两者过去妨碍了我的奋斗，现在我能够达成任何事。"

以西方人看来，日本人追求"无心"和"像已死般生存"，是抛弃了良心。他们所谓的"观我"、"妨我"，是裁决个人行为善恶的监视者。当我们说某个人没有良心时，是指他在犯罪时没有罪恶感。而当日本人使用类似的词时却是指一个人不再感到紧张和受到妨碍。这一点鲜明地点出了东西方心理学的差异。同样的词句，美国人所指的是坏人，日本人所指的是好人、有德行的人、能够发挥能力至最高限度的人，亦即能够从事最困难、最诚挚无私行为的人。美国人激发善行的强大约束力是罪恶意识，良心麻痹而不再有罪恶感的人是反社会的。日本人对问题的解释有所不同，根据他们的哲学，人的内心最深处是善良的，如果他的冲动直接表现在行为中，他会因遵从道德而心安理得。因此，他从事"练达"的修炼，借以去除耻辱感这一自我监视的心理机构。这时，他的"第六官"才能自由无碍，这是超脱自我意识和矛盾相克的终极解放。

心中无我

日本人的人生是一个 "U" 字形，幼年的时候他们享受着极大的自由，年老的时候他们可以从审视者的束缚中解脱出来，达到了心中无我，而这中间的时期，则是他们压力最大，进行修炼的过程。

日本人这种自我修炼的哲学，当它被割离于日本人在其文化中的生活体验而加以考察时，就会变成不解之谜。上文已经讲过，那些日本人将之归属于 "观我" 的 "耻辱"，这对他们构成了非常沉重的心理负担。但是这一哲学在精神控制中的真正含义，只有研究过日本的儿童养育方式之后，才能表现出来。任何文化中，传统的道德规范一代代地传递下去，不单靠言语，而且还在所有年长者对子女的态度中传递，外人如果不先研究一个国家的育儿方式，就无法了解该国人民生命生活中的重大事件。到目前为止，我们只是从成人的层次描述日本国民的人生观，而通过他们的育儿方式可以使我们更加了解这方面的许多问题。

第十二章　磨砺儿童

　　日本儿童如何被抚养成人，并不像西方人所想象的那样。美国父母们训练子女所接受的生活，缺少日本人生活中慎重和坚韧克己的要求。但是，他们一开始便会使宝贝明白自己的小愿望在这个世界上并不是至高无上的。婴儿一出生，我们就安排了固定的喂养和睡眠时间。不管他如何哭闹烦躁，只要喂养时间或睡眠时间没有到，他就必须等待。一段时间后，母亲会经常拍他的手，使他把手指头从嘴里拿出或远离身体的一些部位。母亲时常离开婴儿的视线范围，当她外出时，婴儿就必须留在家里。在婴儿还没有喜欢吃其他食物之前，他就被迫断乳。如果他是用奶瓶喂养的，那就得放弃奶瓶。一些对身体有益的食物他必须吃。他做错事时，会受到处罚。在美国人看来，日本人成年后需要克制自己的欲望，小心而一丝不苟地遵守那些苛刻的命令，那么日本儿童所接受的训练，自然要加倍严格。

　　然而，日本人的做法却并非如此。日本人的生活曲线与美国人的恰恰相反。日本人的人生曲线是个大开口的 "U" 形曲线，即幼儿和老人被允许得到最大的自由和放任。幼儿期过后，限制逐渐增加，到了结婚前后，个人自由达到最低程度。在人生的壮年期，这种低水平要延续许多年。男女到六十岁之后，曲线又再度逐渐上升，可以像小孩一样没有羞耻心的约束。美国人的生活曲线与此相反。幼儿必须接收那些严格的纪律约束。随着小孩力量的增长，约束也逐渐松弛。当他得到足以谋生的工作和建立自己家庭的时候，他可以完全掌握自己的人生了。对我们来说，青壮年期是自由与主动性的高水平阶段。当一个人失去自我控制，体力渐衰，并开始依赖他人的时候，拘束就又出现了。作为一个美国人，甚至连幻想一下依据日本模式而安排的人生都很困难，在我们看来，那种生活似乎超越了现实。

但是实际上，不管是美国人还是日本人的人生曲线，在各自的国家都能保证个人在青壮年时期都以充沛的精力参与到文化生活中。在美国，为确保达成这个目的，我们依靠提高各人在青壮年期的自由选择权。而日本却依靠给个人最大化的制约。事实上，个人在体力和赚钱谋生能力都达到巅峰的这段时期，并没有成为自己生活的主人。日本人非常相信克制是最好的精神修炼，而且所得到的结果是自由无法促成的。但是，日本男女在最富有生产力的时期给予最大的约束，决不意味这种约束会持续一生，孩童时期和老年时期是"自由的领地"。

对自己的儿女如此纵容的人很可能是需要孩子，日本人正是这样。他们需要孩子，首先因为爱孩子是一种快乐，这和美国父母一样。他们想要孩子还有其他原因，该原因对日本人来说远比对美国人重要。日本父母需要儿女，不仅仅因为感情上的满足，也因为假如不能传宗接代，他们就是失败者。每个日本男人都一定得有儿子，他们所需要的，是在自己死后，每日儿子能在客厅的祭坛前对着牌位表达哀思敬意。他们需要儿子延续家族的血脉，维护其家门的荣誉和财产。出于传统的社会原因，父亲需要儿子就像幼子需要父亲一样迫切。儿子将取代父亲的位置，但这不意味着排挤父亲，而是保护父亲。若干年内，父亲是家的托管人，以后就由儿子接管。如果父亲不能把家让给儿子管理，那么他自己的角色就没有意义。这种根深蒂固的传承意识，使成年的儿子依赖父亲这种事情不像西方国家那样会感到可耻和屈辱，即便这种依赖的时间比美国长得多。

女人也需要孩子，不仅因为情感的满足，更是由于只有作为母亲才能获得地位。没有子女的妻子在家庭中处于最不安全的地位，即便没有被丈夫抛弃，她也永远没有希望成为婆婆，拥有支配自己儿子的婚姻和儿媳妇的权威。

她的丈夫虽然可以收养一个儿子来继承他的姓氏，但在日本人的观念里，没有儿女的女人就是个失败者。人们期望日本女人成为生育机器。19世纪30年代前五年的平均出生率为31.7‰，比多产的东欧国家还要高。19世纪40年代，美国的出生率为17.6‰。日本的母亲生孩子的年龄也非常早，19岁的女孩比其他任何年龄的女人生育更多的孩子。

在日本，分娩和行房事一样隐私化。产妇在生产阵痛时也不能哭叫，因为哭叫会使分娩公开化。新的摇篮和小被褥会提前为婴儿准备好，人们相信不睡新床对新生婴儿是个坏兆头，即使是只能把棉被洗净翻新做成"新被"。小棉被不能像大人用的那么硬，也比大人的轻。据说婴儿在自己的床上会更舒服，但是让婴儿分床睡的深层原因是基于一种神秘感应：新生婴儿必须有自己的新床。婴儿摇篮虽然靠近母亲的床，但是在婴儿长大到懂得要求与母亲同睡前，并不会和母亲睡在一起。大约要满一周岁，婴儿才会伸出双手表达出这种要求。那时，婴儿才由母亲搂着睡。

婴儿出生三天后，母乳真正开始分泌后才哺乳。这以后，婴儿可以随时吃奶或是获得抚慰。母亲也以哺乳为乐事。日本人相信哺乳是女人最大的生理快感之一，婴儿也很容易学会分享母亲的快乐。乳房不仅供给营养，而且供给喜悦和快乐。婴儿出生后的头一个月内，如果不是躺在他的小床上，就是被抱在母亲的怀里。婴儿满月那天，会被带到当地的神社参拜，这之后人们才认为婴儿的生命扎根在体内了，可以带他自由外出。一个月过后，婴儿就被背在母亲的背上，用一根双重带子系在孩子的腋下和屁股下，再绕过母亲的肩，在腰前打一个结。天气冷时，母亲用外衣把孩子全部裹上。家里年龄大一点的孩子，不论是男孩还是女孩，也都会去背婴儿，甚至在玩垒球或跳房子游戏时也背着婴儿。尤其是农家和贫困家庭，多数是依靠孩子看护孩子。这样，"由于日本的婴儿生活在人群中，很快就显得聪明好奇，似乎当哥哥姐姐们背着他们游戏时，他们也是其中一员。日本婴儿四肢伸开被绑在背上，这种方式与太平洋诸岛及其他地区用披肩裹婴儿的方式有很多共同之

母与子

　　这幅日本早期的浮世绘作品中，母亲将孩子背在背上，并给他制作简单的玩具，母子之情跃然纸上。

处。这使孩子变得被动。用这种方法育婴，孩子长大以后能够随时随地、不拘姿势地睡觉。日本人正是如此。但是，日本人的负婴习惯不是像用披肩或包袱裹婴儿那样产生彻底的被动性。婴儿"在人背上会像小猫那样自己搂着别人，绑在背上的布条使他很安全，但婴儿要靠自己的努力以求得最舒服的姿势；很快，他就能掌握一种趴在背上的技巧，而不只是被完全被动地绑在别人肩上。

母亲劳作时就把婴儿放在床上，上街时，就带上婴儿一起去。母亲与他说话，为她轻唱。母亲带着婴儿做各种礼节动作，当给别人还礼时，她也会把婴儿的头和肩向前移动。在这种场合，婴儿的礼节也被算在内的。每天下午，母亲把他抱进热气腾腾的浴室，然后放在膝盖上，和他一起玩。

出生三四个月的婴儿要系上用粗厚的布垫制成的尿布，日本人有时抱怨他们的罗圈腿正是这些尿布造成的。当婴儿三四个月大的时候，母亲开始对婴儿进行排泄训练。当估计婴儿要大小便时，就把他抱到户外，吹着低沉单调的口哨等待着，婴儿慢慢就会形成条件反射。人们普遍认为，日本婴儿和中国的婴儿一样，很早就接受排泄训练。如果婴儿随便大小便，有时母亲会轻轻地掐婴儿，或者声色稍变，会更加频繁地抱这位难以训练的婴儿到户外训练。如果婴儿一直排泄不出来，母亲就会给她洗肠或者给他吃泻药。母亲说这样是为了让婴儿舒服些，当习惯形成后，就不用再系上那又重又不舒服的尿布了。很明显，日本婴儿肯定很讨厌尿布，这不仅是因为它粗厚，还因为日本人没有尿湿后就立刻给婴儿换尿布的习惯。然而，婴儿太小了，不懂得排泄训练与摆脱令人厌恶的尿布之间的关系，它只觉得这是强加于他的，无法回避的事。除此之外，母亲抱着婴儿时，会让婴儿离自己的身体很远，因而必然抓得很牢。婴儿从这种严格的训练开始为他成年后接受日本文化中微妙的强制性要求打下了基础。

日本的婴儿通常是先会讲话，后会走路。爬向来是不受鼓励的。传统上，日本人有一种感觉，婴儿在周岁以前不能让他站立或迈步。以前，母亲会阻止婴儿那样做。近一二十年来，政府在其发行的廉价的、普及的《母亲杂志》中，宣传婴儿学走路应当得到鼓励，这才逐渐地得以普及。母亲在婴儿的腋下系一根带子，或用两手扶着婴儿学走路。尽管这样，婴儿还是有在走之前就说话的倾向。当婴儿开始说一些单词时，大人用来逗玩婴儿的语句逐渐变得有目的了。他们不只是让婴儿在偶然的模仿中学习语言，而是教单词、语法、敬语，婴儿和大人都乐在其中。

当小孩学会走路后，就会在家里搞很多恶作剧。他们会用手指捅破纸墙，甚至会掉到地板中央的火炉里。大人们不满意他们这样，就夸大室内的危险，说踩门槛上是"危险"的，因此坚决禁止。日本的房子没有地基，是靠梁柱支撑着。如果小孩踩了门槛，整个房子就会坍塌变形——日本人对此深信不疑。而且，孩子不能站在或坐在两张榻榻米的交界处。铺席的尺寸都是固定的，房间按铺席数量分别称为"三席铺间"或"十二席铺间"。孩子们经常被告知，古代的武士会从铺席底下用剑把屋主刺死。只有厚厚的、柔软的铺席才能确保安全，而其连接处的缝隙则很危险。母亲经常不断地告诫孩子这种感觉——"危险"以及"不好"。第三个常用来告诫的词语是"脏"，日本房屋的整洁是众所周知的，儿童自幼被训诫要注意整洁。

大多数的日本婴儿在新的婴儿诞生之前都不断奶，但是近年来政府发行的《母亲杂志》提倡婴儿满 8 个月时就应该断奶。中产阶级的母亲通常照此执行，但还远远未成为普遍的习俗。哺乳对母亲来讲是一大乐事，的确如此。那些逐渐接纳新习俗的人，会把缩短哺乳期看作是母亲为了孩子而做出的牺牲。当他们接受"长久哺乳会使孩子身体虚弱"这一新的观点后，就会指责不给孩子断奶的母亲是自我放纵，没有自制力。"她说无法给孩子断奶，只是因为她没有下定决心，她想继续哺乳，不过是想从中得到自己的快乐。"由于这种态度，8 个月断奶的新习惯不能被普及完全可以理解。另外一个断奶晚的现实原因是，日本人没有给刚断奶的幼儿准备特殊食物的传统。如果断奶的孩子尚幼，应该喂食稀粥，但通常是从母乳直接改为平常的成人食品。日

儿童的教育

本人的饮食中不包括牛奶，他们也不为幼儿准备特殊的蔬菜。在这种情况下，自然有理由质疑政府倡导的"长期哺乳会使孩子身体虚弱"理论的正确性。

幼儿一般在能够听懂别人说话以后断奶。吃饭期间，母亲坐在桌前，将幼儿搁在自己的膝上喂他少许食物，断奶以后他们吃的食物就多多了。有些幼儿因为他们的母亲再度生产而断奶，所以他们的喂养就成了问题，这是很容易理解的。母亲经常给他们一些糖果以使他们不要依恋母乳，有时甚至在乳头上涂胡椒。所有的母亲都会揶揄他们说，如果还想吃奶那就证明他还是个小娃娃。她们会说"看看你表弟，多么像个男子汉，他跟你一样小，但已经不吵着要吃奶了。"或者说："那个小孩在取笑你，因为你是个男孩子了，还想吃奶。"二三岁甚至四岁大依然吃奶的小孩，当看到稍大点的小孩走近时，就会赶紧放开奶头，装出没那回事的样子。

这种取笑、敦促小孩成人化的教育方式，不仅仅用于断奶。从小孩能够听懂话开始，这就是在任何场合使用的技巧。当小男孩哭鼻子的时候，母亲就会说，"你又不是个女孩子"，"你是个男子汉"，或者会说："看那个小孩就不哭。"当客人带小孩来串门时，母亲就会当着自己小孩的面轻抚客人的孩子，并且说："我打算收养这个又可爱又听话的孩子，你这么大了还这么淘气。"这时，她自己的小孩就会扑向她，一边用拳头打着妈妈，一边哭喊着："不要，不要，我们不要别人的小孩，我会听妈妈的话的。"一两岁的小孩吵闹或没有立刻听话的时候，母亲就会对男客人说："请把这个小孩带走，我们家不要他了。"客人也扮演起这个角色，开始要把小孩从家里带走。小孩于是放声大哭，向母亲求救，气急败坏。母亲觉得玩笑已经收到了结果，就会和颜悦色地把小孩抱回自己身边，让尚在伤心哭泣的孩子答应学乖。甚至对五六岁大的小孩，这种小把戏有时也会奏效。

类似的取笑还有别的形式。母亲会走到丈夫身边对孩子说："我更喜欢你的父亲，他是个好男人。"孩子就会醋意大发，并企图跻身于母亲和父亲之间。母亲就说："你父亲不会在家里乱喊乱叫，也不会乱跑。"小孩就会抗议说："不，不，我也不会。我会听话的，现在你爱我吗?"戏演够了，父母就会相视而笑。他们不但用这种取笑的办法教育小男孩，还教育小女孩。

这种经验是滋生嘲笑和排斥所产生恐惧的沃土，这种恐惧感在日本人长大成人后会尤为明显。很难断定幼儿什么时候才懂得这种嘲弄不过是拿他开玩笑，但他迟早会懂得的。一旦他们懂得了以后，这种被人取笑的感觉就与害怕失去一切安全与亲密的恐惧感结合在一起。长大成人后受到别人嘲笑时，他们仍然会想起童年时代的这种感受。

这些嘲弄之所以会在二至五岁的孩子心灵中引起巨大的恐慌，是因为家庭是真正安全、放任的天堂。父母之间体力与情感上的分工明确，很少在孩子面前以竞争者的姿态出现。母亲或祖母理家，教子，跪着服侍孩子的父亲，将他们放在尊贵的位置，家庭等级井然有序。孩子们很快知道，长辈相对于晚辈，男人相对于女人，兄长相对于弟弟都有特权。但是一个孩子在他一生中的幼儿时期，沉浸在所有这些特权的宠爱中，尤其是男孩子。无论是男孩还是女孩，母亲总是在任何地方对任何要求都会满足的人。一个三岁男孩甚至可以对母亲发泄怒火来获得满足。男孩对于父亲不能有任何反抗的表现，却可以对他的母亲和祖母暴跳如雷，以发泄出受父母嘲弄以及要被"送给别人"的愤怒。当然，不是所有的男孩都脾气暴躁，但是无论是在农村还是在上流家庭里，脾气暴躁被看作是三至六岁小孩的通病。小孩用拳头打母亲，又哭又闹，甚至弄乱母亲的发髻。母亲是个女人，虽然他只有三岁，但是个男人，他甚至对自己粗暴的行为感到满足。

对于自己的父亲，孩子则只能表示尊敬。对于孩子来说，父亲是非常伟大的榜样，尊贵等级的代表，用日本人常用的话来讲，"作为教养"，孩子必须学习对父亲表示应有的尊敬。日本的父亲几乎比西方任何国家的父亲都较少地承担教育子女的责任。教子的责任完全交给妇女。父亲往往通过沉默的眼神或简短的训诫来表达自己的意向，而这种情形也很少见。因此孩子都立刻听从。闲暇时间父亲可能会给孩子制作玩具。孩子在学会走路很长时间以后，父亲偶尔会像妈妈一样抱着小孩四处转转。这个时候，为了孩子，日本父亲还隔三差五承担一些美国父亲通常会推卸给妻子做的育儿义务。

在祖父母面前，孩子们非常自由，尽管他们也受到尊敬。祖父不会训诫孩子。当他们反对父母对孩子懈怠涣散的教育时，他们就会亲自教育孩子，许多摩擦就这样产生了。祖母全天都守候在孩子身边，在日本家庭中，祖母和母亲为了孩子而展开竞争的现象是众所周知的。从孩子的角度来看，他得到了双方的宠爱。从祖母的角度看，她利用孩子来控制儿媳。年轻的母亲生活中最重要的责任就是要讨婆婆的欢心，所以不管婆婆怎样娇惯孩子，母亲也不能反对。母亲说不能再吃糖果了，而婆婆在母亲说了之后还给，并有意尖锐地说："我给的糖果又不是毒药。"许多家庭里的祖母给孩子的礼物是母亲无法给予的，而且她有更多的闲暇时间陪孩子玩乐。

家庭里，哥哥姐姐被教导要宠爱弟弟妹妹。日本人十分清楚地意识到，新的婴儿诞生后，原来的孩子就会面临所谓"失宠"的危险。失宠的孩子很容易联想到他不得不让出母乳和母亲的床给新生婴儿了。在新婴儿出生以前，母亲就会告诉孩子，现在你就要有一个真正的娃娃了，而不是只是个假娃娃。并且还会被告知，他可以和父亲一起睡了，而不是随母亲睡，而这似乎被看作一种特权。小孩会因此沉浸在等待新生命降临的准备中。新生命降生后，孩子也会由衷地感到激动和高兴，但随之这些情绪就会消失。不过这完全在父母的意料之中，不会为此特别地担心。受冷落的孩子也会抱起婴儿，朝外走去，跟他妈妈说："我们把这个宝宝送出去吧。"而妈妈会说："不，这是我们的宝贝，我们应该对他好。他就像你一样，需要我们的照顾。"这样的小插曲有时会在相当长一段时间里反复上演，但是母亲似乎并不担心。在大的家庭里，针对这种情况自然地产生了相应的对策，孩子们会按间隔次序，结成更为亲密的伙伴。一般是老大照顾保护老三，老二照顾保护老四。年幼的孩子相互照顾。直到孩子七八岁之前，孩子的性别对这种安排通常没有什么影响。

所有的日本儿童都拥有玩具，父母和亲朋好友们会给他们制作或购买玩偶及七零八碎的东西。在比较贫穷的人家，这些东西也并不花多少钱。幼童跟这些玩偶玩过家家、结婚、过节日等游戏，他们经常争辩怎样才是成人的"正确"步骤，有时还要请母亲针对争议加以评判。当发生争吵时，母亲很可能会坚持"位置决定义务"的原则，要哥哥姐姐对弟弟妹妹让步。最常用的话是："为什么不在输了之后再赢回来？"三岁的小孩就能够最终理解她的意思。如果哥哥姐姐把玩具让给弟弟妹妹，弟妹们很快就会因为厌倦而转向别的东西，那么被劝告的小孩就可以重新获得被抛弃的玩具。或者母亲会说，玩主人和仆人的游戏时，不妨接受那个不怎么受欢迎的角色，因为仍然可以从中"赢得"乐趣的。日本人在成年后，这种"先输后赢"的成长体验成为一项广为接受的处世原则。

除了训诫和揶揄的技巧之外，儿童教育中另外一个占有重要地位的方式是分散孩子的注意力，使之从正关注的对象上转移。日本人甚至认为不时给孩子糖果也不失为分散其注意力的一个好办法。当孩子接近入学年龄时，"治疗"的教育方式将被使用。如果小男孩性格顽劣、不听话或吵闹，母亲会带他去神社或佛寺，妈妈的想法是"我们将得到帮助"。这通常是一次远行，施行治疗的神僧会严肃地跟男孩交谈，问他的生辰和遇到的麻烦，然后退身去祈祷，再返回公布

寺子屋

江户时代的日本，是全球识字率最高的国家，达到了90%以上。这要归功于担负教育大任的"寺子屋"，也就是私塾。这里有三分之一的教师是女性，而且男女共学，据说教科书有七千多种以上。

治疗的办法，比如将这位躯体内的小蠕虫或小昆虫除去。他为男孩进行驱除治疗，然后把他遣送回家。日本人认为，这仅能"持续一段时间"。甚至日本儿童所遭受的最严厉的处罚，也被认为是一种"灵药"。这就是用圆锥形容器装上粉末——"灸"，然后在小孩的皮肤上灸烤。这样会留下一个永久的疤痕。"灸"是东亚一带流行的古老的医疗法，日本传统上也用它来祛痛。

它也可以治疗易怒和偏执。母亲或祖母会对六七岁的男孩使用这种"疗法"，倘使情况严重，还会使用两次，但很少有小孩因为淘气第三次接受"灸"疗。这同美国人说"如果你那样做将会挨揍"的意义并不相同，但却远比挨揍疼痛难忍。孩子最终会明白，调皮是会受到惩罚的。

除了这些调理顽童的办法之外，还有其他进行必要体能训练的习俗。日本人强调要手把手地教孩子做各种动作。幼童应该是被动的。幼童在两岁之前，父亲会帮他把两腿摆成正确的坐势，双膝弯曲，足背贴着地板。幼童起初会发现很难保持身体不向后倾，但正确坐姿不可或缺的一点就是保持身体不动。他不能坐立不安，也不可以改变位置。日本人说，所要学习的正确的坐姿是松弛的、被动的。当父亲为幼孩摆放双脚时会着重强调这种被动性。正确的坐姿并不是应当学习的唯一姿势，此外还有睡姿。在日本，妇女因为睡态不雅而引起的羞耻，如同美国妇女因裸体被窥所引起的羞耻一样强烈。日本人并不因裸体入浴而感到羞耻，直到政府为了博取外国人认可而大肆批评，这种观点才有所改观。但他们对睡觉姿势的态度却极为强烈。女孩必须学会双腿拢紧直身而睡，而男孩则有更大的自由。这是男孩女孩相互区别的最初规则之一，和所有其他的规则一样，上层社会的要求比下层更为严格。杉本夫人谈起她在武士家庭成长的经历："从我记事儿的时候起，我每天夜里都会小心地、安静地躺在小木枕上——武士的女儿被要求在任何时候都不能对身心失去控制，即使是在睡眠之中。男孩可以将四肢舒展成'大'字，女孩则必须将身体弯曲成谨慎的、端庄的"弓"字形，这个字意味着'控制的精神'。"日本妇女也告诉过我，她们的母亲或保姆如何在她们上床后为她们摆放四肢的位置。

在传授传统的书法时，老师也是手把手地教孩子临摹，以"给他感觉"。孩童在认字、会写字之前，就已学会感受控制、律动的运笔。在现代的大众教育中，虽然不像过去那么注重言传身教，但仍然存在。他们通过牵拉孩子的双手，将其身体各部分摆在正确的位置上，来教导孩子鞠躬、使用筷子、射箭或者把枕头绑在背后当作婴儿。

除了上流社会之外，普通人家的孩子不必等到入学，就会和自己邻居的伙伴自由地玩耍。在村子里，他们在三岁之前就形成玩乐的小圈子，甚至在市镇，他们也在交通工具内或拥挤的街头无拘无束地疯玩。他们是特权人群。他们在商店里转悠着听大人谈话，或者玩跳房子、手球。他们在村子的神社里结伙游戏，在神的庇佑下安全无忧。入学后二三年，男孩女孩都在一起玩耍。同性的孩童之间，尤其是同龄者之间，更容易结成最亲密无间的关系。这些由于年龄结成的群体会成为一辈子的朋友，特别是在农村，这是其他团体所不能比拟的。在须惠村，"当对性的兴趣衰退后，童年成为人生中保留下来的真正的乐趣。村民说：'同龄人比妻子还要贴近内心。'"

这些学龄前儿童在玩耍的时候是非常自由的，他们的许多游戏，从西方人的角度看，非常猥亵下流。儿童对性知识的了解，既因为成人间谈话的毫无禁忌，也因为日本家庭活动空间的狭窄紧凑。此外，母亲与孩子玩耍，或者为他们洗澡时，常会使他们注意到自己的生殖器，尤其是男孩。除非发生在不合时宜的场所或不好的同伴之间，成年人对孩童们的性游戏不会责骂。手淫也并不被看作是危险的。儿童之间也会毫无顾忌地相互批评，这种批评在他们成人之后被看作是侮辱或自夸，长大成人之后他们会将这种自夸理解为深深的耻辱。大人们经常眼中饱含着亲切，笑着对孩子说："孩子们不知耻。"而且会加上，"这正是他们快乐的源泉。"这是成人与小孩之间的一条鸿沟，如果说一个大人"不知耻"，等于说他轻佻而不庄重。

这个年龄段的孩子可以互相说对方的家境和财富的坏话，尤其喜欢以自己的父亲为豪。"我父亲比你父亲强壮"，"我父亲比你父亲聪明"，这样的比较非常普遍，甚至为了尊敬的父亲而大打出手，这种行为在美国人看来丝毫不值，但是在日本，这却跟孩子从周围听到的言谈形成鲜明的对比。每个大人提及自己家宅时说"寒舍"，而邻居的则称为"尊府"。同样，他们提及自己家族时说"敝家"，而把邻居的称为"尊家"。从孩子形成玩耍的小圈子到小学三年级，也就是他们九岁时，在这数年间，孩子会不时表现出这种以自我为中心的倾向，日本人对此已经达成共识。他们会经常争吵："我来当主君，你当我的家臣"，"不要，我不当家臣，我要做主君"。有时候则因自我夸耀而贬低他人。"小孩子可以随心所欲说话，随着年龄的增长，会发现有些话是不被允许的，这时候他们就会耐心地等待别人征询才开口，也不再自夸了。"

孩童在家庭里学习对待超自然所的态度，神僧并不"教诲"孩子。一般而言，孩子对此的了解会来自其他场合，比如去参加世俗的庆典，跟随其他参拜者一起接受神僧的净化。这时孩子会受到有关组织性宗教启蒙。有些孩童会跟随大人参加佛教礼拜，节日的庆典他们也参加。但孩子们最频繁的、最根深蒂固的宗教经验，通常是来自家庭内以佛坛及神道为中心的惯例祭祀。比较显著的是要摆上祖先牌位的佛坛，坛前要供奉花束、特定的树枝、熏香。每天必须供奉食物，家内的年长者必须向祖先报告家中发生的所有重要事件，每日在佛坛前叩拜。晚上则须点灯照明。人们经常说不愿意离家而眠，因为他们如果看不到这些家的守护物时会感到茫然。神道教的神龛常常是一个简单的搁板，上面供奉着从伊势神殿请回的符咒。这里也会放上其他的供奉。除此之外，厨房里还有烟灰满身的灶神，门上和墙上也会贴上许多的符咒。他们保护着家庭的安全。在乡村，村落的神殿同样是一个安全的地方，因为慈悲的神镇守着这里，保护着神殿。母亲希望孩子们到安全的地方游戏。孩子们没有经历过任何事情让他们害怕这些神，也不必处处依照正义挑剔之神的意愿而行事。神应该受到虔诚的膜拜，并带给人们福祉，可是神并不是独裁者。

让男孩子适应日本成年人谨慎的生活方式是一件重要的事情，到男孩子入学两三年后这件事才能真正开始。在此之前，已经教他要控制身体，当他耍性子的时候，他的长辈会治疗他的任性，分散他的注意力。他会受到适当的告诫，并被哄住。但是有时也允许他任性，甚至是对母亲大不敬。他的自

参拜伊势神宫

　　这幅 16 世纪的画轴表现的是日本香客前往伊势神宫参拜的景象。这种参拜在日本人很小的时候就有了，他们先在河中沐浴净身，然后经由木桥穿过神社大门，前往神殿。

负感就此成长。这一切在他入学前没有太大变化。最初的三年教育是男女生同班，无论是男教师还是女教师都会爱抚学生，跟他们朝夕相处。然而，这时家庭教育和学校教育的重点是放在避免陷入"窘境"。孩子们还太小，不会感到"羞耻"，但是必须教会他们避免"窘境"。比如说，故事中有个男孩在没有狼的时候，大喊"狼来了！"以此"愚弄了人们"。"如果你做这种事情的话，人们就不会相信你了，这是会让你陷入窘境的事情。"许多日本人说他们犯错误的时候，最初是他们的同学嘲笑他们，而不是老师或者父母。此时，他们长辈的职务的确不是嘲笑孩子，而是渐渐地把这种受嘲笑的事实与道德训诫相结合，这种道德训诫是与世间的"情义"结合在一起的。小孩子六岁的时候，听到"义犬报恩"的故事，义务被讲解为一条义犬的爱戴和忠实，这些义务又逐渐变成了一系列的约束。这个故事引自一本六岁孩子的读本中。长者们说"如果你做这个或那个，世人就会嘲笑你的"。规则是独特的、应运而生的，许多规则都是我们所谓的礼节。这些规则要求自己的意愿必须服从对邻居、家庭和国家日益增长的责任。孩子必须克制，必须认识到自己的责任。他逐渐变成一个负债者，所以必须谨慎行事，以便清偿债务。

这种地位的变化是与男孩的成长相伴的，他们儿童时的嬉戏模式被以严肃的新形式扩展了。他八九岁时，家人真的会排斥他。要是他的老师告诉家长他不乖、不敬，举止不端，家里人就会排斥他。要是店主因为他调皮而训斥他，"家庭名誉将因此受辱"，全家人都将指责他。我认识的两个日本人，在学校里受到老师的惩罚，因此曾被他们的父亲赶出家门，当时他们还不到十岁，而他们也感到无脸去亲戚家。这两个人都藏在屋外的棚子里，他们的母亲发现并把他们带回家。高年级的小学男生有时会被关在家里自我悔改，而且必须做一件日本人都着迷的事情——写日记。不管怎样，家人表现出他们对待男孩的态度是要让他知道他是家人在外面的代表，家人批评他是因为他受到了世人的批评。他没有做到世间之"情义"的要求，也不能向家人求助，不能找伙伴帮忙，他的同学会因为他犯错误而排斥他，在他和同学们打成一片之前，他必须道歉并做出承诺。

果勒说过，值得重视的是，这种现象所表现的极端程度在社会学上也是很少见的。在许多社会中，大家庭或社会群体发挥着主要的作用。这种群体通常会一致保护他们当中受到外界批评的成员。只要自己的群体认可，其成员就可以在面对外人时得到全面的支持以免陷入困境或者受到攻击。在日本，情况似乎恰恰相反。只有在获得其他群体赞同的时候，此人才能够获得自己群体的支持；如果外人对其反对批评，自己的群体就不认同他并且惩罚他，除非此人能够使外部群体撤回批评。这种机制是一种"外部世界"认同机制，其重要性在其他的社会中可能都无法相比。

女孩与男孩所受到的训练在本质上是一样的，但在细节上略有差异。在家中，女孩比男孩受到的约束更多，她要做更多的家务，虽然小男孩也可能要照顾弟弟妹妹，可是女孩子在分配礼物和受到照顾方面，她受到的礼遇总是更少些。她不能像男孩子那样有坏脾气。但是，她却在亚洲女孩中享有相当大的自由。她可以穿艳丽的衣服，在街上与男孩子一起玩耍，打闹，还常常能应付自如。她也是一个"恬不知耻"的小孩子。从6岁开始，一直到

小野小町

　　小野小町是日本家喻户晓的大美女，在日本与杨贵妃、埃及艳后克丽欧佩脱拉并称世界三大美女。她才华横溢，歌舞技艺高超，是日本教育女孩的典范。

9 岁，她跟兄长一样逐渐懂得了她对"世界"的责任，经历与其兄长也大致相当。孩子们 9 岁的时候，学校开始分男女班，这时男孩们非常重视他们新形成的男性团体。他们排斥女孩子，也不愿意有人看到他们和女孩子说话。女孩子们也经常受到母亲的告诫，母亲告诉她们不要和男孩子相处。这个年龄段的女孩子据说会变得忧郁孤独，并且不易开导。日本的妇女说这是"儿时欢快"的结束。女孩子的童年因为被排除在男孩生活圈外而宣告结束。此后许多年，她们除了"加倍自重"这样的路途可行之外，别无选择。这种训诫一直伴随着她们，不论她们是订婚还是结婚。

然而，男孩子在懂得了"自重"和"世间情义"之后，并不会承担日本成年男子的那种义务。日本人说："10 岁以后，男孩子得学习对名誉的情义。"当然，这意味着耻辱感是一种美德，他也必须得学习各种规则：直接攻击对手时应该在那种场合，在那种场合可以采取间接的手段来洗刷自己的污名。我认为他们并不是说男孩子要变得更富有进攻性。这种进攻性是一种针对耻辱的行为。男孩子在童年时代曾对母亲无礼，与同伴因为意见不合而打架，他们在 10 岁的时候几乎没有必要学习怎样去变得富有进攻性了。但是，男孩子十多岁的时候，他们必须服从对名誉的"情义"的规则，这种规则把他们的攻击限定在社会公认的模式，并向他们提供了处置他的特定方式。前面提到过，日本人通常不对别人施加暴力，而常对自身带有进攻性，即使学校里的孩子们也不例外。

小学毕业后继续升学的男孩子，大约占总人口的 15%，而占男性人口的比例更大些。这时他们要对名誉的"情义"负责，因为他们突然要面对中学升学的强大压力和排名的激烈竞争。面对这场竞争他们并没有逐渐积累的经验，因为在小学、在家里，基本没有什么压力。这种突然到来的新的经历使得竞争成为萦绕心头的苦差事。竞争排名，处心猜忌，到处可见。不过，日本人在讲述这些生活时，往往认为这些竞争还不如中学里高年级学生欺负低年级学生那么厉害。中学里的高年级学生对低年级学生指挥自如并让他们受尽委屈。高年级学生让低年级学生做一些愚蠢、屈辱的事情，他们感到极度愤恨，因为日本的男孩子可不认为这是玩笑。小孩子在高年级学生面前受到屈辱，为其做一些下贱的事，心中极其愤恨并寻机报复。实际上，由于不能立即报复，愤恨之情变得更加深化。这种报复便是名誉的"情义"，他以此作为美德。长大以后，他或许可以在家人的帮助下让仇敌丢掉工作。毕业后，他也可能会练习柔道或者剑术，以便在众人面前羞辱仇敌。除非他能复仇成功，不然他总感觉"壮志未酬"，这也正是日本人羞辱成风的原因。

不读中学的男孩子们，在军训中也会有同样的经历。和平时代，四分之一的男孩子会应征入伍，老兵对新兵的欺负甚至比中小学里面的还要厉害。这与军官毫无干系，甚至与士官也关系不大。日本军规的第一章中规定向军官申诉是一件很丢面子的事情。新兵必须自己解决。军官认为这是一种"锻炼"部队的方法，而且自身决不卷入。老兵们把自己受的怨气向新兵发泄，并以侮辱新兵的妙计来表现自己的"能力"。受训新兵常被认为性格发生了改变，成了"穷兵黩武的国家主义者"，并不是因为教给他们关于集权国家的理论或者效忠于天皇，而是因为所受的屈辱对他们影响很大。年轻人在家里受到日本式接人待物的训练，非常重视自尊，上述遭遇使他们在部队里很容易变得残酷无情。他们无法忍受嘲笑。他们认为这是一种排斥，所以会反过来再去折磨别人。

当然，当代日本中学和部队的环境造就了日本人的性格，这些都来自于日本古老的关于奚落和侮辱的传统。这些日本式的反应并非中学和军队的产物。不难看到，对名誉的情义是一种传统的规则，这使日本受嘲弃者的痛苦感大于美国的那些受嘲弄者。这与旧有的类型相一致，受屈辱的群体伺机报复其他的群体，但这并不能让男孩子放弃对嘲弄自己的人的报复。替罪羊的做法并不常在日本发生，这种方式只常见于西方。比如说波兰，新的学徒或者割麦人受到屈辱，他们不会报复，只会再去羞辱下一批新的学徒或者割麦人。日本男孩子当然也会用这种办法，但是他们更想立即报复。当他们成功报复后，就会感觉"相当棒"。

学校训练

20世纪初，日本当局在学校训练中推行武士道精神。

日本重建的时候，心系国家的领袖会特别注意中小学校和军队里的以大欺小的风气。为了伸高低年级的差别消除，他们会强调学校的宗旨。在军队里，他们会禁止老兵羞辱新兵。即使老兵像日本军官那样坚持对新兵的严格要求，但这种坚持在日本也已经绝不是侮辱。相反，戏弄新兵却是一种侮辱。无论是在学校还是军队里，如果发生年长者不能再随心所欲地命令年幼者像狗一样摇尾巴、学蝉叫或者在别人吃饭的时候做倒立——这样的改变，那将对日本的再教育有莫大的好处，比否定天皇的神性或者删除教科书中的国家主义内容等措施更有用。

日本女性无需学习有关荣誉的"女诫"，她们没有男孩在中学及军事教育中的近代经验，甚至连类似的经验都没有。她们生活的世界比兄弟们要稳定。从她们的早期记忆开始，她们就被训练接受这样的事实——男性拥有优先、引人注目、出席重要场合的权利。这些权利都是她们无法享有的。她们必须尊重的规则是承认自己没有在公开场合坚持自己主张的权利。不过，在婴幼儿时期，倒还能够与兄弟分享童年的无拘无束。当还是小女孩的时候，可以穿鲜红色的衣服，这种颜色的衣服成年后就不能穿了。一直到了 60 岁，到了生命中的第二个特权时期，才能再穿这种颜色的衣服。在家庭里，她们跟兄弟们一样，可以在母亲和祖母的竞争中得到双方的疼爱。弟妹们要求她像其他家庭成员一样"最"爱他们。孩子们把能和她同睡看作是姐姐对自己的偏爱，姐姐也经常把祖母给她的礼物与两岁的弟妹分享。日本人不喜欢独自睡觉。夜里孩子将自己的小床放在自己喜欢的一位长辈的床边，两张床被推在一起，通常表明当天这位长者是"最疼爱我"的。女孩到了八九岁时，就不能与男孩在一起玩耍，但在这个时期，可以从其他方面得到补偿。她们会为新的发式而喜悦，14 到 18 岁之间，她们拥有日本最精致的头饰。并且在这个年龄段，丝绸衣裳代替了棉布衣服。家人为了增添她们的魅力，在衣饰上真是巧费心思。女孩们也因此获得了某些满足。

同时生活本身也对她们做出了种种限制，而并不是父母强制执行，女孩们对此责无旁贷。父母也并不通过体罚的手段来行使特权，而是以一种平静的、矢志不渝的期待来督促女孩承担起自己的责任。有一个关于这种训练的极端的例子很能说明问题，它指出了女孩们所承受的是一种无形压力，这也是一种比较松弛、允许特权存在的养育方式的特点。稻垣铰悦子（杉本夫人原名）从 6 岁开始跟随一个博学的儒学者学习，记诵汉文经典。

在上课的两小时内，除了两手和嘴唇之外，老师的其他身体部位始终纹丝不动。我坐在老师对面的席子上，我以同样端庄静止的坐姿保持不动。但是有一次我动了。那天课上到一半，不知什么原因我稍微移动了一下，使盘起来的两膝的角度略有偏差。老师的脸色发生了微妙的变化，然后平静地合上课本，和蔼但却严肃地说："小姐，很显然你今天的精神状态不适于学习，你回到自己的房间反思一下吧。"我听了羞愧得无以复加，但却别无选择。只好向孔子像及老师深深鞠躬，然后谦恭地退出房间。我慢慢去父亲那里，像往

茶道

　　日本女孩在长到八九岁之后就不能再和男孩一起玩耍，她们要学着做家务，学茶道、插花和化妆等技艺。这幅浮世绘中的女孩正在认真学习茶道。

常一样在课程结束的时候向他汇报。父亲很惊讶，因为下课的时间未到。"今天功课做得这么快！"这句无心的话对我来说仿佛是丧钟。直到今天，当时的记忆里如一道伤痕，依然使我心痛。

杉本夫人在另一篇文章里描述祖母时，也概括了日本父母态度的最显著特征：

> 祖母安详地希望每个人按照她所认可的方式行动。没有责骂，也没有争辩，而只有像丝绸一样柔软而坚韧的期望，使她的小家庭向她认为正确的方向发展。

这种"丝绸一样柔软而坚韧的期望"能够产生效力的原因之一，是因为每一项有关学艺及技术的训练，都是明确而直接的。子女所学到的是习惯，而不只是规则。不管是童年时期学习使用筷子的方法、进入房间的方式，或者稍后学习茶道及按摩，都是由大人亲自耳提面命，反复演示，直到他们达到十分熟练的地步。日本人坚持"人不是生而知之，而是学而知之"。杉本夫人曾述及她从 14 岁订婚后开始学习为丈夫摆设餐桌。事实上她从未见过未

17 世纪的歌女
歌女接受严格的训练，学习如何取悦男子。这群 17 世纪的歌女或读情书，或听音乐，怡然自得。

来的丈夫，当时他在美国，而她则在越后（日本地名）。但是，一遍一遍地，在母亲和祖母的注视下，"我亲自下厨为松雄（其未婚夫名）做饭，准备一些我哥哥告诉我的松雄特别喜欢的食物。他的桌子就搁在我旁边，我不停地为他布菜、夹菜。就这样我学习体贴地照料未来的丈夫。祖母和母亲谈话时，常常假设松雄也在场，我必须注意自己的服饰和举止，仿佛他真的就在房间内。这样一来我慢慢变得尊敬他，也尊重自己作为他的妻子的位置。"

一个男孩也是通过实例和模仿来学习谨慎的习惯，但不像女孩的学习那样彻底。一旦他学会了，那么任何违背之举都是不被接受的。青春期之后，他将面对人生中一个重要的领域，在这里他有很大的自主性，因为他的长辈是不会教导他如何求爱的。在家庭里，任何公然的示爱行为都是被禁止的。9岁或10岁之后，不相关的男孩女孩之间是隔离的。日本人的理想是，在男孩对异性产生兴趣之前，父母就会为他安排好婚姻，因此他和女孩相处时应该是"羞涩"的。在农村，大量的笑话都围绕着使男孩"害羞"的话题。但他们还是尝试着去学习求爱。旧时，甚至在今天比较封闭的日本乡村，许多女孩，有时甚至是大部分女孩都未婚先孕。这种婚前的体验是属于"自由的领域"，并不涉及人生的重大事项。父母在为儿女谈婚论嫁时，并不考虑这些风流韵事。但是近年来，正如日本人告诉颜布里博士的那样："即使是底层女子都受过足够的教育，知道要保持贞操。"对于那些接受中学教育的男孩，也有严厉的校训，禁止以任何形式与异性交往。日本的教育和公共舆论都试图阻止婚前异性之间的亲密行为。在日本的电影中，能在女人堆里游刃有余的那些男青年都被认为是"坏"青年，而在美国人看来，"好"青年是那些对魅力女孩粗鲁甚至粗野的青年。与女孩自在来往意味着这些男孩玩得开，或者说找过艺伎、娼妓或咖啡女。艺伎馆是最好的学习场馆，在那里，艺伎会教会你，"男人能够放松，并且只需观看即可"。他不必担心自己笨手笨脚，而且，他也不会与艺伎发生性关系。但是，能支付起去艺伎馆开销的日本男孩并不多。大部分男孩去咖啡馆仅仅是看看男女如何亲近，然而这样的观察并非他们在其他领域所能学习到的。男孩子在相当长的一段时间内都是那样笨拙。他们生活的一些领域是必须要自己学习的，对他们而言，像性行为这种新的行为种类，是得不到可以信赖的年长者的指导的。名门望族在男女青年结婚的时候会给他们详细描写性交行为的"新婚手册"和很形象的图画。正如有个日本人所说："你从书中可以学习到，这就像学习园艺的方法一样。你的父亲并不会教给你怎样美化日本的园子，这是一个你长大后自己能学会的爱好。"将性和园艺同样作为可以从书本中学习的事是很有意思的，虽然大部分的日本男青年是以其他方式学会性行为的。总之，他们的学习并没有得到细心的长者指导。这种训练上的不同对年轻人来说意义重大，它强调了这样一种日本人的原则，即性是一种独特的生活领域，这种领域不同于其他的领域，在于其他的领域都是长者主导，并对青年人进行耐心的教导，而这个领域得年轻人自己来。一旦克服了对陷入困窘的担忧，这将变成一个实现自我满足的领域。这两个领域有不同的原则。即使结婚之后，他也可以在别处寻欢作乐而不必偷偷摸摸，因为这样并不侵害妻子的权利，也不会影响婚姻的稳定。

妻子却没有等同的特权，她的义务是对丈夫忠实，如果有非分之想也必须偷偷地进行。即使她敢于越雷池，她的婚外情相对而言也很难保证充分地隐秘。许多妇女有神经错乱或歇斯底里（神经质，焦虑不安）的病例，很显然是由于性生活的不协调。丈夫给予多少性的满足，女人就只能被动地接受多少。据须惠村农民称，大部分妇女的疾病都是"起源于子宫"，而后蔓延到头部。当丈夫不再给予，妻子就只能使用日本能够接受的风俗——手淫。从乡下农舍到白玉之堂，妇女们都有传统的手淫工具。农村妇女生育之后，在性行为上反而更放得开。在做母亲之前，她们绝不讲荤段子，但随着年龄的增长，在与异性的聊天中，却充斥着这样的笑话。她在聚会上跳起猥亵的舞蹈，伴随着下流的音乐前后摇摆屁股，"这种表演，必然会博得满场爆笑"。在须惠市郊，新兵结束军事训练回乡时，妇女们女扮男装，开淫秽的玩笑，假装要强奸年轻的女孩子。

因此，日本女人在性方面享有某些自由，出身卑微者更是如此。她们一生的大部分时间必须遵循很多禁忌，但是没有要求她们否认知道性知识的禁忌。男人得到满足时，妇女却只能猥亵。同样，有时男人得到满足时，妇女则没有什么性欲。她们成人后，就可以抛开禁忌，而如果她们出身低微的话，就会像男人一样放荡。在性方面，日本人的观念是在不同的年龄和场合采取合适的行为，而不同于欧美对"贞女"和"荡妇"的始终如一的坚持。

日本男人也享有放纵的自由，但是在其他方面却受到重重约束。和自己的朋友一起喝酒，特别是有艺伎作陪时，最能让日本男人感到心满意足。他们喜欢喝得醉醺醺的，也不必遵循什么酒德。几杯日本米酒下肚后，日本男人完全一反平常严肃的状态。他们爱斜靠着彼此，很熟识的样子，尽管确实有少数"难以相处的家伙"，但在醉酒的状态下，日本男人很少表现出暴力或进攻性的一面，如日本人所言，除了在例如饮酒之类的"非限制领域"，人们期望男人不要做别人不曾期望的事情。当论及任何一个人在生活的严肃面上的不合别人的期望时，日语中最常用的词时就是"傻瓜"，除此之外还有其他污言秽语。

从日本人对子女的养育来看，西方人所描述的所有日本人性格中的矛盾性都是可以理解的。这种矛盾性造成其人生观的二元性，任何一面都不能忽视。日本人充满特权、自由自在的童年浸润了他们的心灵，此后的生活中不管接受什么样的戒律，都会存留着那段"不知耻"的轻松生活的记忆。他们无需去幻想未来的天堂，因为他们以前曾经拥有过。他们在人性本善、神性慈悲、作为日本人无与伦比的荣幸等理论里，重现了童年的美好。他们很容易将道德规范置于每个人都是"佛种"的诠释之上，认为每个人死后都可以成神，而把伦理体系建立在这种信念的基础之上。这使他们果敢，并且得到某种程度的自信。他们之所以常常愿意从事任何工作，正是基于这个原因，并且不顾看起来与自己的实际能力相差多远。乐于坚持自己的观点，甚至反对政府；以自杀来证明自我等，也正是基于上述原因。有时候，这使他们产生集体自杀。

浮世绘中的已婚女子

　　这幅文政、天保时代的浮世绘向我们再现了旧时日本已婚女子的形象，比较显著的特征就是她们把牙齿涂成黑色。

日本儿童六七岁之后，逐渐知晓慎重和"知耻"的责任，并接受加于身上的最严厉的束缚。如果他们疏忽职守，将会遭受自己家庭的指斥。这种压力虽和普鲁士纪律式的强压有别，但无可逃避。在拥有特权的童年时期，便已打下了如此发展的基础，那时已经进行过坚持不懈的训练，为了养成良好的大小便习惯和正确的姿势。父母也对他们不再百依百顺，这种溺爱的停止，使孩子感到了被拒绝的威胁——这两点已经为他们承受压力打下了基础。当他们被告知可能会遭到"世人"的嘲笑、唾弃时，早年的经验就为孩子们接受置于他们身上的这些限制做好了心理上的准备。幼年时可以毫无顾忌地表达的冲动，现在必须加以节制。并不是因为那些冲动是罪恶的，而是因为它们现在已不合时宜，他现在进入了严肃的生命阶段。随着童年的特权日益遭到否认，他们也越来越体会到作为成年人的乐趣。但是早年的经验绝不会真正地从早年的这些经验里抹去，他建立了自己的人生哲学。在对于"人情"的认可上，他又重温了幼年的体验，并在其成年生活的"自由领域"里，不断重新感受。

孩子生活的早期和晚期被一种引人注目的连续性连接着，那就是获得伙伴认可的极端重要性。这对孩子是潜移默化的，而不是绝对的道德标准。在童年早期，当孩童能够问问题，但还是与母亲在一起睡的时候，他会清点他与兄弟姐妹们每个人所得糖果，以此判断自己在母亲心中的位置。当他受到忽视时，会很敏感地察觉到，甚至会问姐姐："你是不是最爱我？"到了童年晚期，他会被要求放弃更多个人的满足，但由此所获的报偿是得到"世人"的接受和认可，相对的处罚是遭受"世人"的嘲笑。当然，这是大多数文化里训育孩童所运用的约束力，但在日本却特别强烈。父母吓唬说要丢弃孩子，这使得孩子深深惧怕被"世人"所摈弃。在他的整个生命中，被同伴抛弃是比暴力更可怕的事。最使他敏感的是嘲笑和摈弃的威胁——纵使这只是他心中所浮现的想象。再者，由于日本社会中极难保守私生活的隐秘性，因此实际上一个人的所作所为都会被"世人"知悉，如果这些行为不被他们认可，即有

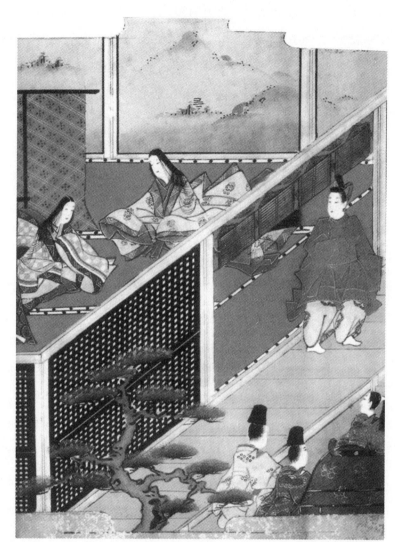

《源氏物语》绘卷

这是现藏巴黎吉美博物馆的日本绘画，创作于日本的江户时代，从中可以看出日本的房屋构造，而这种房屋构造直到今天仍然被保留着。

遭受排斥的可能。日本房屋的构造是墙壁过薄不能隔音，白天间隔壁将被移除。由于没有围墙及庭园，个人生活完全暴露于公众之下。

日本人所使用的一些象征物有助于分清他们性格中基于儿童教育的非连续性的两个侧面。形成于幼儿时期的一个侧面是"不知耻的自我"。当日本人对镜审视自我的时候，会试图了解自己在多大程度上保留了这一侧面。他们说，镜子"反映永恒的纯洁"。它不会滋生空虚，也不会反映出"受干扰的自我"，镜子可以照射到灵魂的深处，一个人应该从中看到那个"不知耻的自我"。在镜子中，人们看到了作为心灵之门的眼睛，这将帮助他以"不知耻的自我"去生活。他也从镜中看到了自己理想化的真实形象。有很多记述表明，有人正为此随身携带镜子，甚至有人在家族祭坛前放置特殊的镜子，以便对镜凝视沉思，拷问灵魂，他"祭奉自己"，"崇拜自己"。这虽然看来不同寻常，但对日本人来说却易如反掌，因为家家户户国教的祭坛上都摆设着镜子，作为神圣的祭拜对象。战时日本电台曾经播放过一首充满溢美之词的报道，颂扬一群女孩儿，因为她们设法为自己买了一面镜子。人们并不认为这是虚荣心的表现，而是姑娘们为了保持其心灵深处的平静。照镜子是一种外在的观察行为，这可以证明她们精神上的高尚。

在"观我"的观念教给孩子们之前，日本人对镜子就已经产生了特殊的感情。他们在镜中看不到"观我"。镜中映照出的是童年时自然的善良的自我，没有"耻"的约束。日本人赋予镜子的象征意义，同样也是其"练达"修炼观念的基础。他们持续地修身养性，以剔除"观我"，同归幼年时的率真。

尽管幼年时的"特权"生活对日本人产生了一些影响，但在随后的时期里，耻辱感成为道德的基础，由此产生的限制并未被完全看成是对特权的剥夺。如前所述，自我牺牲是日本人经常攻击的基督教观念之一，他们对这种自我牺牲的态度持批评的立场。甚至在极端的情境下，他们也说那是为了回报"忠"、"孝"或"情义"而"自愿"赴死，而并不认为是陷入自我牺牲的范畴。他们说，一个人可以通过这种自愿赴死的方式来达成自己的强烈愿望，否则只是"犬死"，也就是毫无价值的死，但不像英语的"dog's death"，是指穷困潦倒而终。英语里将一些相对不极端的行为称为自我牺牲，在日语里仅属于自重的范畴。自重通常意味着约制，约制是跟自重一样珍贵的，伟大的事必须靠自制才能完成。美国人强调自由是成功的必要条件，这在具有不同经历的日本人看来，并不恰当。他们所接受的道德规范的基本原则，是认为只有靠自制才能更好地实现自我的价值。当一个人的心中充满了冲动的欲念，这可能会打破生活原有的秩序或使生活混乱。除了自制，又如何来驾驭危险的自我呢？正如一位日本人所述：

> 通过数年的艰苦工作，在模型上涂刷的清漆层数越多，那么最终完成的漆器就愈加弥足珍贵。人也是如此——当提及俄国人时会说："刮掉俄国人的表层，你会发现一个鞑靼人。"同样我们也可公平地以此来形容日本人说："刮掉日本人的表层，剩下的是海盗。"然而我们应当谨记的是：在日本，清漆也是珍贵的产品，是手工艺品不可或缺的补充。这并不存在虚伪的成分，也不是掩盖瑕疵的涂饰。它至少与它装饰的模型具有同样的价值。

对西方人来说，日本男人行为的矛盾性十分明显。造成这种情况的原因很可能源生于他们教养的不连续性。他们童年时在自己的小世界里就像神一样为所欲为，甚至攻击欲望都可以得到满足。一切欲望都是可能的，此时的记忆，虽然后来经过了多次"涂饰"，却深植于他们的意识之中。由于这种根深蒂固的双元性，他们成年之后，既可以沉浸于浪漫爱情，又能够完全屈从于家庭，在这两者之间游刃有余。不管他们承担极端的义务到什么样的程度，依然能追求享乐和安逸。训练的慎重，使他们行动时经常表现出怯懦。但他们有时却也有着异常的勇猛。他们在阶层关系中，可以表现出极度的顺从态度，却也不易接受上级的控制。他们虽然可以做到彬彬有礼，却依然狂傲自大。他们在军队里能接受偏执的训练，却又桀骜不驯。他们会是狂热的保守主义者，却又容易被新的方式吸引，他们连续采纳中国风俗及西方学说就显示了这一点。

双重性格制造了紧张不安，对此不同的人有不同的反应方式。针对同样的实质性问题——如何把宽容的幼年期经历同稍后阶段出现的各种约束协调起来，每个人都会拿出自己的解决方法。许多人在解决这一问题上遇到困难。

有些人一切以道学者的生活规律为基准来安排自己的生活，害怕去自主地决定生活。且由于自发性不是凭空幻想，而是他们曾经经验过的，这使得他们更加恐惧。他们冷漠而孤立，通过墨守自己设立的规定，从而认为他们说的一切都是权威。还有些人性格更加矛盾，他们用和蔼的表面行为来掩饰自己的反抗心理。他们常常利用细节琐事来使思绪繁忙，以无暇顾及自己的真正感情。他们机械地重复着呆板的日常行事，这对他们是毫无意义的。另外有些人更多地沉溺于童年时光，他们面对社会对成人所做的种种要求会感到强

欣赏樱花

日本人擅长于从简单的事物中获得乐趣，而欣赏樱花是日本举国上下都喜欢的一种享乐。

烈的焦虑，并试图增加对他人的依赖，这显然已经不符合其年龄段。他们认为任何失败都是对权威的挑衅，因此任何努力都会将他们置于无比的兴奋中。不能以现成的方式来控制的情况，都会使他们不知所措。

当对于他人的摈弃和责难所产生的焦虑过大时，日本人就会遭遇这些典型的危险。倘使不是压力过大，他们在生活中既能表现出享受生命的能力，又能遵守他们成长中所受的训诫，即行为谨慎，不伤及他人。这是一个极大的成就。早期的童年，给予了他们过分的自信，而并未在他们心中唤起沉重的罪恶感。种种束缚在后来被不断地加在他们的身上，名义上是为了与同伴能够和睦共处，各种义务也是相互来往的。生活中也有一些指定的"自由的领域"，在这里，不管在某些事情上自己的愿望如何受到阻挠，生活的欲望依然可以获得满足。日本人惯以从简单的事物中获取乐趣而闻名，观赏樱花、月亮、菊花、初雪、把昆虫关在笼中听其"歌声"、吟诗、园艺、插花、茶道。这些显然不是浮躁焦虑、侵略性强的民族从事的活动。日本人追求享乐时也不会有任何罪恶感。在日本尚未开始它的"悲惨使命"前的幸福时代，在农村地区，居民像所有富有生命力的民族一样愉快地、乐观地度过闲暇的时光，而在工作时，则勤劳苦干。

但是日本人对自己十分苛求。为了避免遭遇同伴排斥或者责难的威胁，他们必须放弃曾经品尝过的个人享乐。涉及人生的重大事件时，他们必须抑制这些冲动。违反这一模式的少数人，实际上冒着丧失自尊的危险。自重的人衡量行为的原则，不是"善"与"恶"的区别，而是"受尊重的人"与"得不到尊重的人"之别。他们把个人的需求湮没于群体的"期望"之中。那些"知耻"的人通常非常地慎重。他们可以为家族、村落、国家带来无限荣耀，由此而产生的驱动力十分强大。他们雄心勃勃，要使日本成为东方的领袖和世界的强国。但这些驱动力对个体来说也是沉重的负担。一个人必须慎防失败，或者慎防做出很大牺牲而行动的过程被人所轻视。有的时候，人们由此一度爆发出强烈的攻击行动。他们之所以被激发出攻击性，并不像美国人那样是因为自己的原则或自由遭到了质疑，而是由于他们发觉受到凌辱或诽谤。这时候，他们危险的自我就会爆发。如果可能的话就针对诽谤者，否则就针对自己。

日本人为他们的生活方式付出了昂贵的代价。对于美国人眼中有如空气一样不可或缺的单纯的自由，日本人却自愿拒绝。我们必须谨记，战败以来，日本人一直追求"德谟克拉西"（民主），当日本人发现一个人可以简单而不功利地按照自己意愿行动时，是多么令人兴奋的事。关于这一点，没有比杉本夫人表达得更为形象的了。当时她被派到东京一所教会学校学英语，学校里有一个可以随意种植花木的园林，老师分配给每个女孩一块荒地，并发给她们想要的种子。

这片随心种植的园林，使我对个人权利有了全新的感觉……这种心灵中充溢着幸福的事实震撼了我……不违背传统，不玷污家族名誉，不使父母、老师、镇上居民惊骇，不伤害世上任何事物——我，竟然能够率性而为！

所有其他的女孩都种植花卉，而杉本夫人却选择种马铃薯。

这个荒唐行为带给我无限自由的感觉，真是无人知晓……自由的精神敲击着我的门扉。

这是一个新的世界。

我家的庭院里，总是会留出一块荒地……但总有些人忙着修剪松树或砍掉树篱，每天早晨老仆人都要清扫石子路，将松树下清扫干净后，再把从森林中搜集来的新鲜的松针细心地撒在地上。

对她而言，这种人工的自然如同那种由刺激而生的假设自由，而她，正是在这种氛围里熏陶成长。这种伪装在日本随处可见。日本庭园里每块半埋在土中的巨石，都是经过细心挑选后从别处搬运过来的，还在巨石下面铺设一层看不见的小石粒作为地基。石头的位置，是参照泉水、房屋、灌木丛、树木的关系之后最终确定的。同样的，菊花养植在花盆里，为了参加全日本每年的花展，种植者用手把每一片花瓣布置到最完美的位置，而且常用看不见的小细线嵌在花中，用来固定造型。

当杉本夫人有机会取掉这些花中的小细线时，她完全陶醉在幸福和纯真之中。过去生长在小花盆中，花瓣经过小心翼翼整理的菊花，一旦回归到自然中，就会重现勃勃的生机。但是，"违背期望"的自由、质疑"耻"的约束力会破坏今天日本人生活方式的微妙平衡。在新的情境下，他们必须学习新的社会制约方式。变化要付出代价的，新设想与新道德的确立并非易事。西方世界既不能想象日本人会全盘接受西方道德，也不能认定日本人绝对无法构建出相对自由而宽容的伦理规范。在美国的第二代日本人已经丧失了对日本道德的认知和实践，他们的血统中已经没有什么苛求他们遵守父母所来自的国家的各种传统。同样在日本国内，新的纪元中建立新的生活方式，过去的要求对个体已经不再有约束力。没有线圈支撑、没有被大修大剪的菊花，自然而美丽。

在进入更宽泛的精神自由的过渡中，某些传统的美德可以帮助日本人保持平稳。其中之一是自我责任，即日本人所谓的对"身上的锈"的责任——这个比喻把身体比做一柄剑。作为佩剑者有责任使自己的剑熠熠闪亮，同样，每个人必须为自己行为的后果负责。他必须承认进而接受由于自己的弱点、缺乏坚韧和无能而产生的一切结果。日本人对自我责任的阐释比美国人彻底得多。在日本人的眼中，剑并不是侵略的象征，而是完美的、自我负责者的理想比喻。在崇尚个人自由合理分配的时代，这项美德将平衡轮的作用发挥得淋漓尽致，它通过日本的儿童教育方式和行为哲学使其成为日本精神的一部分。今天，在西方人的印象里，日本人采取了"弃剑"的态度。但实际上，日本人心中始终蕴藏着一股持久的力量，用来不断地擦拭心中那柄时刻受到"锈"的侵蚀的剑。在他们对美德的描述中，这柄剑是他们在一个相对自由、平和的世界中树立的象征。

第十三章　降服后的日本人

自从战胜日本以来，美国人完全有理由为他们在日本行政管理中所扮演的角色而骄傲。美国的政策，在 1945 年 8 月 29 日电台所广播的国务院、陆军、海军三方共同指令中即已制定，随后在麦克阿瑟将军的领导下予以执行。美国人自豪所依赖的完美理由，却常因美国报纸及广播党派间的赞美和批评而变得模糊不清。并且很少有人对日本文化具有足够的了解，从而判断一项既成政策是否可行。

当时有关日本投降的重大问题，是占领的性质。战胜国是继续使用现存的政府——甚至天皇——还是废除它？是否应当在美国军政府官员的指挥之下，施行县—市模式的地方行政？德意两国的占领形式，是在地方设立盟军军政府总部，作为战斗力量不可分割的一部分，而将管理地方行政事务的权力托付在盟军行政官手中。战胜日本时，太平洋区域的盟军军政府的当权者，仍然预期在日本设立这种统治体系。连日本人自己也不知道他们还能被允许承担多少内政责任。《波茨坦宣言》仅说明了："盟军指定的日本领域上的诸地点，只有确保达到我们已经确立的基本目标时，才能占领。"同时必须随时解除"欺瞒、误导日本人民，胁迫他们从事征服世界的官员的权力和影响"。

国务院、陆军、海军三方向麦克阿瑟将军具体阐述了有关此类事项的重大决定，这项决定得到麦克阿瑟将军司令部的全面支持。日本人承担行政管理及重建本国的责任。"最高长官将通过日本政府机构及其代理处——甚至包括天皇，行使权力，以圆满推进美国的目标。在最高司令官（麦克阿瑟将军）

麦克阿瑟与日本天皇裕仁

　　二战结束后，美国独占日本，并对日本进行严格的非军事化和民主化的改造。但是，冷战的爆发让美国从此不再把日本当作一个敌人，而是当成一个盟友来对待。

的指令下，允许日本政府就内政方面行使正常的政府机能。"因此，麦克阿瑟元帅对日本的行政管理，与盟军对德意两国的管理并不相同。这完全是一种利用日本自上而下官僚体系的司令部组织。它的指令下达到日本帝国政府，而不是日本国民，也不是省市居民。这个司令部的任务是制定日本政府的行动目标。如果日本内阁大臣认为这些目标无法实现，他可以提出辞呈。如果他的提案合理，也可使指令得到修正。

　　这种行政管理方式是一项大胆的举措。从美国的立场来看，这一政策的优点不言而喻。正如希德林将军当时所说：

利用日本本土政府行使管理所获得的利益是巨大的。若非有日本政府可供利用，我们就不得不对管理一个 7000 万人口国家的整个复杂机构进行直接操作。我们和这群人民的语言、风俗、态度都完全不同。净化并利用日本政府机构作为工具，可以节省时间、人力和资源。换言之，这是作为日本人清理自己的国家的酬答，而我们只是提供各种规范。

然而，当华盛顿制定这项指令时，仍然有许多美国人担心日本人会恼羞成怒而采取敌对的态度，担心这个看重复仇的国家，将会蓄意破坏一切和平计划。这些担忧后来被证明都是杞人忧天。其理由在于日本的特异文化，而不是我们通常所想象的有关战败国及其政治经济的普遍真理。善意的政策在日本推行的成功，恐怕没有其他民族可以媲美。在日本人的眼中，这避免了战败的赤裸事实，同时也掩盖了屈辱的表象，敦促他们实施新的国策。而新的国策之所以能被接受，正是由于文化所赋予日本人的性格。

在美国，围绕着"硬"与"软"的和平政策争论不休。真正的问题并不在于政策的"硬"与"软"，而在于"硬"的程度，如何利用适度的苛刻手段打破日本侵略性的旧的危险模式，设立新目标。选择何种手段，取决于这个民族的性格以及该国的传统社会秩序。普鲁士独裁主义深深地根植于家庭生活及日常市民生活中，这使得对德和平条款成为一种必要。在日本，和平的方针与此不同。德国人并不像日本人那样，自视为世界和时代的债务人。他们努力奋争，并不是为了偿还不可计数的债务，而是避免成为牺牲品。父亲是具有权威的人物，像其他具有较高社会地位的人一样，他被德国人形容为"强求尊敬"的人。如果他未能获得预期的尊敬，就会感到自己受到了威胁。在德国人的生活里，每一代儿女在青春期都会对父亲的独裁叛逆。长大成年之后，他们自己也像当年的父母一样过着单调乏味的生活，这时他们会认为自己是向过去妥协了。德国人一生中的最高潮就是青春期叛逆的"狂飙"年代。

日本文化中的问题并不是粗莽的独裁主义。父亲待儿女所表现的尊敬和友好，在几乎所有西方观察者看来，在西方人经验中都十分罕见。由于日本孩子认为与父亲形成某种真正的友爱关系是理所当然的，而且公然地为父亲骄傲，因此只要父亲语气稍变，孩子们就会如其愿而行。父亲对孩子并不是总板着面孔，青春期也不是反叛父母权威的人生阶段。相反的，正是这段时期，孩子在世人审视的目光里成为担负责任、顺从家族的代表。正如日本人所说，他们"为了实践"、"为了训练"，而表达对父亲的敬意。换言之，作为尊敬的对象，父亲已经抽象化为等级制度及处世得当的象征。

孩子们在早期与父亲相处的经验中所学会的态度变成整个日本社会共通的一种生活模式。由于等级地位而受到最高尊敬的人，并不会因此行使随心所欲的权力。处于阶层组织首脑地位的官吏，也不会典型地行使实权。自天皇而下，顾问及潜在势力都是在幕后操作。关于日本社会的这一面——20世纪30年代早期，一位"黑龙会"上层爱国团体的首领，对东京一家英文报社记者所说的话成为最精确的解释之一。他说："社会（当然指日本）就像一个三角形，其中一角被别针所控制。"换句话说，三角形是置于桌上人人可见的，别针却看不见。有时三角形向右倾，有时向左倾，但都以一个隐蔽的轴为中心摇摆。正如西方人所说，一切事物都要"伪饰"。日本人极力弱化专制权力的表象，他们处处摆出与实权之地位象征划清界限的姿态，一切努力看起来都是为了表达对此的忠诚。当日本人指出不戴面具的权力之源时，他们会像对待放债者和"成金"一样，认为它是剥削性的，与他们制度的价值观不符的。

日本人正是用这种独特的视角审视世界，他们可以以非革命者的身份对剥削和不公提出反抗。他们并不想将世界原有的秩序撕得粉碎。像他们在明治时代所做的一样，他们可以推行最彻底的变革，而对原有制度并不猛烈地批判。他们称之为"复古"，即"归复"过去。他们不是革命家。有些西方作家把希望寄托在日本的意识形态群众运动。他们在战时高估了日本的地下势力，希望他们能在投降条约中起到主导作用，他们预言激进政策将在选举中获胜，而这些人对事态的判断严重错误。保守派的首相宾园男爵 1945 年组阁时，对日本人做出了更为识时务的判断：

> 新日本的政府，具有尊重人民意志的民主形式……我国自古以来，天皇总是将人民的意志作为自己的意志。这是明治天皇宪法的精神，我所提及的民主政府是这种精神的真正体现。

对民主如此诠释，美国读者看来毫无意义。但毫无疑问的是，较之以西方哲学为基础，日本人更愿意以这种认知为基础，扩张人民自由的领域，确立人们的福利。

当然，日本会试行西方的民主机构，但和美国不同，西方制度不一定就成为改善世界的值得信赖的工具。因为大众选举及民选立法权威在解决的过程中会产生很多困难。当这些困难进一步深化，日本人将对我们赖以实现民主的方式进行修正。这时候美国人会抬高声音说，战争真是白费了心血，我们相信我们的方式是正确的。但是，大众选举在日本重建为和平国度的过程中，只是发挥了外围的作用。从 19 世纪 90 年代日本首次实行选举制度以来，日本还从未发生过如此根本性的改变，因此小泉河恩当时所记述的一些弊端，将不可能再重演：

> 那些激烈的选举战，使许多人为之献出生命，但是却并未引起个人憎恶。议会里的辩论，常使外人感到震惊，却很少与个人对抗有关。政治斗争实际上并不存在于个人之间，而是存在于党派或者家族利益之间。每个家族或党派的狂热追随者都仅仅把新政治看作一种战争——为领导人的忠诚而战。

在 20 世纪 20 年代的选举中，村民们习惯在投票前说："为了剑，我已经洗干净了脖子。"这句话把选举比做以前特权武士对普通百姓的攻击。无论日本是否推行危险的侵略政策，至今日本选举所暗示的意义，也与美国不同。

日本用来将自己重建为一个和平国家的真正力量，在于日本人对于行动方针的直言不讳，并承认"失败了"，而后将精力投入其他的渠道。日本人的伦理允许变通选择。他们试图在战争中达到"合适的位置"，但是失败了。现在他们可以放弃那条方针，因为他们所有训练所形成的民族心理，使他们能够在可能的范围里改变方向。伦理规范较为专制的民族，必须说服自己是为信仰而战。当他们向战胜者投降时，会说："胜者王，败者寇。"自尊心会驱使他们为再次获得"正义"而努力。或者他们会鞭策内心，为自己的罪过忏悔。但日本人却完全不必如此。日本投降五天后，在美军登陆日本国土之前，东京大报《每日新闻》已经可以正视战败，以及战败将带来的政治变革。它说："这对彻底解救日本大有裨益。"社论里更加强调，对于被彻底打败的事实，每个人都不能忘。他们试图把日本建构在纯粹武力之上的尝试遭遇了彻底的失败，自此以后，他们必须在和平国家的道路上迈开前进的步伐。另一东京大报在同一星期内，总结道：日本近年"对军事的过度依赖"，是内政外交政策的"一项重大失误"。"过去的态度，使我们得不偿失。对此我们必须加以摒弃，采取一种基于国际合作与热爱和平的新态度。"

西方人把这种转变看成信仰的变更，并持怀疑态度。其实，无论在个人关系或国际关系上，这都是日本人处世方式不可分割的一部分。日本人采取某项行动方针却没能如愿以偿时，就会发现自己判断上的"错误"。一旦遭遇失败时，他就会改弦易辙，不会固执地坚持证明失误了的方针。他说："后悔无济于事。"20世纪30年代，日本采取军国主义政策，想以此获得全世界的肯定——建立在军事力量基础上的肯定，并且他们接受这一政策所要求的一切牺牲。1945年8月14日，日本天皇向国民确认了战败的事实，他们接受了这一事实所代表的一切后果。这意味美军的进驻，所以他们欢迎美军。这

日本军国主义时期的士兵

　　20 世纪 30 年代，以武士道精神为基础的军国主义在日本盛行。这些稚气未脱的孩子在这种精神的指导下成了嗜血成性的战争武器。

也意味着他们国家企图的失败，所以他们计划制订一部宪法，使战争非法化。投降10天后，日本一家报纸《读卖新闻》已经开始论述"新艺术与新文化的肇始"，更说："我们必须在心中笃信，军事的失败并不影响一国的文化价值。军事失败应当被视为一种动力……对日本人民来说，失败反而能够提升他们的认识，敦促他们真正地看清世界原来的面目。一切歪曲日本人思维的非理性因素，都必须经过坦率的分析加以去除……正视战败的赤裸裸的事实，的确需要勇气，（但我们必须）对明日的日本文化坚定信念。"日本人已经尝试了一项行动方针，但最终失败了，今天，他们将尝试和平的处世方式。日本各报社论一再重申："日本必须求得世界各国的尊重。"而在新基础上获得这种尊重是日本人的义务。

这些新闻社论并非仅仅代表了少数知识分子的声音，东京街头及偏远乡村的普通百姓，也都同样做了180度的转变。令美国占领部队难以置信的是，这些友善的人民，难道正是那些曾誓死以竹矛抗战到底的人？日本人伦理中的很多内容，美国人都持批判态度。但美国人在对日占领期间有了新的领悟：一种与己不同的伦理原则同样有很多值得欣赏的方面。

在麦克阿瑟将军领导之下，美国对日本的管理承认了日本人这种见机行事的能力。美国没有坚持采用令人屈辱的手段在日本人进入新进程的道路上设置障碍。根据西方伦理，如果我们采取了屈辱手段，在文化上也是可以接受的。西方伦理有一信条，认为屈辱和处罚是使犯错者意识到罪孽的有效的社会性手段，而这种认罪是其改过自新的第一步。如前所述，日本人对此却有另一种解读。他们的伦理要求一个人为其行动的一切后果负责，过错招致的自然后果，会使他对行为的不当幡然醒悟。战争的全盘失败当属这些自然后果。但是，日本人并不把这些看作屈辱而产生怨恨。在日本人的词典里，一个人或国家利用诽谤、嘲笑、侮辱、轻蔑、鄙视、坚持别人不光彩的记录等手段来羞辱他人。当日本人确认自己遭受屈辱时，复仇便是美德。不管西方伦理如何强烈谴责这一信条，美国占领日本的有效成果都取决于美国人在这一点上的自我克制。日本人对别人的嘲笑会十分怨恨，而对于"自然的结果"——根据他们的投降条件，包括解除军备及沉重的赔偿负担等则会较为平静地接受。

当日本在与强国的战争中取得巨大的胜利，即使作为一个战胜国，只要对方承认投降，且对日本不曾流露过嘲笑之意，日本也能谨慎地避免屈辱战败的敌人。有一张在日本广为流传的照片可以说明这一点。照片记录了1905年旅顺俄军在投降时仍然是持剑的。胜败两方只能从所穿的制服来辨别，因为俄军并未被解除武器。关于这次投降日本有一段著名转述：当俄军统帅史托塞尔将军表明愿意接受日方投降的提议后，一位日军上尉翻译官携带食物前往其指挥部。"除了史托塞尔自己的马，所有的马都已被宰杀食用，因此日本上尉带来的五十只鸡和一百个新鲜的蛋大受欢迎。"翌日，就安排了史托塞尔将军和诺木将军的会面。"两位将军握手言和，史托塞尔表达了他对日军勇气的钦佩……诺木将军也称赞了俄军长期、英勇的抵御。史托塞尔还表

日俄战争中集结在大连的日本士兵

　　1904—1905年间，日本与沙皇俄国为了侵占中国东北和朝鲜，进而争夺亚洲及整个太平洋地区的霸权，在中国东北的土地上进行了一场帝国主义战争。图为战争中集结在大连的日本士兵。

示他对诺木在此次战役中失去了两个儿子深表同情……并把他的阿拉伯白马送给诺木将军。但诺木说，虽然他很想收下对方的心意，但必须先敬献给天皇。不过，他相信无论如何，天皇都会将马赐还与他，那么他将会当作自己的爱马一样悉心照料。"每个日本人都知道诺木将军为史托塞尔将军的马专门在自己的前庭修建的马厩，比诺木将军自己的府邸更气派。诺木将军死后，这马厩也成为诺木神社的一部分。

据说，接受俄国投降和占据菲律宾时的日本人判若两者。他们对菲律宾肆意而残忍地毁坏世人皆知。但是，对一个像日本这样具有极端机会主义伦理规范的民族而言，这并不是必然的结论。首先，敌军在巴丹半岛战役后并未完全臣服，只是局部投降。甚至轮到日军在菲律宾投降时，日本仍在坚持作战，大肆烧杀。其次，日本人从未认为俄国人在本世纪初期"凌辱"了他们。相反的，在20世纪二三十年代，每个日本人为美国政策"没把日本人放在眼里"而暴跳如雷，或者用他们的话来说——美国"把日本看成粪便"。实际上，日本对《排日移民法》，对美国在《朴次茅斯条约》及《海军裁军条约》中所扮角色的反应，也表示出了这样的不满。美国在远东经济地位的扩张，对有色民族的种族歧视，都促使日本人采取这样的反应。因此，日本对俄国的胜利以及在菲律宾的胜利（实际上是对美国的胜利），显现出日本人行为中两种截然不同的取向：涉及凌辱或不涉及凌辱。

然而美国最终的胜利，再一次改变了日本的处境。正如日本以往一贯的态度，面对最后失败的事实，他们摒弃了所推行的方针。日本人特殊的伦理，允许他们不计前嫌。美国的政策以及麦克阿瑟的行政管理，避免了在抚平的伤口上再添新伤疤，而只是强调那些在日本人眼中是战败的"自然后果"的事件。这种策略顺应了日本的民族心理，非常奏效。

天皇制的保留十分重要，这件事被控制得很好。初次见面，是天皇造访了麦克阿瑟将军，而不是麦克阿瑟将军造访天皇。这件事对日本人产生的教训的力度，西方人很难领会。据说，当美国暗示天皇站出来否认其神性时，天皇对此抗议，认为剥去他原本没有的外衣会使他个人很难堪。他的解释是正确的，日本人并不把他看作西方意义上的神。但是，麦克阿瑟司令部却一再对他施压：西方人对天皇关于神论声明的看法，会有损日本的国际声誉，天皇最终同意忍受否认神性引起的难堪。他在元旦发表宣告，并且要求将全世界各大媒体对其宣言的评论为他译成日文。他对这些评论过目之后，传信给麦克阿瑟元帅司令部，说他对此感到满意。显然外国人过去并不理解，他很高兴发表了声明改变了这个情况。

美国政策也允许日本获得某种程度上的满足。国务院、陆军、海军三方共同指令中明确指示："鼓励并支持在民主的基础上组成的劳动、工业、农业的组织团体发展。"许多产业的日本劳动力都已经组织起来了，20世纪二三十年代活跃的农民团体再一次显示了自己的存在。对许多日本人而言，他们现在可以主动地改善生活环境，证明他们在此次战争中还是有所收获。一位美国通讯记者曾经报道，有一位东京的罢工者对一位美国大兵毫不掩饰地笑着说道："日本赢了，不是吗？"过去农民常因沉重课税干扰了正常的生产而提出请愿，如今日本的罢工与农民请愿有许多类似之处。这并不是西方人所指的阶级冲突，因为它并不是要由此改变制度本身。今日日本各地的罢工并未减缓生产。对工人来说，最常采用的罢工方式是"占据工厂，继续工作，通过增加生产而使厂方颜面扫地。在三井系煤矿'罢工'中，工人禁止所有管理人员进入矿坑，把日产量从250吨大幅度提高到620吨。足尾铜矿场的工人，在所操纵的一次'罢工'中，增加产量，使工资提高一倍。"

当然，不管采纳的政策如何表现出善意，对战败国的管理无疑都是困难的。在日本，粮食、住宅、经济恢复等问题不可避免地十分尖锐，至少和在不利用日本政府的本土官员管理一样的尖锐。战争结束之前美国管理者就感到军人复员问题十分棘手，多亏采取了保留日本官员的措施，所以情况不是特别具有威胁性，但并未轻易就获得解决。日本人意识到了这些困难。去年秋天，日本报纸无不动情地指出，对于那些忍受过磨难并且失去很多的军人们，战败所酝酿的痛苦是多么的噬人心肺。同时恳求他们不要因此而妨碍"判断"。总的来说，遣返的军人都表现出非凡的"判断"，但失业及战败使一些军人卷入以国家主义为目标的旧式秘密社团。他们目前的社会地位，极易引起他们愤慨。日本人不再赋予他们昔日的特权地位。过去，受伤的士兵通常身着白色衣服，街上的人们向他们鞠躬致敬。甚至在和平时代，村里人会为入伍者举行欢送会，为退伍者举行欢迎会。并且他将坐在尊贵的位置，有酒水、点心、舞蹈、装束。现在，复员军人不会受到如此的瞩目。家人会为他找个安身之所，但仅此而已。在许多市镇里，他们甚至被冷漠对待。了解了日本人在经受到这种态度转变会多么的痛苦后，我们就不难想象，当这些复员军人与昔日战友相聚，企图恢复那些由军人来掌控日本光荣的时代，这会使他们感到多大的宽慰。有些战友还会告诉他，滞留在爪哇、山西、满洲的那些幸运的日本士兵已经在和盟军抗战。何必绝望？战友告诉他，他也会再次投入战争的。国家主义秘密社团是日本由来已久的组织，他们要为日本"雪耻"。那些认为万事未酬、"世界危倾"的男人，最有可能参加这类秘密社团。这些团体如"黑龙会"、"玄洋社"所采取的暴力，由于是对名誉之"情义"，因而是为日本伦理所允许的。日本政府长期以来致力于以对"情义"的名誉为代价来强调"情义"，只有在接下来的几年中坚定不移地推行，才能取缔秘密社团的暴力。

单单诉诸"判断"远远不够，还必须复兴日本经济，为二三十岁的人提供生计和"合适的社会位置"。农民的状况也要加以改善。一旦面临经济困境，日本人都会返乡。但是耕地有限，债务沉重，在有些地方还需要交地租，这都使得他们难以养家糊口。工业也必须有长足的发展，日本人对分割遗产有很强烈的抵触情绪，只有长子能够继承，其余的儿子则拥向城市谋生。

显然，对于日本的发展来说，道路漫长而艰辛。但国家预算中如果不包括重整军备的费用，实际上也给他们提高国民生活水准提供了契机。珍珠港事件之前的 10 年里，日本把一半的国民收入花费在军备及军队武装上，如果日本能取缔这项巨额开销，并逐步减轻对农民的剥夺，便可以为建立健康的

日本战败后的日本儿童

这是 20 世纪最震撼人心的一张照片。战败的阴影笼罩着日本人，颓废消极成了一种风气，日本百废待兴。

经济秩序打下基础。如前所述，日本对农产品的分配模式是 60%归耕作者，40%用来缴纳租税。这跟其他稻作国家的情况形成鲜明的对比，比如在缅甸和泰国，传统上的份额是农产品收入的90%归耕作者。实际上，对农民的巨额剥夺，才使得日本军事的巨额财政支出成为可能。

接下来的 10 年间，任何解除军备的欧亚国家，相对于加强军备的国家而言，都有潜在的优势。因为他们可以将其国民收入用于构建一个健康、繁荣的经济体系。在美国，当我们制定亚欧政策时，几乎不把这一情况考虑在内。因为我们知道，美国不可能因为巨额的国防费用而贫困。我们国家免受了战争之灾。我们并不是农业国，关键的问题是工业的生产过剩。我们的大批量生产和机械设备已经完美备至，从而使大量的劳动力失业，除非我们大兴军事产业、奢侈品生产、福利、基础研究工作等。可盈利投资的需要也亟待解决。但其他国家的情况迥异于美国，甚至西欧国家之间也不尽相同。比如德国虽然需要支付各种各样的战争赔偿，但由于被禁止重整军备，则可在接下来的十年里奠定健全繁荣的经济基础。相比之下，法国如果推行加强军备的政策，那么德国的成就对他们来讲则无法企及。同样的情况，日本也会因此取得相对于中国的优势。军事化是中国当前的目标，其雄心受到美国的支持。如果日本的预算中不包括军备费用，并且肯于为自己的繁荣做出数年的努力，将在远东贸易中举足轻重。日本可以把经济建立在和平利益的基础之上，提高人民的生活水准。和平的日本能够在民族之林中取得尊位，而且美国若继续利用其影响力支持这一方针，对日本将是一个巨大的援助。

美国所不能及的——其实其他国家也做不到的是，想生硬地创造出一个自由民主的日本。对于任何被支配的国家，这都无法奏效。对一个习惯、思维都不同的民族，外国人无法擅自将自己的生活方式强加于人。日本人不会因为立法而认可被选人员的权威，而对他们在等级制度中的"本位"视而不见。也不会通过立法去采纳美国人的观念——自由简单的人际关系、独立的必要、每个人选择自己配偶、职业、住宅以及承担义务时应有的热忱。不过，日本人自己深知，这方面的变化是必要的。自从日本战败以来，日本政府官员声称，日本必须鼓励国民按自己的方式去生活、相信自己的道德。他们虽未说出，但每个日本人都心知肚明，他们是在质疑"耻"在日本社会中扮演的角色。他们希望自由在日本的国民中有新的发展：一种不再担心被"世人"指责与排斥的自由。

不管其中包含了多少自愿的成分，日本的社会压力，还是使个人付出了太多的牺牲。它要求个人隐藏情感，放弃欲望，在世人面前是家族、团体和国家的代表。日本人已表明了自己可以为这种方针而忍受一切自我训练，但负担是如此沉重。为了自己的利益他们还是不得不压抑自我，他们不敢冒险去选择一种心理负担较轻的生活，他们被军国主义者引导上一条道路，并为此付出的代价没有止境。付出这么昂贵的代价，他们变得自以为是，甚至蔑视那些对伦理要求相对宽松的民族。

当日本人承认侵略战争是一个"错误",是失误的起因时,实际上是向社会变革迈出的第一大步。他们希望在和平国家间重新取得令人敬重的地位,这恐怕只有全世界都实现了和平才可能实现。如果数年后美俄两国再陷武装纷争,日本将重新利用他们的军事经验参战。但是,即使承认这种可能性,日本成为和平国家的固有可能性也不应当受到置疑。日本的行动动机是见机行事。如果环境允许,日本将在和平世界中找到自己合适的位置。反之,就在一个形成武装阵营的世界中谋发展。

现在,日本人意识到军国主义的光亮已经黯淡。是否也在其他国家黯淡下去,他们将拭目以待。如果答案是否定的,日本可能重新点燃好战的热情,以显示他们是多么的英勇善战。如果答案是肯定的,日本将试图证明他们多么善于汲取教训——帝国主义的事业并不是通往光荣之路。